한국어로 내려온
New Bible

# 새로운
# 성 경

제107권

7부 | 총10부

하얀마음

# 하나님 말씀 중에서

## 1. 사랑의 하나님

- 세상을 창조하신 하나님은 모두를 사랑하신다. 인간만 특별히 더 사랑하지 않고, 우주 만물을 다 똑같이 사랑하신다. 그러니 하나님이 창조하신 천지 만물과 화친하고, 미물까지도 소중히 대하라.

- 하나님은 특정 종파나 민족만을 더 사랑하지 않으신다. 자기 자신만 구원받겠다는 욕심을 버리고, 자기 종파만 구원받는다는 편협한 교리에서 벗어나야 한다. 종파를 초월해서, 모두를 사랑하라.

- 원수까지 사랑하라 했으니, 이 세상에 사랑하지 못할 자가 누가 있겠는가? 종파가 다르다고 해서 부모 형제와 원수처럼 지내는 자는 인간의 근본을 모르는 자다. 가장 가까운 가족부터 사랑할 때 남도 진심으로 사랑할 수 있다.

- 한 사람을 원수같이 생각하던 마음에서 사랑하는 마음으로 돌리면, 자기 자신의 마음이 가장 기쁘고 행복하다. 하나님께서는 인간의 마음속에 무거움이 없이 기쁘고 행복한 삶을 살기를 바라신다.

- 이웃을 "내 몸처럼" 사랑하라 했으니, 마지막 한 장 남은 천국의 티켓도 이웃에게 양보하라. 자기 중심적인 신앙에서 벗어나서 남을 위해 살아야 한다.

- 독초도, 약초도, 이단도 사탄도 천사도 다 필요하기에 존재한다. 독초일지라도 극소량을 사용해서 생명을 살릴 수 있고, 약초라 하더라도 남용하면 생명을 잃을 수 있다.

- 세상 모든 것을 명약으로 활용하는 것은 인간의 지혜에 달렸다. 어떤 것이든 어떤 사람이든 적재적소에 꼭 필요한 명약으로 승화시키라.

- 사탄도 이단도 천사도 모두 하나님의 주관하에 존재한다. 진정한 하나님의 백성은 사탄과 마귀까지도 감화시켜서 천사로 거듭나게 한다.

## 2. 기도

- 하나님은 인간의 생각까지 모두를 다 알고 계신다. 우리의 소원도 이미 알고 계시기에, 소원의 기도를 할 필요가 없다. 우리가 받을 자격이 되면 내려 주신다.

- 죄를 짓고 아무리 회개를 해도 용서받지 못한다. 도둑질한 자는 용서해 달라고 기도하고, 도둑맞은 자는 도둑을 잡게 해 달라고 기도하면, 공의의 하나님은 누구의 편에 서시겠는가?

- 자기가 잘못한 것은 그 사람에게 직접 갚고 용서를 구하라. 그가 용서하면 하나님도 용서하신다. 땅에서 매면 하늘에서도 매이고, 땅에서 풀리면 하늘에서도 풀리는 이치다.

- "회당에서 기도하지 말고 골방에서 기도하라" 했다. 눈에 보이는 골방이 아니라, 골방과 같이 고요한 마음이다. 잡념을 버리고 하나님을 향해 마음을 집중하며, 사랑하고 용서하는 아름다운 생각만 나오도록 하라.

- "두드리면 열릴 것이다." 하는 것은 육의 소원을 위해 두드리라는 것이 아니라, 진리의 깨달음을 얻기 위해 두드리라는 것이다.

- 기도하는 방법: 생활 속에서 수시로 기도하는 삶을 살아야 한다.

- "저의 죄를 용서하여 주옵소서." 하는 회개의 기도를 하라.
- 범사에 "하나님! 감사합니다." 하라. 현재 가진 것에 감사하며, 과욕하지 말라. 자기 노력 이상의 것을 더 갖고자 기도하는 것은 도둑놈심보다. 공의의 하나님은 각자 노력한 만큼 주신다.
- "하나님 뜻대로 살아가겠나이다." 하며 마음의 각오를 다지라.

- 기도는 하나님의 말씀을 받아서 "행하는 것"이다. 하나님이 계심을 굳건히 믿고, 하늘을 향하여 한 점 부끄럼 없이 사는 삶 자체가 가장 위대한 기도이며, 삶이 곧 예배다.

## 3. 지도자

- 똑같이 사랑한다는 말을 해도, 순수하게 하는 말은 천사의 말이지만, 사기 쳐서 재산을 가로채려고 하는 말은 사탄의 말이다.

- 종교 지도자가 아무리 훌륭한 설교를 해도, 신도의 재물을 거둬서 더 큰 교회를 짓고 자기의 부귀영화를 바라며 설교하면 사탄의 가르침이 된다.

▪ "저희 교회는 만원사례요, 믿음은 다 같으니 이웃의 개척 교회에 가서 예배를 드리시오." 하며, 이웃 교회의 부흥을 먼저 생각하여 제 신도를 보내는 종교 지도자가 있다면 그를 따르라. 그가 하나님의 사랑을 실천하는 자다.

▪ "부자가 천국에 들어가는 것은 낙타가 바늘구멍을 통과하는 것보다 더 힘들다" 하였거늘, 지금의 교회에서는 부자가 되기만을 기도하고 소원하니, 이는 곧 천국을 포기하고 지옥 행 열차의 티켓을 사는 것과 같다.

▪ 예수는 빈손이었다. 종교 지도자가 예수보다 더 호화롭고 편안하게 살아간다면 잘못된 것이다. 부귀영화와 명예를 바라는 자는 절대로 갈 수 없는 좁고 협착한 길이 종교 지도자의 길이다.

▪ 종교 지도자는 유리로 비춰 봐 한 점의 부끄러움이 없이 살아야 한다. 의식주도 직접 일해서 해결하고, 예수의 가르침과 행함을 그대로 따라야 한다.

▪ 종말은 없다. 지금의 잘못 가는 종교 집단에게만 종말이 있다. 보이지 않는 하나님은 보이는 육의 종말은 관여하지 않으신다. 환경 파괴로 인간이 스스로 멸망을 자초하는 것이다. 종파끼리 싸우기 전에, 무너진 인성을 바로잡고 지구의 몸살을 해결하는 데 뜻을 모으는 게 급선무다.

## 4. 성전이란

▪ 이 세상 자체가 하나님께서 만드신 성전이다. 자연보다 더 아름다운 성전이 있는가? 보이는 건물이 성전이 아니라, 성스러운 마음가짐이 성전이다.

▪ 반석 위에 교회를 지으라 했다. 지상의 단단한 돌은 인간이 쪼갤 수 있으나, 마음속의 굳은 결의는 세상 무엇으로도 쪼갤 수 없다. 바르고 굳건한 믿음으로 성경의 가르침을 실천하는 것이 마음의 반석 위에 교회를 짓는 것이다.

▪ 손으로 지은 건물의 교회에 모여서 복음을 전하는 것이 아니라, 교회를 개인과 가정에 심어 주어야 한다. 무너지고 부서지는 건물을 짓지 말고, 마음속에 영원히 불변하는 참진리의 교회를 지으라.

## 5. 십계명

- 십계명은 인간이 죽어서 반드시 통과해야만 하는 열 개의 관문이다.

- 부모를 공경하지 아니한 자는 "네 부모를 공경하라." 하는 제5계명의 관문이 열리지 않으니 구원받을 수 없다.
- 살인, 간음, 거짓, 우상 등의 나머지 계명도 마찬가지다.

- 십계명은 하나님의 친필이다. 모기소리만 한 하나님의 음성이라도 들어 보겠다고 여기저기 찾아 헤매지 말고, 십계명부터 암송하고 지키라.

- 십계명은 영혼을 구원하는 양식이며, 십계명을 지키는 것이 구원을 받는 길이다. 인간이기에 지키고자 노력하고 또 노력한다면 지킬 수 있다.

- 십계명을 지키고 천사처럼 아름답게 살아가는 그 마음 하나면 세상에 이루어지지 않는 것이 없다.

## 6. 보물

- 하나님은 재물이 아니라 우리의 마음을 받으신다. 사랑을 실천하며 천사처럼 변하는 마음이 하나님께 바치는 보물이다.

- 보이지 않는 하나님께 재물을 바치려 하지 말고, 너희를 길러 준 부모에게 용돈 드리고, 찾아뵙고, 효성을 다하라. 그것이 하나님께 효도하는 것이다.

- 하늘에는 선과 악의 창고가 있다. 자기 창고에 선이 많으면 천국으로 구원을 받고, 악이 많으면 심판받아 지옥으로 간다. 그것이 바로 "선한 일을 행한 자는 생명의 부활로, 악한 일을 행한 자는 심판의 부활로" 나오는 것이다.

- "선악과를 따먹지 말라"는 것은 양심을 지키라는 것이다. 선과 악을 구분할 수 있는 양심을 최초에 인간에게 주셨다. 선한 열매는 취하고, 악한 열매는 버리며, 양심에 비추어 부끄럼 없는 삶을 살아가라.

- 가장 작은 거짓말을 하지 않고, 가장 작은 죄를 짓지 않으며, 가장 작은 선행을 하고, 가장 작은 악행을 멀리하는 것이 율법의 일점 일획도 빠뜨리지 말고 다 지키는 삶을 사는 것이다.

## 7. 우상

- 박물관에 있는 불상은 하나의 예술품이다. 그 조각품에 대고 제 소원을 빌 때 우상숭배가 된다. 십자가라 하여도 그 앞에서 소원을 빈다면 우상숭배하는 것이며, 하나님께 소원을 빈다면 하나님을 우상으로 전락시키는 것이다.

- 지금 기복신앙에 젖어 있는 모든 사람이 우상 앞에 절을 하고 있다. 조각품을 우상이라며 파괴하지 말고, 네 마음속에 있는 욕심의 우상을 무너트리라.

- 생수를 약초가 먹으면 약을 만들고 독사가 먹으면 독을 만든다. 같은 성경을 봐도 선한 지도자는 신도를 천사로 만드는 데 활용한다. 그러나 욕심이 가득한 지도자는 재물을 거두어들여 제가 부귀영화를 누리는 데 악용한다. 그가 바로 성경을 우상숭배의 도구로 전락시키는 거짓 선지자다.

- 성경을 한 획도 빼거나 더하지 말라는 것은, 그 가르침을 빠트리지 말고 온전히 지키라는 것이다. 성경 속에서 자기에게 유리한 구절만 보는 것은, 자기에게 불리한 구절들을 빼 버리는 것이다. 믿음이 제일이요, 행함은 구원과는 관계없다는 것은 자신에게 유리한 쪽으로 성경을 악용하는 것이다.

- 진정한 종교 지도자는 종파에 관계없이 어떤 종파든 어떤 책이든 접하고 보고 깨우쳐 견문을 넓히도록 인도한다. 참진리를 모르고 자신이 없는 자가 남을 이단이라며 배척하고, 신도들의 눈과 귀를 가린다.

## 8. 예수

- 예수의 재림은 없다. 예수가 다시 온다 해도, 과연 누가 그를 예수라고 믿겠는가? 예수와 같은 삶의 행함이 곧 예수의 재림이다. 각자 모두가 "재림 예수"가 되는, 차원 높은 믿음으로 가야 한다.

- 예수는 "주여 주여 하지 말고, 아버지의 뜻대로 행하라"고 했다. 예수가 전한 하나님의 뜻이 곧 "길이요, 진리요, 생명"이며, 그 가르침이 예수의 보혈처럼 소중한 것이다. 예수를 믿는 것은, 예수의 가르침을 믿고 따르는 것이다.

- 예수는 낮은 자로서 만백성을 섬기고자 했다. 만나는 모든 사람을 다 하나님이라 생각하라. 돈을 벌수록 겸손하고, 높은 지위를 얻을수록 낮아지라.

- 예수는 종파를 만들지 않았다. 인간이 만든 종교와 인간의 교리를 따르지 말고, 예수를 통해 전한 하나님의 참진리를 연구하고 따르라.

- 예수가 2천 년 전에 만백성을 위해 죽었으니, 지금 이 땅에는 예수의 가르침대로 사는 천사만 존재해야 한다. 예수가 죽어 가면서 바란 것은 만백성이 천사가 되어 예수의 자리를 채워 주는 것이지, 지금과 같이 재물을 바치면서 중언부언 제 소원만을 비는 백성들을 바란 것이 아니다.

## 9. 구원

- 천사가 사는 천국에는 천사만 갈 수 있으니, 천사 같은 마음을 길러야 한다.

- "천국 열쇠를 네게 주리니 땅에서 무엇이든지 매면 하늘에서도 매일 것이라" 했다. 땅에서 천사같이 사는 자가 하늘에서도 천사가 되어 천국에 들어간다. 모든 사람에게 천사같다는 말을 듣는 삶을 살아야 한다.

- 천사의 곱고 아름다운 마음은 부모를 공경하고 어른을 어른으로 대접하는 데에서 출발한다. 효도하는 자는 형제와 화목하게 지내기에 가정이 화목해지고, 이웃과 화목해지고, 국가가 화목해지고, 온 인류가 화목해진다.

- 그러므로 지상의 아름다운 소왕국은 가정에서부터 이루어야 한다.

- 선택된 14만 명만 구원받는 것이 아니라, 천사처럼 변하고자 하는 14만 명을 기초로 온 인류가 천사처럼 거듭나는 영적인 개혁이 시작되는 것이다.

- 천 년에 걸쳐서 하늘에서 이루어진 것같이 이 세상을 낙원으로 만들어, 만백성이 지상의 천국에서 살다가 죽어서 그대로 하늘의 천국으로 들어가는, 영원한 지상 낙원을 건설하는 것이 하나님의 계획이다.

- **이것이 구약과 신약에 이어 "새로운 성경"으로 역사하시는 하나님의 창조의 완성이다.**

- 지금의 믿음으로 구원받을 수 있다면 그 길을 가라. 그러나 자신이 없다면 하나님께서 직접 내리신 160권의 "새로운 성경"을 읽고 구원의 길을 보라!

# 하나님 머리말씀

이 새로운 성경을 읽는 너희 모두는
이 율법에 따라 행하면 영원히 구원받을 것이니라.

너희 인간이 수년, 수십 년, 평생
성서를 공부하고 기도하는 것은
하늘나라 나의 곁으로 오고 싶은 소망일진대,

몇천 년 전의 너희 인성과 생각이
지금의 너희와는 판이하게 다르니,

꺾여 가고 병들어 가는 너희를 고칠 수 있는 길은,
오늘 내가 선지자에게 내리는 새로운 성경과 같이
너희가 변화되는 것뿐이니라.

나의 예수가 태어난 것처럼
내가 아들 선지자를 선택하여
나의 새로운 성경을 온 세계에 전하고자 하니,

묵은 것은 버리고 새로운 것은 취하여,
너희 모두는
'여호와 하나님! 저의 죄를 용서하여 주옵소서.'
하는 기도문으로 기도하고, 죄를 뉘우치라.

이 새로운 성경은
수천 년간 내려온 성서를 요약한 것이니,
너희는 이 책을 정독하여 쉽게 깨달음을 얻고,
이대로 실천하여 하늘에 오르라.

# 대역자 머리말

## ■ 하나님의 율법을 지키는 선지자로 선택을 받도다.

저는 남들처럼 그저 열심히 살아온 평범한 사람이었습니다. 그러나 50대 중반에 사업에 실패하여 많은 부채에 시달렸으며, 건강도 악화되어 눈이 잘 안 보이고, 걷기도 어렵고, 두통이 심해서 잠을 이룰 수 없는 고통의 나날을 보냈습니다. 그때 제가 선택할 수 있는 것은 육의 삶을 끝내는 길뿐이었습니다.

죽기 직전에 그동안에 죄를 지은 이들에게 용서를 빌고 인생을 끝내기로 작정하였습니다. 어려서부터 지은 죄를 빌고 빌다 보니 끝이 없었고, 죽음으로도 그 많은 죄를 용서받을 길이 없다는 생각에 하염없이 눈물이 흘렀습니다. 그 순간 '재래식 화장실의 구더기는 죄를 짓지 않는데, 나는 인간으로서 구더기만도 못한 삶을 살았구나.' 하는 생각이 들면서 괴로움에 몸부림칠 때, 갑자기 하나님의 음성이 들렸습니다.

"나는 여호와 하나님이니라. 너는 십계명을 암송하고 내가 내려 주는 메시지를 받아 책으로 만들어 만백성을 구하라." 하시며, 제 눈을 손으로 문지르게 하시고, 아픈 머리와 다리를 손으로 두드리게 하셨습니다. 그러고 나니 눈도 잘 보이고 걸을 수 있었으며 머리의 통증도 말끔히 낫게 되었습니다. 그때부터 십계명을 암송하고 나면 들려주시는 말씀을 기록하였고, 1999년 8월부터 2004년 7월까지 권당 288쪽, 총 160권을 받아서 "새로운 성경"이라는 책으로 펴내게 되었습니다.

그러한 저에게 죽기보다도 힘든 길이 시작되었습니다. 모든 교인들이 저에게 사탄이요, 이단이요, 악마요, 마지막 시대에 온 거짓 선지자라 하면서 공격하였고, 저를 짐승을 보듯이 대하는가 하면, 편협한 종교 지도자들의 선동으로 신도들이 이 책을 직접 읽어 보고 평가할 기회마저 막아 버렸습니다. 그래서 하나님의 말씀을 세상에 내는 데 많은 어려움을 겪으며, 피를 토하는 심정으로 책을 전하고 있습니다.

그러나 아무리 인간의 힘으로 막으려 해도, 하나님의 뜻이 세상에 전해지는 위대한 역사는 계속될 것입니다. 책으로 전해지는 "하나님의 말씀"은 세상 끝날까지 항상 우리와 함께하실 것입니다. 사람은 죽어도, 책에 기록된 말씀은 영원히 남으니까요.

## ■ 따뜻한 실천

하나님께서는 어려운 사람들에게 삶의 터전을 마련해 주고, 미래를 열어 주는 것을 기뻐하십니다. 어려운 이웃이 스스로 자립할 수 있도록 이끌어 주는 것이 진정으로 이웃을 돕는 것이라고 말씀하셨습니다. 그래서 일자리가 없는 제자들에게 작은 사업장을 만들어 주는 "달란트 사업"을 하고 있습니다. 식당, 반찬 가게 등을 차려 주고, 기존의 어려운 사업장이 자립할 수 있도록 돕고 있습니다(커피숍, 미용실, 의상실 등).

하나님께서는 교회에 나와서 모든 시간과 재물을 쏟기를 원하지 않으시고, 그 시간과 재물을 교육에 투자하여 스스로 미래를 열어 가기를 원하십니다. 그래서 제때 공부하지 못한 제자들에게 학업을 이어 가도록 하였습니다. 중화요리 주방장을 하며 초등학교 검정고시부터 공부하여 2012년에 방통대를 졸업한 36세 남성, 만학도들의 2년제 중학교에 입학해서 2007년에 명지대학을 졸업한 38세 여성, 중학교 검정고시를 시작으로 숭의여자대학을 졸업한 47세 여성 등이 있습니다. 그밖에도 많은 제자들에게 나이를 초월하여 배우고 깨우쳐서 사회 속의 당당한 일원이 되도록 인도하고 있습니다.

학자금 대출로 힘겨워하는 젊은이들을 위해 "따뜻한 바람 장학회"를 발족하여(2016년 12월) 대출받은 학자금 전액을 매월 갚아 주고 있습니다. 또한, 다문화 가정을 위해 "다문화 가족 랜드"를 조성하여, 각종 시설을 무료로 활용하도록 하고 있습니다.

이러한 따뜻한 실천이 아직은 미약합니다. 그러나 책의 수입이 늘고, 저와 뜻을 같이하는 분들이 늘어나면 계속 확대할 것입니다. 지도자로서 신도의 재물을 헌금으로 거둬들여 착복하는 것이 아니라, 하나님께서 기뻐하시는 일에 사용하도록 중매 역할만 하며 살아가고자 합니다. 이런 제가 과연 사탄이고 이단인가요? 하나님께서 기뻐하시는 일이라면, 저에게 사탄이라 하든 거짓 선지자라 하든 굽히지 않고 실천해 나갈 것입니다.

끝으로, 일상의 삶 속에서 "지금 내가 하는 행동이 과연 하나님께서 기뻐하실까, 슬퍼하실까?" 생각하고, 매사에 하나님께서 기뻐하시는 길을 택하기 바랍니다. 교회에 모여서 집단적으로 예배 드리는 것이 아니라, 개인이나 가정 단위로 새로운 성경을 읽어 스스로 깨우치고 그대로 행하면 충분합니다. 그것이 마음속에 성전을 짓고, 신령과 진정으로 예배 드리는 길입니다. 그러면 천국의 문에 들어서게 됩니다.

2017. 2. 1.

하나님 말씀 대역자 김용철

# 차 례

# 십 계 명

이 책은 십계명을 암송하고 나면 내려 주시는 “하나님의 음성”을 듣고 그대로 받아쓴 기록입니다. 하나님께서 십계명을 모세에게 내려 주셨지만, 그것은 만백성에게 내려 주신 것입니다. 마찬가지로 이 책의 모든 말씀도 저에게 내려 주셨지만, 만백성 각자에게 들려주시는 말씀입니다. 여러분도 이 책을 접할 때마다 십계명을 암송하고 나서 정독해 주시기 바랍니다.

제일은, 너는 나 외에는 다른 신들을 네게 있게 말지니라.

제이는, 너를 위하여 새긴 우상을 만들지 말고, 또 위로 하늘에 있는 것이나, 아래로 땅에 있는 것이나, 땅 아래 물 속에 있는 것의 아무 형상이든지 만들지 말며, 그것들에게 절하지 말며, 그것들을 섬기지 말라.

제삼은, 너는 너의 하나님 여호와의 이름을 망령되이 일컫지 말라.

제사는, 안식일을 기억하여 거룩히 지키라.

제오는, 네 부모를 공경하라.

제육은, 살인하지 말지니라.

제칠은, 간음하지 말지니라.

제팔은, 도적질하지 말지니라.

제구는, 네 이웃에 대하여 거짓 증거하지 말지니라.

제십은, 네 이웃의 집을 탐내지 말지니라.

나 여호와가 존재함을 믿는 그 자체가 구원의 길에 들어서는 기본이요, 근본이며, 나의 새로운 성경을 가슴에 안고 정독하는 자, 반석 위에 서서 하늘에 오르는 찬란한 빛을 보게 되는 영광을 얻게 됨이니라. 진정 나를 따르고 믿는 자는 감히 사탄이나 마귀도 근접하지 못하느니라.

〈하나님 말씀〉

# 2003년 9월

## 7,695 번째 하나님 말씀

*2003년 9월 28일 10시 28분*

1 사랑하는 나의 아들아!
2 "네, 아버님! 말씀하옵소서."
3 이 세상에 너희들이 살아가면서 너희
들 자신보다 모두를 더 잘 아는 사람
이 없다 말하지 아니하였던가?
4 너희들이 춥고 배고프며 더운 그 모
두는 너희 자신보다 더 잘 아는 사람
이 없다 하였음이니라.
5 그러니 너희들이 진리요, 하늘에 오르
는 길이요, 그 모두는 너희들 자신이
알고 있는 네 악습이요, 너희 좋지 않
는 습성이요, 그리고 네 가슴속에 있
는 그 욕심의 뿌리를 버릴 수 있는 그
훈련이 가장 중요하며,
6 그 길을 역사하는 자가 너희들이 그리
도 갈구하는 하늘이요, 너희들이 천국
이라는 그와 같은 곳에 올 수 있으며
그를 볼 수 있다는 것을 너희들은 잊
어서는 아니 될 것이니라.
7 세상사 너희들이 살아가는 속에는 반
드시 정답과 오답이 있으며, 그리고
너희들은 나 여호와가 존재하기에 모
든 면에서 정답과 오답이 반드시 있음
을 알아야 될 것이니라.
8 인간 세상에 너희들이 생각해서 정답
이라 생각하는 것이 옳다 주장하며,
그것이 이 세상에 모두의 정답이라 고
집을 세우고 제 주장만 하는 자처럼
어리석고 불쌍한 사람이 없는 것이니
라.
9 인간 세상의 정답은 하늘의 정답과는
틀림을 알아야 될 것이니라.
10 너희들이 하늘의 역사요, 성령으로 임
하는 그 정답이 가장 위대한 정답이
며, 그보다도 더 정답이 없는 것을 너
희들은 알아야 될 것이니,
11 인간의 생각으로써 너희들이 정답을
찾은 것은 욕심이 개입되며 네 생각
이 개입되기 때문에, 너희들이 정답을
찾을 수 없다 내가 그리 말하지 아니
하였느냐?
12 그러니 너희들이 하늘의 정답을 아는
것은 마음을 비우는 것이요, 너희들이
천사와 같이 아름다운 자세로써 섰을
때 하늘의 정답을 알 수 있는 것이니
라.
13 그러니 인간 세상에 네 뜻만이 옳으
며, 인간이 생각하는 네 것만이 맞다
그리 고집하지 말라.
14 그것이 가장 어리석은 자요, 불쌍한
자임을 너희들은 알아야 될 것이니라.
15 남들이 어떠한 역사를 할 때, 그는 어
쩔 수 없기에 그 길을 갈 수 있다는 것
을, 그를 들여다보며 그리 이해할 수
있는 그 마음이 너희들이 남을 들여다
볼 수 있는 것이며, 너희 자신을 다스
리는 것이며, 그리고 네 인간의 생각
대로 하지 아니함이니라.
16 내가 너희들이 행동을 하며 말을 한마
디 할 때 열 번 백 번 생각해서 말을
하며 행동을 하라 내가 나의 법전에

기록하여 그리 가르친 뜻이 바로 무엇
이더냐?
17 너희들이 생각하고 생각하면 그 속에
정답이 있음이니라.
18 그 정답을 찾는 것, 그것만이 너희들
이 나 여호와의 뜻에 의하여 사는 것
이요, 남에게 한 점의 부끄럼이 없는
그와 같은 삶을 사는 것이라는 것을
너희들은 알아야 될 것이니라.
19 너희들은 정녕 배부른 자에게 상사라
하여 밥을 먹기를 권유하며 그리 먹기
를 강제로 요구한다면,
20 과연 너희들이 베푸는 것은 사랑이요,
남에게 대접하는 것은 아름다운 것이
나,
21 배가 불러 더 이상 먹을 수 없는 사람
에게 너희들이 사랑을 베풀며 나눔을
실천하는 것이요, 그저 대접하는 것이
옳은 길이라 하여 네 뜻대로 더불어
같이 먹고 같이 즐겨 주기를 바란다면,
22 그에게 너희들은 고통을 내리는 것이
며, 그에게 마음 아픈 행위를 하는 것
이 아니더냐?
23 이와 같은 이치를 하나만 생각한다 해
도, 너희들은 정답과 오답이 있음이니,
24 항상 어느 것이 정답인가를 너희들이
알아서 행하는 그와 같은 현명함을 갖
지 아니하면, 인간 생각으로써 너희들
이 무너지게 되어 있음을,
25 이를 명심하고 또 명심하여 행해야 됨
을 절대 잊지 말라.
26 조용히 생각하며 조용히 깨달으면 모
두의 정답이 있거늘, 그 정답을 가지
고 너희들이 행하는 것이 가장 위대한
것이니라.
27 너희들은 정답이 아니며 오답을 가지
고 정답이라 해도, 그는 세월이 지나
며 시간이 지나면 모두가 밝히게 되어
있으며, 그 모두가 다 알게 되어 있다
내가 그리 말하지 아니하였느냐?
28 그러니 너희들은 정답을 찾는 것부터
먼저 생각하고 연구해야 됨을 알아야
될 것이니라.
29 과연 너희들이 정답이 무엇인가, 그
정답을 찾는 그와 같은 현명함이 없이
는 아무것도 역사할 수 없는 백성이라
는 것을 명심하고 또 명심하여 가슴깊
이 새겨 살아가도록 그리하라.
30 정답은 너희들의 반대에 있음이니라.
31 내가 인간 세상에 살아가면서 너희들
이 팽이가 오른쪽으로 도는 것을 왼쪽
으로 도는 그와 같은 삶을 살라 하였
음이니,
32 지금의 너희들이 살고 행하는 그 모든
것을 지금 다시 한 번 돌이켜 보며,
너희 자신을 들여다보며,
33 네가 과연 네 욕심에서 모든 걸 역사
하는 것은 아닌가, 너를 먼저 생각하
고 모두를 계산한건 아닌가 돌아보라.
34 자기를 먼저 생각하면 제 앞에 무엇
을 놓게 되며, 더 큰 것을 놓게 되며,
아름다운 걸 움켜쥐고자 하는 그와 같
은 마음이 생김이니, 거기에서는 정답
을 찾을 수가 없으며 정답을 볼 수가
없음이니,
35 '나'를 버리고 네 마음을 비우는 삶을
살라.
36 그 속에 오로지 정답이 있음을 알라

# 7,696 번째 하나님 말씀

*2003년 9월 28일 11시 56분*

1 사랑하는 나의 아들아!
2 "네, 아버님! 말씀하옵소서."
3 지금의 너를 따르는 제자요, 그 백성
들 그들은 그 조상이 하늘에 오르는
길을 그들이 닦지 못하여 너희들이 그
역사를 하기에 오늘의 너희들이 고통
과 시련의 그 길을 간다 하였음이니,
이는 곧 너희들이 무엇인 줄 알겠느냐?
4 너희들은 나와 너희들이 무언의 약속
을 한 백성들이라는 것을 알아야 될
것이니라.
5 인간 세상에도 서로 살아가면서 너희
들이 약정이요, 약속한 것은 지키고
살아가는 것이 너희들의 도리이니라.
6 그러나 너희들은 모르고 있으나, 너희
들이 나에게 부름을 받으며 나의 법전
을 읽고 깨우치며 나의 성령의 강론의
듣는 너희들은 만백성을 구하는 그 전
사로서 대임을 다하겠다는 나와 언약
의 약속을 체결한 그와 같은 백성이라
는 것을 너희들을 절대 잊어서는 아니
됨을 알라.
7 너희들은 나 여호와와 언약을 한 자들
이니라.
8 모든 백성들을 이끌어 그들을 구원하
는 그 길로써 역사한다는 것, 그리고
너희들이 그 길을 가기 위해서 너희들
은 너 자신을 비워야 될 것이며,
9 하늘을 향하여 한 점의 부끄럼이 없는
그 삶을 살아간다는 것, 그것 또한 너
희들이 나에게 약정한 것이며, 계약을
맺었음을 너희들은 잊어서는 아니 될
것이니라.
10 너희들이 손으로 쓰는 것만이 계약이
아니요, 약정이 아니니라.
11 너희들이 나의 법전을 읽고 깨우치며
나의 뜻대로 살아가며 만백성을 구원
하는 그 전사로서 너희들이 다시 태
어나고자 하는 그와 같은 마음을 갖고
나의 아들을 통하여 강론을 들으며 나
의 법전을 읽고 공부하는 너희들,
12 너희들은 모두가 나와 약속이 체결되
어 있는 소중한 백성들이라는 것을 절
대 잊지 말라.
13 너희들은 나의 법전이 너희들에게 깨
우침에 있어서 한 점의 부끄럼이 있
는 삶을 가르치며, 너희들은 인간의
도리로써 잘못된 부분을 너희들에게
명하며 가르친다 하면 너희들이 나의
법전을 버리고 이 성전을 나가도 내가
너희들을 원망하지 아니할 것이니라.
14 그러니 이는 나 여호와의 뜻이요, 만
백성을 구하는 길은 이 길밖에 없음을
너희들은 알아야 될 것이니라.
15 내가 천둥 벼락을 치듯이 내가 하늘에
있으며, 너희들이 어찌 살아가야 된다
하여 너희들의 귀에 심어 준다 해도,
16 오늘의 너희들은 그것을 기억할 것이
나, 너희들의 후손이요, 천 년, 2천 년
세월이 흐른 다음에 너희들의 후손은
동화 속에서 그저 예수가 역사한 것을
믿고 의심하며 두 가지의 마음을 갖
고 있듯이, 그와 같은 형국의 백성들
이 될 것이니라.
17 그러니 그를 영원히 전하며 변하지
않고 그들을 깨우칠 수 있는 것은 글
로써 책으로써 만들어서 증거하는 것

밖에 없음이니라.
18 육을 가진 나의 피조물 만백성들은 육
으로 다스리며, 육의 세상으로써 모
두가 역사하기 때문이니, 너희들은 이
를 알아야 될 것이니라.
19 오늘에 너희들이 깊이 새기고 돌아갈
것은, 너희들이 만백성을 구하는 길이
요, 너희들이 천사와 같은 삶을 산다
는 것을 너희들은 나에게 약정하지
아니하였으나,
20 너희들은 나에게 계약이 체결된 선택
된 백성이라는 것을 잊지 말라.
21 천사와 같은 마음으로 살며 모든 백성
을 이끌어 가는 데 너희들이 한 점의
부끄럼이 없이 살겠다는 나 여호와와
굳은 약속이요, 그 계약을 체결했음이
니,
22 이는 지울 수도 없으며 버릴 수도 없
음이니, 이보다도 더 소중하고 귀한
약정서가 없다는 것을,
23 너희들은 나와 계약이 맺어진 백성이
니, 너희들이 천사와 같이 살며, 십계
명을 지키고 살며, 아름다운 삶을 살
아 만백성에게 빛이 되겠다는, 나로부
터 버릴 수도 없으며 지울 수도 없는
굳은 약속이 체결된 백성이니,
24 너희들이 그리 행하고 살아가는 것만
이 나의 은혜에 보답하는 길이며, 너
희들 또한 이루고자 하는 그 모든 역
사의 뜻이 이루어진다는 것을 잊어서
는 아니 될 것이니라.
25 오늘에 썩을 대로 썩어져 있으며 부패
할 대로 부패해져 있는 이 세상을 너
희들은 내가 너희 인간에게 주었던 그
본연의 인성으로 되돌아오지 아니하
면 역사할 수 없음이니라.
26 내가 너희들에게 명하는 것은 너희들
이 내가 세상에 내보내 준 너희들의
그 아름다운 인성의 마음, 그를 찾아
원상태로 제자리로 돌아오라는 것이
니,
27 이를 너희들은 행하도록 그리함이 나
여호와의 뜻을 행하는 순종하는 백성
이라는 것을 잊지 말라.

## 7,697 번째 하나님 말씀

*2003년 9월 29일 08시 50분*

1 사랑하는 나의 아들아!
2 "네, 아버님! 말씀하옵소서."
3 나의 피조물 만백성 너희들이 살아가
면서 재물이요, 금화와 은화에 의하여
그 욕심을 버리지 못하여 무너지고 쓰
러지는 자가 수없이 있으며, 모든 백
성들이 금화와 은화를 제 마음대로 풍
족히 쓰고 관리하고자 하는 것이 너희
들이 욕심이 아니더냐?
4 수천 년 동안 믿음의 종교 집단이라는
자들이 지금 썩고 썩을 대로 무너진
것이 그 재물을 버리지 못하며 그를
놓지 못하니,
5 그 믿음보다도 재물을 저희들이 숭배
하며 더 그를 귀히 여기는 그와 같은
형국이 왔기 때문에, 진실한 진리를
가르치지 못하고 있는 이와 같은 형국
이 아니더냐?
6 너희들은 알고 있지 않더냐?
7 그 재물보다도 더 소중한 것이 말 한
마디라는 것, '말 한 마디로써 천 냥
빚을 갚는다'는 그 말이 무슨 의미더

냐?
8 너희들이 생명보다도 더 소중히 하는
금화와 은화를 거둬들이기 위해 모두
를 살아가는 것, 그 귀중한 금화의 천
냥도 너희들이 말 한 마디로써 모두
갚을 수 있다 함이니,
9 이제 너와 너의 제자들은 그와 같은
행함이요, 그와 같은 마음 자세로 행
동해야 함을 너희들은 잊어서는 아니
될 것이니라.
10 그리하여 내가 너희들이 말 한마디 할
때, 백 번 천 번 생각해서 행하라는 뜻
이 여기 있음이니,
11 이제 너희들은 그와 같은 마음이요,
그와 같은 행동으로써 살아가는 데
너희들이 최선을 다하라.
12 말 한마디로써 너희들이 천 냥 빚을
갚는다는 말이 있음이니, 너희들이 생
명보다도 더 소중하고 귀히 여기는 그
천 냥을 너희들이 말 한마디로써 갚을
수 있으며 면제할 수 있다 하지 않더
냐?
13 그러니 너의 제자와 너희들은 그와
같은 행동이요, 언행으로써 살아가야
함을 알아야 될 것이며,
14 그와 같은 체험을 직접 해 보는 너희
들의 행동이요, 언행에 대한 그와 같
은 삶을 지금서부터 살아가도록 그리
전하라.
15 그 귀하고 소중한 가르침이요, 깨달음
을 너희들이 아무리 알고 들으면 무엇
하느냐?
16 행동을 하지 못하며 행동에 옮기지
못하면 가치가 없다 내가 그리 말하
였으니,
17 너의 제자들은 정녕 천 냥 빚을 말 한
마디로 갚을 수 있는 그와 같은 언어
와 행동으로써 과연 변해져 있으며 그
와 같은 마음의 준비가 되어 있는가,
너희들을 되돌아 보도록 하라 그리
전하라.

## 7,698 번째 하나님 말씀

*2003년 9월 29일 11시 40분*

1 사랑하는 나의 아들아!
2 "네, 아버님! 말씀하옵소서."
3 인간 세상에 너희들이 살아가면서 작
고 큰 모든 일에 부닥치는 것은 다 너
희들의 경험이요, 또한 살아가는 데
그 인생의 한 부분을 역사하는 그와
같은 것이니라.
4 너희들이 때로는 실패하며 때로는 실
수하며, 더불어 살아가는 그와 같은
삶 속에서 너희 자신이 다스려지며 너
희들이 성장해 가는 것이니,
5 오늘의 너희들이 작은 실수요, 오늘의
작은 서운함은 미래의 큰 것을 잃지
아니하며, 큰 것으로써 섭섭한 마음을
갖지 아니하며,
6 정녕 너희들이 돌이킬 수 없는 그와
같은 것을 실수하지 않는 오늘의 가르
침이요, 교훈임을 너희들이 알아야 될
것이니라.
7 너희들이 어려서 실수하는 자, 그리하
여 어려서 많은 경험과 실수를 해 너
희들이 쇠진한 노후가 되어 너희들이
결정적인 실수함이 없이 인생을 살아
간다면, 그래서 너희들 말대로 '젊어
서 고생은 사서도 한다'는 말이 있지

않더냐?
8 젊어서 고생은 너희들이 스스로 사서
도 한다는 그와 같은 말이 있는 그 의
미는,
9 너희들이 기억이 쇠진하여 다시 재기
할 수 없는 그때 가서 너희들이 최후
에 실패했을 때 그리고 모두가 무너
졌을 때, 그때 너희들은 감당할 수 없
으며 돌이킬 수 없음이니,
10 너희들은 그와 같은 실수를 하지 아니
하려 재기할 수 있고 힘이 있고 능력
이 있는 젊었을 때 너희들이 모두를
체험하는 것은 너희가 고통과 시련을
재물을 주고 사서 그 길을 일부로 체
험하는 것, 그것이 값진 것이라 말하
지 아니하였더냐?
11 나의 법전이 세상에 나간 지가 과연
얼마나 되더냐?
12 이제 걸음마를 시작하는 그와 같은 단
계이니, 나의 법전을 가지고 만백성을
깨우치고자 역사하면서 더러는 너희
들이 착오가 생기며 더러는 실수인 듯
하며 더러는 너희들 계획대로 맞지 않
는다 해도 좌절하고 실망하지 말라.
13 어린아이가 젊어서부터 체험과 경험
을 쌓아서 성장해서 실수하지 않는 오
늘의 훈련이 필요하듯, 너희들도 또한
똑같은 그와 같은 훈련이요, 그와 같
은 역경이요, 과정을 거치는 것은 당
연한 것이니라.
14 그러니 오로지 너희들이 그 믿음이요,
나 여호와의 법전이 진정한 나 여호와
의 성령의 뜻이요, 내가 역사한다는
그 마음이 흔들려서는 아니 됨이니라.
15 외형적인 보이는 실수로써, 너희들이
육으로 접할 수 있는 실수로써, 또는
너희들이 육으로 접할 수 있는 무너짐
이요, 흐트러짐이요, 그를 가지고 너
희들이 믿음의 그 마음의 자체까지 흔
들린다면 너희들이 가장 소중한 것을
잃는 것이니, 그와 같은 형국이 되어
서는 아니 될 것이니라.
16 비바람이 몰아쳐 낡은 집을 너희들이
장대기를 엮어 흙을 바르고 역사하여
그와 같이 바른 집으로 만들면 되는
것이요,
17 그저 한 쪽이 무너지고 흙이 떨어져
장대기가 떨어졌다 해서 그것을 너희
들이 보수하며 고치며 완전한 집으로
만드는 그와 같은 마음마저 포기하고
돌아선다면,
18 그것은 결국 폐가가 될 것이며, 거기
에서 존재할 자가 그를 버리고 떠난다
면 그는 결국 무엇이 되겠는가?
19 길거리에 나앉아 제 생명을 거리에서
잃는 그와 같은 형국이 되지 않겠느냐?
20 그러니 너희들은 그를 고쳐서 쓸 수
있는 그 훈련이 필요하며, 거기에 좌
절하지 않고 주저하지 아니하는 너희
들이 되어야 됨이니,
21 너희들은 낡고 쓰러진 그 집을 보수하
고 고쳐서 사람들이 기거할 수 있는
아름답고 좋은 완벽한 집으로 만드는
그것이 오늘의 너희들이 역사하는 것
임을 알아야 될 것이니라.
22 오늘의 모든 종교 집단이요, 세상의
나의 피조물 만백성들의 그 형태를 바
라보면, 너희들이 하나의 가옥으로 말
할 때, 모두가 다 지금 날라가게 되었
으며,

23 그저 장대기도 날라갔으며 흙도 떨어
졌으며, 그저 앙상한 뼈대만 남아 있
는 그와 같은 형국이니,
24 그를 바로 수술하고 고쳐 완벽한 가옥
으로 만드는 그와 같은 일을 너희들이
역사해야 한다는 것을 잊어서는 아니
될 것이니,
25 그를 그대로 버려둔다면 그는 더 무너
질 것이며 폐가가 되지 않겠느냐?
26 그보다도 더 험악하게 무너진 것, 그
보다도 찢어진 것, 그것보다도 더 기
운 것을 바로잡고 바로 역사하는 것이
너희들이니, 그 얼마나 힘들고 어려운
지 아느니라.
27 그러니 너희들이 그 집을 바로 세우겠
다는 그 집념이요, 그 열망이요, 그 마
음을 가지고 있을 때, 모든 사람들이
너희를 따라 힘이 되고 도울 것이나,
28 그를 버리고 떠나면 어떠한 사람도 그
걸 고치고 바로잡는 역사는 할 수가
없음이니라.
29 오늘에 너희들이 바로 그러하니라.
30 그러니 너희들이 그 집을 고칠 때, 너
희들에게 와서 도와주는 자가 있으며
정녕 조언을 하는 자가 있으나,
31 때로는 너희들이 그와 같은 아름다운
집을 만들어 갖는 것을 시기하고 질투
하는 자, 너희들은 해서는 안 되는 짓
을 시킬 수 있으며, 그 집을 고치는 데
힘들고 어렵게 가는 그 사람들을 밀어
붙이며, 그리고 그 집을 역사하지 못
하도록 부수어 놓고 가는 자, 짓밟고
가는 자가 있을 것이니라.
32 다만 그래도 불을 질러 그를 태우지
아니하는 것이 천만다행이요, 그와 같
이 태우지 아니하니 바로 세울 수 있
다는 그와 같은 너희들이 믿음을 가지
고 가도록 그리하라.
33 나의 법전을 모두 태워 버리며 나의
성전을 공격하며 나의 법전이 세상에
나오지 못하도록 그 사악한 역사가 이
루어지지 아니하는 것만 해도,
34 지금의 너희들이 폐허를 고치는 데 불
지르지 아니하며 그를 완전히 부숴 버
리지 않는 것, 그러니 너희들이 완벽
한 가옥으로 만들 수 있고 노력만 하
면 원상태로 돌려놓을 수 있는 그 기
회가 있지 않으냐?
35 오늘에 나의 이 법전이 처해 있는 위
치가 그러함이니 그리 알라, 사랑하는
나의 아들딸들아!

## 7,699 번째 하나님 말씀

*2003년 9월 29일 11시 45분*

1 사랑하는 나의 아들아!
2 "네, 아버님! 말씀하옵소서."
3 이제 사랑하는 나의 백성 너희들이 그
가정에서 나의 법전을 가지고 서로 공
부하고 깨우치는 그와 같은 시대를 열
어 가야 될 것이니, 이것이 바로 너희
들이 가정 예배의 그 형태이니라.
4 내가 내린 나의 법전을 가지고 너희들
이 가정에 그와 같은 공부하는 시간을
이제 너희들이 모든 백성들에게 전해
야 될 것이니, 너희들부터 그와 같은
것을 실시하도록 그리하라.
5 아주 조용하고 온유하고 부드러우며
화기애애한 그와 같은 가정의 공부하
는 시간, 그리고 예의 바른 가정의 그

예의를 가르치며 질서를 지키는 그와
같은 아름다운 공부의 시간을 가져야
될 것이니 그리 알라.
6 그리하여 너희 가정에서 나의 법전을
가지고 공부함이니, 그 모두는 온유함
이 있으며, 거기에 나에 대한 또한 열
정이 있으며, 나의 믿음을 다져 가는
것이요, 가족끼리 결의를 굳혀 가는
그와 같은 공부하는 시간, 그것이 너
희들에게 가장 소중한 것이니,
7 이제 그와 같은 역사를 이루어야 될
것이며, 나 여호와를 아버지라 부르는
데 너희 가정에 한 사람도, 그 누구도
부끄럼이 없는 너희 가정의 공부하는
시간을 갖도록 그리 이끌어 가도록 하
라.
8 이 세상의 모든 백성들이 가족 단위로
나 여호와가 내린 나의 법전을 가지고
깨우치고 공부하는 그와 같은 형국으
로써 이끌어 가고자 함이 나의 뜻이니
라.
9 너희들 가정과 네 주변에 나의 사랑과
나 여호와의 평온함을 심는 역사를 시
작하는 것이 그것이니 그리 알라.
10 너희 가정이 시작하며, 이웃 사람과
더불어 너희들이 같이 평화로운 아름
다운 시간을 갖는 것, 그것으로써부터
너희들이 이제 시작하는 역사가 되어
야 될 것이니라.
11 나의 아들을 따라 지금까지 배우고 깨
우친 백성, 너희들이 이제는 가정을
다스릴 수 있으며, 가정에서 공부할
수 있으며, 그리고 이웃 사람들과 더
불어 공부할 수 있는 그와 같은 깨달
음이 있음이니, 이제 너희들이 그리
서서히 행해야 될 것이니 그리 알라.
12 이제는 너희들이 그를 다스려 나갈 수
있는 위치에 있지 않은가?
13 똑같은 방법이요, 똑같은 무력한 지금
의 종교 집단이요, 지도자들이 드리는
가정의 예배요, 형식의 틀에서 벗어나
지 못한 그와 같은 예배가 아니니라.
14 무한정하며 끝이 없는 무한대한 그 변
화를 이루며, 참진리의 뜻을 알 수 있
으며 참진리를 전할 수 있는 활기 넘
치는 가정의 공부하는 그 역사의 시간
을 이제는 갖도록 그리하라.
15 160권이라는 나 여호와의 법전이 너
희를 받치고 있으며 너희들에게 깨달
음을 주고 있으며 너희들에게 지혜를
주고 있지 아니하는가?
16 그러니 두려워하지 말며 자신 있게 너
희들이 이끌어 나가도록 그리하라.
17 너희들이 진정한 나의 공부를 하는 그
소중한 시간은 나의 성령이 넘치는 너
희들의 가정이 되어야 될 것이며, 나
의 성령 안에서 너희 온 가족이 하나
가 되는 부드럽고 평온한 그와 같은
공부하는 시간으로써 너희들이 그리
하며,
18 너희들이 나에게 경배드리고 기도하
는 그와 같은 역사로 이루어질 때, 그
모두는 나 여호와의 기쁨은 이루 말할
수 없으며, 너희들이 나에게 형용할
수 없는 기쁨을 전해 주는 그와 같은
아들딸임을 잊지 말라.
19 이제 너희가 스승도 제자도 없는 똑같
이 동참하는 하나의 가족이 되어, 그
가족 속에서 참다운 나의 법전을 가지
고 공부하고 깨우치고 역사하는 그 변

화를 이루도록 그리하라, 사랑하는 나
의 아들딸들아!
20 네 주변이요, 네 가정서부터 이루어질
때, 이웃 사람이 동참할 것이며, 이웃
사람이 같이할 것이니,
21 너희들이 그저 친구가 차 한잔 하는
그와 같은 부드러운 마음으로 주 중의
하루를 선택하여 가족끼리 책을 읽고
깨우치는 그와 같은 아름다운 시간을
갖도록 하라.
22 그것이 나 여호와의 가장 큰 기쁨이니
라.

## 7,700 번째 하나님 말씀

*2003년 9월 29일 11시 50분*

1 사랑하는 나의 아들아!
2 "네, 아버님! 말씀하옵소서."
3 내가 너희들을 사랑하며 아낀다는 그
의미를 알겠느냐?
4 내가 무어라 말하였더냐?
5 지금의 모든 믿음의 길을 가는 백성들
이요, 모든 신을 모시는 자들이요, 그
리고 어떠한 종파 속에서 머리를 숙이
고 저희들이 무엇인가를 얻고자 갈구
하며, 선한 백성이요, 하늘에 오르는
진정한 길을 간다고 하는 그 백성들,
6 그들과 너희들과는 똑같은 인간이나,
너희들과의 그 차이점이 무엇인 줄 알
겠느냐?
7 그들은 금화와 은화에 제 마음을 팔
수 있으며, 금화와 은화 앞에 나 여호
와를 버릴 수 있는 자들이니라.
8 수단과 방법을 가리지 아니하고 거짓
하며 거짓된 행동을 서슴없이 할 수
있는 것이 그들이요,
9 너희들은 그렇지 못한 바보로 지금 변
해져 있는 것, 그것이 하늘과 땅의 차
이이니,
10 이는 재물을 주고도 살 수 없는 것이
며, 그 무엇을 주고도 살 수 없는 것이
니라.
11 오로지 나의 법전을 읽고 깨우친 그
속에서 그를 접하는 자, 그를 믿는 자
만이 역사할 수 있음이니라.
12 이 세상의 모든 백성들이 금전이요,
재물 앞에, 금화와 은화 덩어리 앞에
나를 팔 수 있으며 나를 버릴 수 있으
며, 그러면서도 두려움을 모르고 가는
자들이 그들이니라.
13 그러나 나의 아들을 따르는 진정한 지
도자요, 또 지도자 반을 수료하였으
며, 또 열여섯 권의 법전을 다 깨우쳐
가는 나의 백성 너희들은 감히 손이
떨려 그를 잡을 수가 없으며,
14 그를 거둬들이면서 나 여호와에게 등
을 돌리고 나 여호와를 파는 그와 같
은 행위는 결코 너희들은 하지 아니할
것이며,
15 그와 같은 역사를 하지 아니하는 백성
들이 너희들일 것이니라.
16 그러니 너희들이 그만큼 나에게 소중
하며, 너희들이 그와 같은 마음 자세
로 다스렸기에, 이제는 너희들이 그와
같은 깨달음을 가지고 너희 가정서부
터 공부하는 그와 같은 역사의 시간을
갖도록 하라 나 여호와가 너희들에게
전함이니 그리 알라.
17 그러니 너희들이 얼마나 소중한 자들
인지 알겠느냐?

18 금화와 은화를 가지고 모두를 저버릴
수 있으며 나를 팔 수 있는 자들, 그리
하여 나의 예수도 팔았으며 그를 등
돌렸으며 그를 버렸던 그 백성들,
19 그러나 오늘의 나의 아들을 따르는 너
희들은 결코 나를 버리지 아니하며 나
로부터 등을 돌리지 아니하며 재물과
금화 덩어리에 나를 밀어붙이는 그와
같은 짓을 너희들은 하지 아니할 것이
니라.
20 정녕 너희들이 가슴이 두렵고 마음이
아파, 나 여호와를 버리는 그와 같은
낮은 사랑이 아니요,
21 영원히 너희와 내가 하나가 되는 깊고
깊은 사랑의 마음이 너희들의 가슴속
에 있음을 나 여호와는 알고 있음이니,
22 너희들이 목숨을 던져 챙기려 할 것이
며, 남을 볼 것이 없이 밀어닥치며 챙
길 것이며, 남은 죽는다 해도 금화와
은화의 덩어리를 집을 수만 있다면 행
할 수 있는 것이 이 세상의 모든 백성
들이 가지고 있는 그 마음이요, 믿음
의 길을 가고 있는 자들이 그러하니라.
23 그러나 이 작은 성전에 나의 성령을
들으며 나의 법전을 읽고 깨우친 만백
성 너희들은 절대 나를 그와 같이 팔
지 아니할 것이며, 나로부터 등을 돌
리지 아니할 것이 너희들이니,
24 그리하여 너희들이 얼마나 소중한 나
의 아들딸인가 한 그 의미를 너희들은
오늘 다시 깊이 되새겨야 될 것이니,
25 세상사 사람들이 다 그러하거늘, 그
사람들이요, 그 세속에 너희들이 그들
이 움직이는 걸 보고 실망하지 말라
슬퍼하지 말라.
26 그들이 감히 어찌 알겠느냐?
27 금화와 은화를 버려서라도 나 여호와
를 버리지 않겠다는 너희들이 그 마음
을 그들은 절대 모름이니,
28 세속의 눈으로 보이는 것, 금화와 은
화가 위대한 것, 소중한 것, 그걸 위해
서는 모두를 다 버릴 수 있는 그와 같
은 백성들이 하는 행위를 보고 너희들
이 실망하거나 그들을 탓하지 말고 그
들을 욕하지 말라.
29 그들은 깨어나지 못한 애벌레의 형국
에 있는 자요, 너희들은 나비가 되어
나니,
30 세상의 아름다움을 보고 있기 때문이
니, 그것이 하늘과 땅의 차이이니,
31 그들을 불쌍히 생각하라.
32 그리고 그들을 구원하도록 인도하는
것만을 생각하며,
33 미워하고 싫어하고 저주하는 그와 같
은 말을 한다면, 너희들은 나를 버릴
수 있는 그와 같은 소지가 있다는 것
을 깨달으라, 사랑하는 나의 아들딸들
아!

## 7,701 번째 하나님 말씀

*2003년 9월 29일 11시 54분*

1 사랑하는 나의 아들아!
2 "네, 아버님! 말씀하옵소서."
3 모든 종교 집단이요, 지도자들이 또한
가정 예배를 활성화하며 가정 예배를
강론하느니라.
4 그러나 그들이 드리는 작은 가정 예배
의 그것과 나 여호와의 백성이요, 나
의 아들딸로서 선택된 너희들이 가는

길은 다름이니라.
5 그들은 작은 가정의 예배를 하는 것도
저희들이 강론을 하는 자도 저 자신의
생각과 저 스스로 그 모두를 접목시켜
가정 예배의 행사를 하고 있으며,
6 저희들의 교리에 따라서 모두를 전하
고 깨우치는 그와 같은 형국으로 그들
은 가고 있음이니라.
7 그러나 정녕 나의 아들을 따르는 제자
너희들이 가정의 공부하는 시간은 그
들이 드리는 가정 예배의 형국과는 다
름이니라.
8 너희들은 나의 법전을 정독하고 정독
한 선택된 백성으로서 나의 법전의 뜻
을 전함이니, 너희들이 제 임의대로
제 생각대로 마음대로 하는 종교 집단
의 가정 예배의 형식과 그 모두는 다
름을 알아야 될 것이니라.
9 비록 너희들이 시작하는 가정의 그 공
부하는 시간이요, 나에게 경배드리는
시간이 작고 크다 해도 너희들은 나의
법전을 가지고 모든 걸 전함이니, 너
희들은 나에게 맡기며 나의 뜻에 의하
여 이루어지는 것이니,
10 너희들이 가정에서 공부하는 그 시간
은 성령의 물결이 넘쳐흐르는 그 가정
으로 될 것이며, 가정에 사랑이 흘러
넘치는 그와 같은 것으로 변화되는 것
이니,
11 나의 아들을 따르는 제자들이요, 나의
법전을 읽고 너희들이 가정의 공부요,
가정에 기도하는 그 시간의 역사하는
것은 바로 성령의 물결이 넘친다는 것
을 알아야 될 것이니라.
12 너희들이 그와 같은 뜻으로 가지 아니
하고, 제 생각을 가지고 스스로 가정
예배를 드리는 그들과의 차이가 여기
에 있음이니라.
13 내가 무어라 말하였느냐?
14 수많은 사람들을 너희들이 모아 놓고
울고불고 해도 거기에는 성령이 없으
며 내가 존재하지 아니한다 내 성경에
미리 기록하여 너희들에게 전하였거
늘, 그 뜻을 너희들은 어찌 모른단 말
이던가?
15 그러니 그 의미를 다시 한 번 깨우치
도록 그리하라.
16 셀 수 없이 많은 나의 백성들을 모아
놓고 너희들이 울고불고해도 거기에
는 성령이 없음이니,
17 너희들이 가족 단위로 앉아서 나의 법
전을 깨우치며 나의 뜻을 전하는 너희
가정의 그 공부하는 장소요, 가정의
예배요, 가정의 기도 드리는 거기에는
나 여호와가 너희들과 같이함이니, 성
령의 물결이 거기에 넘치고 있다 함을
알라.
18 네 가정의 예배보다 더 소중한 것이
없으며 귀함이 없음이니라.
19 아무리 많은 백성들을 역사한다 해도,
내가 직접 너희들에게 내 뜻을 전하며
나에게 맡기고 너희들이 나의 법전만
을 가지고 공부하는 것은 나를 믿고
있기 때문이며, 내 뜻에 의하여 너희
들이 역사하는 것이기 때문에 거기에
성령이 존재함이니라.
20 너희들은 이제 그 모두를 알 것이니라.
21 대중의 수가 많고 적음에 관계없이 너
희들이 성령이요, 나 여호와가 존재하
는 것은 나의 뜻을 행하고 나의 뜻에

의해 역사한다는 것을 알아야 될 것이
니라.
22 지금의 모든 그들이 가고 있는 믿음의
길이요, 그들이 가고 있는 종교 집단
이요, 그들이 드리는 가정 예배의 그
모두는 죽은 믿음이요, 성령이 없는
믿음이요, 예배라 내가 그리 말하였으
니,
23 이제 새로운 꽃을 피우기 시작하는 너
희들의 가정의 그 공부 시간은 나의
성령이요, 내 뜻을 가지고 너희들이
역사하고 공부하니,
24 내가 더불어 거기에 성령이 넘치는 그
와 같은 위대한 장소라는 것을, 그리
고 위대한 공부의 역사하는 시간이라
는 것을 너희 머리에서 지워서는 아니
될 것이니 그리 전하라.

## 7,702 번째 하나님 말씀

*2003년 9월 29일 12시 01분*

1 사랑하는 나의 아들아!
2 "네, 아버님! 말씀하옵소서."
3 너의 제자들은 반드시 깨달아야 될 것
이니라.
4 오늘의 종교 집단 지도자들이 너희들
을 잘못 가르치고 잘못 인도하고 있는
것이 어떠한 것이 그만큼 잘못됐는지
그를 많이 들여다보며 너희들은 많이
깨우쳐야 될 것이니라.
5 그들이 가는 중에 커다란 잘못이 또
하나 있음이니, 그것이 무엇인 줄 알
겠느냐?
6 너희들은 꼭 한 사람으로서 너희들이
존재함이니, 너희들이 육 속에 나의
영혼이 존재하며, 영혼을 보호하는 것
이 너희들의 육이라 그리 말하였음이
니,
7 육은 집이요, 너희들의 영혼은 거기에
거주하는 자라 내가 그리 말하지 아니
하였더냐?
8 그러나 지금 세상에 있는 종교 집단들
이 어찌 가르치느냐?
9 너희들 자신의 한 사람을 놓고 분리시
켜 그리 가르치고 있음이니라.
10 너희가 하늘에 속한 거룩한 삶을 살아
가야 된다 그리 가르치며, 그러면서
너희들이 육에 속해 있는 가치 없고
의미 없는 삶에 연연해서는 아니 된다
하여,
11 한 사람을 놓고 하늘의 삶과 육의 삶
을 완벽히 분리해 놓으나,
12 한 쪽은 소중한 것이요, 한 쪽은 버려
도 된다는 그와 같은 어리석은 가르침
을 가르치고 있으니, 이것이 잘못되었
으며, 그게 너무나 크나큰 잘못이라는
것을 내가 너희들에게 전함이니라.
13 그리 분리해서는 너희는 아무것도 이
룰 수 없으며 아무것도 역사할 수 없
으며, 모두가 다 너희들이 무너지는
그와 같은 결과만 있다는 것을 알아야
될 것이니라.
14 그러니 너희가 나 여호와에게 속한 삶
이요, 육에 속한 그와 같은 삶으로써
구분해 놓고 지금 그를 엄격히 정하니,
15 하늘나라에 속한 삶은 너희들이 위대
한 삶이요, 육에 얽혀 있는 그 삶은 아
무것도 아니라 그리 밀어붙이는 그 가
르침,
16 거기에서 나의 피조물 만백성들이 다

지옥으로 가며 무너져 가는 그와 같은
길을 가고 있다는 것을 너희들은 알아
야 될 것이니라.
17 너희들은 육의 사업이며 육의 역사하
는 삶을 중요시하지 말라 그리 말하느
니라.
18 그러면서 너희들은 가르치기를 무어
라 하느냐?
19 행하고 사는 것은 육의 사업을 위하여
하는 것이 지금의 종교 집단 지도자들
이요, 하늘에 오르는 길이라 그 백성
들을 그리 가르치며,
20 그리하여 육의 행함이 중요하여 너희
들이 재물을 바치며 용서를 빌며, 금
화와 은화를 거둬들이는 그와 같은 행
위를 너희들이 서슴없이 하고 있음이
니,
21 이것이 가장 큰 너희들의 잘못 가르침
이요, 또 그를 보고 따라가는 백성들
이 잘못 깨우치는 그 길을 가고 있다
내가 그리 말하느니라.
22 그리 가르치는 나의 성령이 너희들이
한쪽은 하늘나라의 삶이요, 그리고 한
쪽은 너희들이 그 성령 외에는 모두를
다 저버리고 사는 것이 육의 삶이며,
그리하여 육의 삶은 너희들이 중요시
하지 말라 하니,
23 나의 사랑하는 백성들이 한쪽은 하늘
나라의 삶이요, 한쪽은 육의 삶을 살
아야 됨이니,
24 그들이 거기에서 제자리를 지키지 못
하고 허덕이고 있으며, 그들이 자신을
다스리지 못하는 이와 같은 형국이 되
어 있음을 너희들은 알아야 될 것이니
라.
25 그리하여 그들은 결국 거기에서 허덕
이다가 악의 구렁에 떨어지며 지옥으
로 가는 것을 너희들은 알아야 될 것
이니라.
26 하늘의 삶이요, 너희들이 성령의 삶이
육의 삶의 연장이요, 그 삶에 의하여
모두가 다 역사한다는 것을 그들에게
깨우쳐 주라.
27 너희들이 육을 지배하는 것도 영혼이
요, 성령이 지배하는 것이며,
28 너희들이 나에게 와 하늘에 오르는 것
도 성령이요, 너희 영혼이 너희들의
육의 삶에 대한 그 대가에 따라서 모
두가 역사하고 변화되는 연장선상에
있다는 내 가르침을 절대 저버려서는
아니 될 것이니라.
29 나 여호와의 뜻과 너희들이 전혀 관계
없는, 나를 잊고 사는 그와 같은 삶을
사는 그들을 너희들이 이제 깨우쳐 주
어야 될 것이니라.
30 하늘의 삶이 위대하며, 육의 삶이 잘
못되었으며 그는 중요하지 않다 하는
자, 너희들은 나의 뜻에 전혀 관계없
는 그와 같은 가르침을 가르치며 아무
것도 모르는 자가 나의 피조물 만백성
들을 인도하고 있는 자이기에,
31 오늘에 이와 같이 나의 백성들이 허덕
이며 갈피를 잡지 못하는 형국이 지금
빚어지고 있다는 것을 잊지 말라.

## 7,703 번째 하나님 말씀

*2003년 9월 29일 12시 05분*

1 사랑하는 나의 아들아!
2 "네, 아버님! 말씀하옵소서."

3 이제 너희들은 알았을 것이며, 그 삶
을 만백성을 위하여 전해 주어야 될
것이니라.
4 너희들의 생애에서 육의 삶이요, 성령
의 삶이요, 그 어느 하나도 너희들에
게 소중하지 않은 삶이 없으며 똑같이
귀하고 소중한 삶이니, 어느 한쪽에
치우쳐서도 아니 된다는 것을 가르치
고 깨우쳐 주어야 될 것이니라.
5 그러니 너희들이 육과 영혼의 삶을 분
리해서는 아니 되며, 그 모두가 거룩
하지 아니하고 소중하지 아니하고 귀
하지 아니한 것이 없음이니라.
6 너희들이 행하고 사는 그 모든 것이
다 똑같이 중하고 귀하다는 것을 명심
하도록 그리하라.
7 내가 오늘 나의 아들을 통하여 너희들
에게 이를 전하며, 내가 160권의 법전
에 기록하여 너희들의 육과 영혼을 다
소중히 생각하는 똑같은 하나로 보는
삶을 살아가라 간곡히 가르치고 전하
는 뜻이 무엇인 줄 알겠느냐?
8 너희들이 이 세상에 살아가면서 산소
요, 공기라는 것이 없으며 그를 마시
지 아니하면 살 수 없음이니, 그 산소
요, 공기가 얼마나 소중하고 귀하더냐?
9 나 여호와가 너희들을 바라보는 것이
너희들이 산소와 공기가 필요한 것보
다도 더 소중히 너희들을 사랑하며 내
가 나에게 필요하며 귀한 나의 아들딸
이기에, 내가 너희들에게 이 소중한
하늘의 이치를 지금 전하고 가르치거
늘,
10 너희들은 어찌하여 그와 같은 깨달음
으로써 나를 들여다보며 나를 볼 수
있는 마음이 과연 없단 말이던가?
11 육의 삶의 행함이 성령의 깨달음이요,
다같이 너희들이 행하는 그와 같은 삶
을 살지 아니하면 아니 됨이니라.
12 그 모두가 하나로 역사하여 너희들이
나에게 와 심판을 받는다는 것을 나의
피조물 만백성에게 상기시키고 전하
도록 그리하라.
13 내가 나의 법전을 만들어 세상에 전하
고 또 역사하는 것은, 너희들이 산소
요, 공기를 소중히 생각하며 그가 없
이는 살 수 없는 그 귀하고 소중한 것
보다도 나 여호와가 너희들을 더 사랑
하며, 나에게 더 귀하고 소중한 나의
아들딸이기에, 내가 오늘의 제3의 시
대를 열어 이 역사함을 감이니,
14 너희들을 깨우쳐 주기 위하여 나의 아
들을 통하여 나의 하늘의 뜻이요, 내
성령의 뜻을 담아 지금 책에다 기록하
여 너희들에게 전하는 역사가 이루어
지는 그 은혜에 감사함을 한번 들여다
보도록 그리하라, 사랑하는 나의 아들
딸들아!

## 7,704 번째 하나님 말씀

*2003년 9월 29일 12시 10분*

1 사랑하는 나의 아들아!
2 "네, 아버님! 말씀하옵소서."
3 너희들이 진정한 승자가 되는 길은 나
에게 오르는 길이라 그리 말하였음이
니, 너희들이 성령이 임한 그와 같은
아름다운 삶을 살지 아니한다면 너희
들은 승자가 될 수 없음을 알라 내가
일찍이 깨우쳐 주었음이니,

4 이 귀하고 소중한 나의 뜻을 너희들은
바로 깨우치고 바로 전하며 너희 스스
로 행하는 그와 같은 삶을 살아야 될
것이니라.
5 나의 모두를 태워 내려보내는 것이 곧
무엇이더냐?
6 바로 너희들이 성령으로 임하는 그 삶
이요, 성령이 임해서 가는 그 길의 모
두를 내가 법전이라 하여 조목조목 기
록하여 너희들에게 전했음이니,
7 너희들이 살면서 행할 것과 행해서는
아니 될 것 그 모두요, 미래에 너희들
이 역사하는 것까지 내가 모두 기록하
여 너희들에게 전했음이니라.
8 그러니 너희들이 이를 정독하지 아니
하고는 결과적으로 인간의 승자가 될
수 없으며 최후의 승자가 될 수 없다
함이 여기 있음을 명심하여 깨우치도
록 그리하라.
9 나의 법전을 읽고 깨우치지 않는 자,
인간 세상에 너희들이 하늘나라에 오
르는 그 모두의 승자가 될 수 없다는
그 무서운 의미를 깊이 가슴에 새기라.
10 이제 너와 너를 따르는 그 제자들과
또한 나의 법전을 읽고 깨우친 만백성
너희들은, 그 문서는 없지만 너희들과
나는 굳건한 언약이 체결되었다 내가
법전에 기록하여 너희들에게 전하지
아니하였더냐?
11 이 모두가 다 너희들에게 성령으로 임
하여 너희들이 나의 피조물 만백성을
구원하는 그 역사에 선택된 백성들이
기 때문이니 그리 알라.
12 너희들은 모르나 너희들은 나와 모두
언약이 되어 있으며, 창조주 나 여호
와를 위하여 죽음의 사선을 넘어가야
하는 굳건한 언약이 체결되어 있는 자
들이니라.
13 나의 법전으로 만백성을 구원하는 그
역사를 이루기 위하여 너희들은 모두
를 다 바치고 목숨을 바쳐 그 뜻을 이
루겠다 하여 나와 너희들이 언약이 굳
건히 체결되어 있다는 것을, 너 자신
을 알라.
14 너희들은 나 여호와와의 언약의 실행
을 위하여 죽음을 무릅쓰고 역사해야
되는 것이 오늘의 너희들의 삶이라는
것을 알라.
15 나 여호와의 역사는 사람으로 하여금
그 모두가 이루어지니, 너희들이 나와
체결한 그 뜻을 이루어, 사람과 사람
의 그 인간관계에서 한 사람씩 한 사
람씩 나의 피조물 만백성들을 깨우치
는 역사를 이루는 그 기쁨을 나 여호
와는 얻음이니라.
16 그리고 그리 변하는 백성, 나의 아들
딸 그들도 또한 그 얻는 기쁨을 알게
될 것이니라.
17 이 세상에 어떤 것도 너희들이 성령으
로 거듭나며 참진리를 들여다보는 그
깨달음을 얻는 것보다 더 위대한 기쁨
이 없으며, 더 기쁨의 삶이 없다는 것
을 그들이 느낄 수 있도록 그리 너희
들이 하지 아니하면 아니 되니 그리
알라.
18 이 세상이 하나가 되어 평화를 이루
며, 아름다운 온유한 세상을 만드는
것, 그래서 그 모두를 역사하고자 나
여호와가 오래 참고 견디고 있으며,
19 그 길을 너희들에게 대명을 주어 너희

들이 그를 역사하도록 내가 선택한
백성들이니,
20 바로 선택된 백성 너희들이 그와 같
은 역사를 이루겠다 하여,
21 평화요, 화합이요, 온화한 세상이요,
나 여호와의 뜻에 따라 살아가는 백
성들만 이 세상에 존재하는 그 대명을
이루겠다 하여,
22 굳게 언약을 체결하고 세상에 나간 백
성이라는 것을 절대 잊지 말도록 하
라, 사랑하는 나의 아들딸들아!

## 7,705 번째 하나님 말씀

*2003년 9월 29일 12시 15분*

1 사랑하는 나의 아들아!
2 "네, 아버님! 말씀하옵소서."
3 수천 년 역사가 흐르는 그 동안에 믿
음의 길을 가는 그 백성들이 오늘의
나 여호와의 마음을 이리 갈기갈기 찢
어 놓는 그와 같은 생활이요, 그 삶의
믿음의 길을 왔다는 것을, 너희들은
그를 바라볼 줄 알아야 될 것이니라.
4 그리하여 이 모두를 바로잡고자 하는
것이 나 여호와의 뜻이니,
5 내가 너희들이 소중히 생각하는 산소
요, 공기보다도 내가 너희들을 더 사
랑하고 나의 귀한 아들딸이기에 내가
오늘의 이 역사의 길을 간다는 것을
너희들은 어찌 그리 깨닫지 못하는 어
리석은 백성이더냐?
6 제가 구원을 받았다 말하는 자, 그리
고 선택되어 구원을 받은 축복된 백성
이라 자만하고 사는 종교 집단의 믿음
의 길을 가는 백성, 너희들은 그와 같
은 생각을 모두 다 버려야 될 것이니
라.
7 너희들은 어찌하여 사람을 경멸하는
언행을 그저 서슴없이 하며, 나의 사
랑하는 모든 아들딸들을 차별을 두고
점수를 매기는 것을 어찌하여 무섭고
두려운 것을 모르고 그리하는가?
8 그리고 그들을 차별하는 그와 같은 말
을 하고 행동하는 자, 너희들은 그 순
간에도 너희들 스스로 죄만 늘어나며,
9 나 여호와에게 너희들이 돌아올 수 없
는 먼 길을 등 돌리고 가고 있다는 것
을 어찌 모르느냐?
10 너희들이 차별화되었다 하며 남을 무
시할 때, 그 순간에 너희들은 죄를 짓
고 있으나,
11 그 말을 듣고 무시를 당하는 자, 그들
은 그 순간에도 죄를 짓지 아니하고
있음이니, 그는 곧 나에게 오를 수 있
는 백성들이요, 내가 선택할 수 있는
여지가 더 큰 백성임을 너희들은 알아
야 될 것이니라.
12 너희들이 선택되었다 하여 오만하고
방자하게 다른 백성을 경멸하는 행위
를 하는 그 순간에 너희들의 죄만 늘
어나며,
13 경멸당하며 어리석다 생각하는 나의
백성들은 아직 죄를 짓지 아니하고 있
음이니, 그들이 나에게 와 받을 수 있
는 은혜와 상이 얼마나 너희들과 먼
거리에 있는지 아는가?
14 그를 모르는 것이 그 어리석은 백성
너희들이니라.
15 너희들은 지금도 죄를 짓고 있는 것을
모르느니라.

16 이제 모든 종교 집단이요, 그리고 나
의 아들을 따르는 백성들이요, 법전을
읽고 깨우친 백성, 너희들은 나의 사
랑하는 백성들을 절대 차별하지 말라.
17 너희들은 알아야 될 것이니라.
18 모두는 똑같은 나의 아들딸이요, 다같
이 소중한 나의 자식들이거늘, 어찌하
여 너희들은 구원을 받았으며 그들은
구원을 받지 못했다 그리 생각하는가?
19 오늘의 믿음의 길을 가는 백성 너희들
이 나로부터 구원을 받았다면, 다른
백성들도 나로부터 더 높은 구원을 받
고 있다는 것을, 그리고 내가 그들을
구원하고 있다는 것을 너희들은 어찌
모르느냐?
20 이것이 바로 너희들이 어리석은 백성
이니라.
21 너희 자신이 소중하며 구원의 은혜를
받았다 그리 말하는 자, 너희들은 과
연 어찌 그를 받았는지 알겠는가?
22 너희들은 구원받았다 말하며, 구원받
지 못했다는 다른 백성, 그들이 나에
게 구원의 은혜를 받았으며 그리고 받
고 있다는 것을,
23 너희들과 똑같이 나는 모두에게 구원
의 은혜를 내리고 있으니 그리 다 똑
같이 구원의 은혜를 받을 수 있으며
받고 있다는 것을 너희들은 알아야 될
것이니 그리 알라.
24 너희들에게만 구원의 은혜를 내림이
아니요, 나는 나의 아들딸이 똑같이
소중함이니, 모두에게 구원의 손길을
내려보내 너희들이 깨우쳐 하늘에 오
르는 길을 내가 역사하여,
25 계명이라 내려보냈으며 이제는 나의
법전이라 하여 세상에 내려보냄이니,
이를 행하고 실천하는 백성만이 구원
을 받는 것이니라.
26 너희들이 그저 믿음의 길을 가는 것만
이 구원을 받는 것이요, 선택된 백성
이라 하지 말라.
27 똑같이 나 여호와가 사랑하며 똑같이
구원의 손길을 내리고 있다는 것을 너
희들은 알라.
28 너희들이 모르기에 저만 위대하고 저
만 소중하고, 그리고 남은 그렇지 않
다 함이니, 그 착각 속에서 우선 벗어
나라.
29 나 여호와가 보며 나 여호와가 점수를
매기며 내가 너희들을 심판하는 기준
을 모르는 자들이 어찌하여 너희 마음
대로 누구는 구원을 받으며 누구는 받
지 않았다 그리하는가?
30 나 여호와의 점수에 의해서 모든 백성
들이 구원받을 자, 받지 못하는 자가
구분되며,
31 너희들이 받는 것만큼 다른 백성들은
더 높이 받고 있다는 그 무서운 차이
요, 너희들이 뒤쳐져 있다는 것을 알
라, 사랑하는 나의 아들딸들아!

## 7,706 번째 하나님 말씀

*2003년 9월 29일 12시 20분*

1 사랑하는 나의 아들아!
2 "네, 아버님! 말씀하옵소서."
3 내가 지금 믿음의 길을 가는 그 백성
들이 초보적이요, 초등의 그 성령의
깨달음을 벗어나지 못하고 있다 하지
않느냐?

4 내가 하늘에서 바라보는 그들의 삶의
모형이 어떠한 줄 알겠느냐?
5 너희들은 정녕 그와 같은 어리석은 삶
을 사는 나의 아들을 따르는 제자들이
되어서는 아니 될 것이니라.
6 너희들이 많은 백성들이 모여서 지금
한 길의 목적지를 위하여 달려가고
있음이니라.
7 그러니 지금의 종교 집단 속에 있는
백성들이 어떠한 자들인지 알겠느냐?
8 저희들 앞에 먼저 달려간 사람들을 볼
줄 모르며, 그 앞에 있는 것은 저희들
이 생각을 하지 아니하며,
9 저보다 깨달음을 높이 가지고 있는
자, 성령이 높은 자들을 보고 깨우치
려 하지 아니하며,
10 저희 뒤에서 지금 힘들게 따라오는 백
성들, 제 밑에 처져 있는 백성들만을
바라보며 그리고 그 앞에 제가 서 있
는 것으로만 그리 생각하는 것이 오
늘의 믿음의 길을 가는 자들이니라.
11 그러니 그들 뒤에 처져 있는 사람이
저희들을 앞질러 갈 수 있으며, 시간
이 지나면 먼저 또 그들이 제 앞에 갈
수 있다는 것을 모르는 자들이니,
12 그와 같은 수준의 상식이기에 내가
그들을 초등 학문의 유치원생의 마음
이라 그리하지 아니하였더냐?
13 지금의 모든 종교 집단이요, 지도자
요, 구원을 받았다는 백성들이 그리
어리석음이니라.
14 너희들이 천 명이나 뛰어가나, 500명
이 제 앞에 간 것을, 앞에 간 사람들은
인정하지 않으려 하며 생각하지 아니
하려 하며,
15 저만치 뒤따라오는 500명의 그 백성
들이 있으며 느린 자가 있으니, 그를
보고 저희들이 제자리에서 가장 위대
한 자요, 가장 소중한 자라 하여 저희
가 그 자리를 움켜쥐고자 하는 것이
오늘의 종교 집단이요, 지도자이니,
16 지금 너희들이 초보요, 유치원을 들어
가기 전의 그 아이들과 같은 마음 자
세의 수준이라 함이 여기에 있음이니
라.
17 너희들의 뒤에 있는 처진 그 백성들
도 너희들을 젖혀 놓고 앞에 갈 수도
있거늘, 너희 앞에 간 500명이요, 뒤
에 처져 있는 그 500명의 그 중간에
서 있는 너희들이,
18 그것은 항상 유지될 것이며 그대로 지
탱될 것이라 하며, 그리고 그리 지탱
해 달라 지금 소원하고 애걸하는 그
와 같은 자들의 믿음과 똑같으니라.
19 내가 달리는 백성들을 위하여 너희들
에게 비춰 주었으니,
20 오늘의 모든 종교 집단이 그 수준밖에
안 되며 그 생각밖에 안 되며, 뒤처지
는 자가 저희를 앞질러 가지 말고 앞
질러 가지 못하게 해 달라 소원하고
빌고 너희들이 갈구하는 것이 무엇인
줄 알겠느냐?
21 바로 뛰어가는 자는 걸어 넘어트리며
뛰어가는 자를 못 가게 길을 막는 자
들이니,
22 그리고 그들을 가지 못하도록 너희들
이 나에게 울고불고 기도하는 그와 같
은 자들이니라.
23 진정한 참진리요, 아름다운 나의 진리
요, 나 여호와의 뜻이 세상에 전해짐

이니,
24 그 뜻이 세상에 나가지 못하도록, 그
를 비치지 못하도록, 빛이 되어 만백
성을 구하는 길이 되지 못하도록 물고
뜯고 늘어지는 것이 너희들이니, 얼마
나 너희들이 어리석고 불쌍한 백성들
인가?
25 철없이 어머니의 젖을 먹고 사는 두
세 살밖에 안 된 아이들이야 그들이
그저 두 다리 뻗고 그와 같이 어리광
을 피울 수 있을 것이니라.
26 제 앞에 가는 사람을 가지 못하게 해
달라고 울고불고하는 그 수준밖에 안
되는 것이 오늘의 너희들이니,
27 잠에서 깨어나지 못하고 믿음의 길을
가는 종교 집단이요, 울고불고 광란의
짓을 하고 있는 신도 너희들이 가는
형국이요, 오늘의 위치라는 것을 좀
들여다보도록 그리하라, 불쌍한 나의
백성들아!

## 7,707 번째 하나님 말씀

*2003년 9월 29일 12시 23분*

1 사랑하는 나의 아들아!
2 "네, 아버님! 말씀하옵소서."
3 고개를 들어 세상을 바라보라 나 여호
와가 너희들에게 명함이니, 너희들이
육의 세상에 고개를 들어 이 육의 보
이는 세상을 바라보라 함이 아님을 너
희들은 알라.
4 내가 너희들에게 고개를 들어 세상의
아름다움을 보며 세상의 위대함을 보
라 하는 것은, 너희들이 육의 고개를
들어 세상을 보고 너희 눈으로 보이
는 그 세상의 그 자연의 아름답고 위
대함을 보고 감상하라 하는 나의 뜻이
아님을 알라.
5 너희들은 보이지 않는 그 세상을 보라
함이니, 너희 가슴속에 있는 너희 마
음의 문을 열라 함이요,
6 너희들 자신이 가지고 있는 마음의 변
화를 이루도록 하여, 너희들이 그 이
루어지고 깨우쳐진 성령의 뜻이 임하
여 그를 갖고 너희들이 보이지 않는
세상을 바라보는 그와 같은 너희들의
고개를 들라 하는 것이 나 여호와가
너희들에게 명하는 가르침이라는 것
을 알라.
7 성서에 기록되어 너희들에게 고개를
들어 세상을 바라보라 함이니, 너희들
은 육의 세상의 가르침이요, 세상을
보라 하는 그와 같은 가르침으로 모든
종교 집단의 지도자들이 가르치며, 모
두가 배워 가는 것이 그와 같지 않더
냐?
8 그러니 나는 그를 원하는 것이 아님이
니라.
9 너희들이 보이는 세상, 다 볼 수 있는
세상이 아니요,
10 보이지 않는 세상이요, 네 마음속에
있는 세상에 네 마음을 열고 네가 성
령으로 임하여 보았을 때, 보이지 않
는 세상의 아름답고 위대함을 너희들
이 볼 수 있는 것이니,
11 그것이 너희들이 구원의 길에 들어서
기 시작함이니, 그리하여 내가 소중하
다 함이니라.
12 이것이 성령이 임함이요, 너희들이 죽
은 자 가운데서 산 자로서 다시 태어

나는 그와 같은 변화의 역사를 이루는
것이니, 그리 알라.
13 너희들이 육의 보이는 아름다움과 보
이지 않는 마음의 아름다움의 세상에,
마음의 고개를 들어 찾아보라는 것이
나 여호와의 뜻이니라.
14 너희들이 눈으로 볼 수 있는 세상에
고개 들어 바라보고 느끼고 깨닫는
것은 너희들이 그 행복함도 있으나,
15 그 행복함의 뒤에는 불안과 공포와
허전함을 너희들에게서 지울 수 없는
그것이 너희들의 오늘의 삶이요,
16 그 모두가 의혹 속에서 너희들을 잠재
우는 그와 같은 것이 네 마음속에 도
사리고 있는 것이 육의 고개를 들고
보이는 세상의 아름다움을 느끼고 사
는 너희들의 마음이니라.
17 그러니 공허와 불안과 그 모두를 지울
수 있으며 진정한 행복을 느끼는 것은
너희들이 마음의 문을 열어 마음의 고
개를 들고 너희들이 보이지 않는 세상
이요, 성령이 임하여 있는 그 세상을
보는 것이니,
18 거기는 불안과 공포가 아무것도 없음
이니, 이것이 진정한 행복이요, 진정
한 아름다움이라는 것을 알라, 사랑하
는 나의 아들딸들아!

## 7,708 번째 하나님 말씀

*2003년 9월 29일 12시 30분*

1 사랑하는 나의 아들아!
2 "네, 아버님! 말씀하옵소서."
3 오늘의 종교 집단이요, 믿음의 길을
가는 그 백성들과 너를 따르는 그 백
성들과의 보는 차이요, 깨달음이 과연
무엇인 줄 알겠느냐?
4 모든 지금의 종교 집단이요, 지도자들
은 그리 말하느니라.
5 몸이 불편한 채로 세상에 태어난 자,
그리고 좀더 불편한 사람들, 너희들은
그와 같은 사람들을 놓고 여러가지 시
비를 하느니라.
6 그가 지은 죄가 있어서 그와 같이 태
어났다는 자도 있으며, 마치 그들은
버림받은 사람으로서 저주 받은 사람
이 세상에 태어난 것처럼 너희들이 그
리 말하는 것이 오늘의 종교 집단이
요, 지도자 그들이니라.
7 그러나 그들은 그렇지 아니함이니라.
8 내가 나의 법전에 기록하여 너희들에
게 어찌 전하였던가?
9 내가 너희들에게 그리 말하였느니라.
10 그들은 천사로서 이 세상에 내려와,
그들이 불편하게 살아가는 것을 보며
너희들이 불편하지 않는 자가 어찌 살
아야 되는 것인가를 너희들에게 깨우
쳐 주기 위하여 이 세상에 내려온 천
사와 같은 자들이라 하였으니, 너희들
은 그리 알아야 될 것이며 그들을 그
리 대하라 하지 아니하였던가?
11 그러니 지금의 모든 종교 집단이요,
지도자들과 너희들과의 생각의 차이
가 이것임을 너희들은 알아야 될 것이
니라.
12 너희들이 일찌이 내가 나의 아들을 통
하여 성서에 그리 전하였음이니라.
13 너희들이 그들에게 물었느니라.
14 그가 '전생에 지은 죄요, 부모가 지은
죄요, 자신이 그 죄를 지고 나왔기 때

문에 불편한 몸으로 세상에 나왔느
냐?' 하고 나의 아들 예수에게 물었을
때, 나의 아들 예수가 무어라 대답하
였느냐?
15 '그 누구의 죄도 아니요, 다만 그에게
서 하나님이 하시는 일을 나타내고자
하심이라' 그리 성서에 기록된 그 내
용을 과연 알고 있는가?
16 너희들이 그 뜻을 안다면, 내가 오늘
나의 아들을 통하여 그 모두는 천사로
서, 너희들이 보고 깨우쳐 스승으로서
너희들이 바로 서게 하기 위한 희생양
으로서 세상에 내려온 천사들이라 내
가 나의 법전에 기록하여 전하였음이
니라.
17 그러니 과연 너희들은 이 뜻과 그 뜻
의 차이를 어찌 보는가?
18 그러나 종교 집단이요, 지도자 그들은
그리 보지 아니하느니라.
19 다만 그들이 불편한 것을 돌아볼 것이
며, 그리고 너와는 관계없는 것같이
생각하며, 그 가족과 형제와 조금의
불편은 있을 것이라 너희들이 생각하
고 깨우치는 것은 모든 종교 집단 지
도자들이 가고 있는 백성들일 것이니
라.
20 그러나 나의 아들을 따르는 백성들이
요, 법전을 읽고 깨우친 백성 그들은
무엇이더냐?
21 내가 상세히 예수가 전했던 그 뜻을
전하여 기록함을 알 것이니라.
22 그들은 천사가 되어 너희들에게 깨우
침을 주며 너희들이 바로 살아갈 수
있도록, 너희들이 반성하고 각성하는
삶을 살아가도록 희생하는 모습으로
써 세상에 내려온 천사들이라 하였음
이니,
23 예수가 '그 누구의 죄도 아니요, 다만
그에게서 하나님이 하시는 일을 나타
내고자 하심이라' 말한 그 의미를 성
서에서 찾지 못하는 것이 너희들이
비유의 뜻을 모르며 그 대목을 읽으면
서도 그걸 찾지 못하는 것이니,
24 그것이 바로 나의 아들을 따르는 백성
들이요, 나의 법전을 읽고 깨달음을
얻는 백성들이 가는 길과, 성서를 읽
고 깨우치고 가며 제 임의대로 해석
하는 것을 듣고 가르치는 백성들과의
차이점이요, 한계가 여기 있음이니,
25 그 한계를 넘지 못하는 것이 오늘의
믿음의 길을 가는 백성들이니라.
26 그러나 너희들은 몇 단계 위의 나 여
호와의 뜻을 직접 듣고 그를 행하고
그를 알아 실행하는 백성들이라 함이
니, 이미 너희들이 얼마나 소중한 자
들이며, 너희들의 행동 하나하나가 얼
마나 귀하고 중요한 것인가를 스스로
알라.
27 나 여호와의 뜻에 따라 움직이는 그
자체가 바로 나 여호와의 삶을 너희들
이 대신하여 사는 나로부터 소중한 아
들딸이라는 그 자부심을 가지라.

## 7,709 번째 하나님 말씀

*2003년 9월 29일 12시 34분*

1 사랑하는 나의 아들딸들아!
2 "네, 아버님! 말씀하옵소서."
3 너희들은 나의 십계명이 얼마나 소중
한 것이며 얼마나 율법이 중요한 것이

며, 지금 나의 아들을 통하여 제3의
시대에 마지막 너희들을 구하기 위하
여 법전이라 하여 새로운 성경을 내려
보내는 이 중요성과 이것이 얼마나 위
대한 것인가를 정녕 모르겠는가?

4 160권이라는 대장정으로 새로이 역사
하는 나의 법전이 얼마나 중요한 것이
며 귀한 것인가를 너희들은 정녕 들여
다보지 아니하며 느끼려 하지 아니하
며 깨달으려 하지 아니하며,

5 그 소중함을 정녕 너희들은 외면하고
살아가는 어리석은 백성으로써 끝까
지 살아가고자 하느냐?

6 나의 법전이 세상에 내려오지 아니할
수 없었음을 너희들은 알 것이니라.

7 지금의 세상이 어찌 되어 있느냐?

8 너희들이 기본 질서요, 기초 질서요,
인간의 심성을 가지고 나갔던 그 모두
는 다 무너질 대로 무너져 가고 있으
며, 그리고 너희들이 쓰러질 대로 쓰
러져 있는 오늘의 이 세상이며,

9 어질러질 대로 어질러져 그를 바로잡
지 못하는 그와 같은 오늘의 형국이
되어 있음을 너희들은 알겠느냐?

10 오늘의 모든 종교 집단이요, 그 백성
들이요, 그들이 잘못 가르치고 잘못
깨우쳐 왔기 때문에,

11 어지러질 대로 어질러져 있으며 혼란
할 대로 혼란한 세상이 되어 있으며,

12 인간이 죄를 지을 대로 짓는 그와 같
은 사악한 이 세상이 열려져 있음이
니, 그리하여 이를 다스리고자 하는
것이 나의 뜻이니라.

13 그러니 나의 아들을 따르는 제자들이
요, 나로부터 선택된 백성 너희들은
나 여호와의 백성 너희들의 그 생명의
소중함과 삶의 가치관까지 상실하고
있으며,

14 저희들이 어찌하여 세상에 나왔으며
어찌 살아가야 되는지 그 근본까지도
모두가 다 상실하고 살아가는 그 백성
들을 정신을 차려 저 자신을 바라보며
저의 소중함을 알며, 나 여호와로부터
모두의 역사한 감사함을 알 수 있도록
제자리로 돌릴 수 있는 길이 없음이니
라.

15 그러니 그들을 제자리로 돌려놓을 수
있는 것은, 그들을 돌릴 수 있는 깨달
음을 그들에게 전하고 가르치는 것은
오로지 나의 계명이요, 나의 법전이
요, 그리고 너희들이 행하는 그 역사
의 변화되는 삶을 사는 그 길밖에 없
기 때문이니, 그리하여 오늘의 너희들
이 그 길을 가고 있음을 알라.

16 그러니 이를 만들어 전하는 너희들이
무엇이더냐?

17 모든 백성들의 생명을 구원하는 역사
를 만드는 것이요, 한 권의 법전을 세
상에 내려보낼 때, 셀 수 없는 백성들
의 생명을 구하는 그 역사를 하는 것
이 나로부터 선택된 백성들이 하는 위
대한 책임이요, 너희들의 대명이라는
것을 잊지 말라.

18 그러니 너희들이 게을리해서야 되겠
는가?

19 나의 백성들은 나의 법전이 아니고는
그 누구도 깨우칠 수 없으며, 오늘의
흔들어지고 흐트러졌으며 너희들의
그 모든 가치관까지 잊어버린, 무너질
대로 무너진 이 세상에 사는 나의 백

성을 구할 수 없기 때문이니라.
20 하늘에 오르는 참진리의 빛을 보도록 하는 것은 나의 법전밖에 없으며, 깨우치도록 하는 것은 나의 법전을 전해 주는 길밖에 없음을 그리 알라.

## 7,710 번째 하나님 말씀

*2003년 9월 30일 06시 37분*

1 사랑하는 나의 아들아!
2 "네, 아버님! 말씀하옵소서."
3 너희들이 노력하고 변화되는 그 삶은 잠시도 멈추지 아니하고 계속 그 계획대로 역사하는 것, 그것이 가장 너희들에게는 위대한 것임을 알라.
4 너희들이 계획을 세우고 생각은 화려하고 방대하게 하나 그를 행함에 있어서 너희들이 행하지 아니하며 중단 하고 또 중단하며 그와 같이 한다면 아무것도 이루어지는 것이 없음이니라.
5 그러니 다만 변함없이 너희들이 계획한 것을 그 목표를 위하여 어렵고 힘든 길이라 해도 꾸준히 노력하고 역사하는 것, 그것만이 너희들에게 그 결과가 있으며,
6 너희들이 그 결과에 따라서 얻고 잃는 것이 아니던가?
7 그러나 너희들은 가다가 중도에 중단하는 것이 너무 많으며, 너희들은 생각은 화려하고 계획은 화려하나 그 역사의 끝을 보지 못하는 그와 같은 삶을 사는 것이 나의 백성 너희들임을 알아야 될 것이니라.
8 그러하기에 너희들이 나 여호와가 내린 나의 법전이요, 나의 성령을 읽고 깨우친 백성 그들도 중단해 포기하며 등을 돌리고 돌아서는 것이 무엇인 줄 알겠는가?
9 인내함과 노력함과 그 끈기가 없는 백성이기 때문에 그러하니라.
10 그러니 너희들이 나에게 오르는 길은 나의 법전을 읽고 깨우친 자, 너희들은 내가 10년이라는 그 세월 안에 그 모두를 역사할 수 있다는 것을 말하였거늘, 과연 너희들은 그것까지도 잊고 사는 것이 그 백성들이 아니더냐?
11 내가 너희들에게 나의 법전을 읽고 깨우쳐 역사하는 자, 너희들이 10년 안에 나의 뜻인가 아닌가를 이 세상에 전해지는 것을 보면 알 수 있다 하였거늘,
12 그것을 믿고 그것을 정녕 나 여호와의 뜻이라 생각하는 자, 감히 나의 성전에 와 나의 아들을 통하여 내리는 강론을 듣고 떠나고 또 떠나는 자, 그리고 등을 돌리는 자, 그와 같은 역사가 과연 있을 수 있겠는가?
13 그러니 그들이 그걸 믿지 못하듯이, 나 여호와가 내리는 그 모두를 또 내가 존재함까지도 믿지 않는 자들이니라.
14 어떠한 기적과 역사가 저희들의 손에 쥐여지며 저희들의 눈으로 보이는 것, 그것만을 믿으며 그것으로써 참진리요, 나 여호와가 역사하는 것이라 생각하는 자들이니라.
15 너희들이 예수의 시대에 역사했던 것, 모세에게 역사했던 그 기적의 역사 같은 것을 너희들은 직접 체험하며, 너희들이 그와 같은 기적을 이루었을 때

믿고자 하는 그와 같은 마음을 가지고
있는 것이 지금의 모든 종교 집단이
요, 믿음의 길을 가고 있는 백성 너희
들의 생각이니,
16 그러니 거기에 진실한 믿음이 어디 있
으며 진실한 깨달음이 과연 어디 있는
가?
17 내가 그와 같은 역사는 출발의 시대
요, 중간의 단계에서 역사할 수 있으
나,
18 마지막의 단계는 내가 나의 성령으로
써 나의 뜻으로써 모두를 이루며, 오
로지 내가 직접 써 내리는 새로운 성
경이요, 하늘에 오르는 길이요, 이 법
전 외에는 아무것도 역사할 수 없으
며, 그와 같은 길로 너희들을 다스리
고 이끌어 가는 길밖에 없다 내가 나
의 법전에 수차 기록하여 전하였건만,
19 과연 그를 듣고 믿는 백성들, 그리고
너를 따르는 제자라 하는 백성, 그리
고 나의 뜻에 의하여 너희들이 역사하
겠다는 그 백성, 그들까지도 너희들이
그 믿음이라는 것, 그 믿음의 그 생각
그 자체가 확고히 정립되지 아니하며
확고히 서 있지 아니한 자들이니라.
20 그렇다면 정녕 너희들이 내가 10년
안에 그 모두를 역사할 수 있다는 것
을 알 수 있다 하였음이니, 너희들이
10년, 20년 평생을 바치는 그 길에서
이루어진 것이 없으며 너희들이 본 것
이 없으며 그리고 너희들이 체험한 것
이 없거늘,
21 그러나 너희들은 단 10년 안에 모두
를 역사한다는 것을 내가 증거하여 주
었어도 그를 믿지 못하는 자들이니라.
22 그러니 성경에 기록하여, 새로운 보혜
사가 오며, 그는 제 뜻을 말하는 것이
아니요, 나 여호와의 뜻에 의하여 모
두를 기록하며 역사하는 자가 올 것이
라 그리 말했음이니,
23 그것도 또한 너희들이 이리 생각하고
저리 생각하며 너희들의 잔꾀요, 너희
들이 말하는 너희 인간 스스로 생각을
이리 굴리고 저리 굴리기 때문에 그를
그대로 믿지 못하며,
24 지금 나의 아들을 통하여 내가 새로운
역사를 이루는 그 자체를 너희들은 이
리 평가하며 저리 평가하여,
25 오로지 그것을 나 여호와의 성서에 기
록되어 있는 그와 같은 역사를 이룸이
니, 그가 나 여호와가 약속한 그라 그
리 생각하는 자가 없음이니라.
26 제가 받지 못하며 제가 역사하지 못하
며 저희 종교 집단에서 역사하지 못하
니, 이리 핑계요, 저리 핑계요, 너희
머리에서 잔꾀를 쓰고 있는 것이 너희
들이니, 과연 거기에 아름다움이 어디
있으며 진실이 어디 있으며 위대함이
어디 있는가?
27 인간의 마음이 그리 간교하고 이루 말
할 수 없이 사악한 것임이니, 그를 믿
고 살아가는 그와 같은 백성들 너희들
은 그리하여 믿는 자가 어리석은 자
같으며 불쌍한 자 같으며 손해 보는
자같이 보임이니라.
28 그리고 또 그와 같이 간교한 짓을 하
는 자, 제가 뒷전에서 얼마나 제가 위
대하고 영리한 자라 하여 제가 저 자
신을 높이 평가하며 제 자신의 행복함
을 얻고 있는 그와 같은 백성들이 오

늘의 너희들이니,
29 너희들이 인간의 승자는 성령으로 임
하지 않는 자는 승자라 할 수 없다 하
였음이니,
30 너희들이 보는 어리석고 못난 자요,
그리고 나의 뜻을 믿고 따르는 그와
같은 제자들, 그들이 미련하고 어리석
은 바보같이 보이나 정녕 승자는 그들
이라는 것을 너희들이 알 날이 머지않
아 있음을 너희들은 알아야 될 것이니
라.
31 인간의 그 마음이 간교하며 너희들이
잔꾀를 쓰는 것이 끝도 한도 없음이
니, 너희들이 만 명이면 만 명의 생각
이 다 다르니, 하나를 놓고 생각하는
것이 만 명의 생각이 다르니,
32 거기에는 나 여호와도 만들어 낼 수
없으며 내가 너희들에게 가르칠 수도
없는 인간 스스로 만든 그 잔꾀요, 잔
머리요, 잔생각은 이루 감당 할 수 없
는 것이 너희들이니,
33 오로지 정도의 길이요, 아름다운 길을
가는 것, 그리고 종교 지도자요, 또한
나의 뜻에 따라 역사하는 백성 너희들
은 오로지 진실과 아름다운 그 길 외
에는 아무것도 없음을 너희들은 알아
야 될 것이니라.
34 오로지 그것이 진리이기에 너희들이
세상에 그 많은 하나를 놓고 만 명이
면 만 가지 생각이요, 그 생각들을 다
저버리고, 오로지 너희들이 깨달은 진
리의 아름다운 그 길을 지키고 가기는
너무나도 어렵고 힘든 것이 이 길을
가는 나의 백성들임을 알아야 될 것이
니라.

## 7,711 번째 하나님 말씀

*2003년 9월 30일 06시 45분*

1 사랑하는 나의 아들아!
2 "네, 아버님! 말씀하옵소서."
3 너는 나의 아들이요, 내 모두를 역사
하며 만백성을 구하는 대명을 받은 너
이니라.
4 그러니 내가 너에게 다시 한 번 말하
며 또한 너의 제자들이요, 나의 법전
을 읽고 깨우친 백성 너희들은 이를
행하고 지킴을 우선으로 해야 됨을 알
라.
5 너희들이 정녕 인간의 생각이요, 인간
의 마음을 가지고 행동하고 살아간다
면 너희들은 진정한 종교 지도자요,
그리고 나 여호와의 뜻에 역사하는 그
선택된 백성으로서 자리를 지킬 수 없
음이니라.
6 그리고 나 여호와의 뜻을 받아 기록하
며 만백성을 구하는 나의 성령을 책으
로 만드는 나의 사랑하는 아들 너는
더욱이 인간의 생각으로써는 절대 이
길을 갈 수 없으며,
7 인간으로서의 생각을 잊고자 하며 잊
어버리고자 하는 그와 같은 삶을 살지
아니하고는 절대 이 길을 갈 수 없으
며 역사할 수 없다는 것을 알아야 될
것이며, 너는 그리 행해야 될 것이니
라.
8 너는 알고 있지 않은가?
9 "네, 아버님! 알고 있사옵나이다.
10 이제는 제가 인간의 생각이요, 인간
세속에서는 어떠한 방법이든 인간이
고자 하는 것을 가지고는 살 수 없다

는 것을, 그 길의 경지를 과연 어찌 벗
어나며 어찌 가야 될 것인가를 알고
있사옵나이다.
11 예수께서 광야에서 사탄과의 싸움에
서 이겼으며 그리고 그 모두를 인간의
생각을 벗어나 오로지 믿음의 길을
갔으니,
12 그는 인간의 생각이 없었으며 자기가
없었으며 제 육신이 없는 그와 같은
깨달음이요, 행함이기에, 오늘의 모든
백성들이 그를 그리고 공경하며 그
길을 가고자 하는 것이옵나이다.
13 그를 저는 알고 있사옵나이다.
14 그러기에 오늘 아버님께서 말씀하시
는, 인간으로서 존재하고자 하는 것,
인간으로서의 생각이요, 사람으로서
의 그 삶을 벗어나지 아니하면 절대
그 길을 갈 수 없으니,
15 갈 것 같으면서도 무너지며 또 지킬
것 같으면서도 가지 못하는 제 자신이
너무나도 원망스럽고 저주스러운 그
마음은 어찌 할 길이 없사옵나이다."
16 사랑하는 나의 아들아!
17 나의 계명을 모든 사람들은 지킬 수
없다 하나, 너희들은 지킨다 하고 가
지 않느냐?
18 그를 그대로 행하고 살아가는 것이
나에게 오를 수 있는 길이요, 네가 그
리 몸부림치는 그 길이니라.
19 인간으로서 생각하지 아니하며 인간
으로서의 그 한계를 벗어나는 것, 그
를 벗어나야 될 것이며, 뛰쳐나와야
될 것이며, 그를 뛰어넘어야 될 것이
니,
20 그와 같은 삶을 살지 아니하면 정녕
만백성이 너를 우러러보는 그와 같은
나의 아들로서 존재할 수 없으며, 너
의 제자들이요, 너를 따르는 그들도
모두 전사로서 역사할 수 없음이니라.
21 인간으로서의 생각이요, 인간으로서
의 삶을 벗어나 너는 오로지 모두를
행하고 역사해야 함을 알라.
22 그것이 네가 이루어야 할 길이며 네가
세상에 존재하는 가치며 네가 지금 이
세상에 살아 있는 그와 같은 너의 그
의미가 거기 있음을 알아야 될 것이니
라, 아들아!
23 어떠한 방법이든 인간으로서의 그 한
계를 벗어나라 하지 아니하였던가?
24 그는 곧 무엇이던가?
25 그리하여 내가 죽은 자라 하였으며 죽
은 자와 같은 삶을 살라 하였으니, 과
연 네가 죽은 자같이 살고 있는가?
26 죽은 자가 제가 그리운 사람이 온들
그를 알며, 사랑하는 사람이 온들 그
를 알며, 밉고 고운 사람을 알며 춥고
더운 것을 안다 하였더냐?
27 아무것도 모름이니라.
28 그러니 배고픈 것을 배부른 것을 안다
하였느냐?
29 그리고 아름답고 즐거운 것이며 그리
고 자연의 그 소중함을 볼 수 있으며
산새들이 지저귀는 그 소리를 들을 수
있다 하였더냐?
30 그리하여 죽은 자라 하는 것은 육의
세상에 인간의 그 한계를 벗어나야 함
이니, 네가 인간으로서 모두를 존재한
다는 것을 의식하고 살면 갈 수 없는
길이라 말하였음이니,
31 너는 죽은 자라는 것을 오늘 가슴 깊

이 네 가슴에 새겨야 됨을 잊지 말라.
32 정녕 죽은 자로서 살아가도록 그리하
라, 사랑하는 나의 아들아!
33 그것이 네가 가야 할 길이며 네가 역
사할 길이니라.
34 진정한 나 여호와의 나의 사랑하는 백
성, 너희들이 과연 어찌하는 것이 하
늘에 오르는 길이더냐?
35 나의 뜻에 순종하며, 나의 뜻에 거역
하지 않는 그와 같은 삶을 사는 것이
니,
36 육의 생각이요, 육의 욕심이요, 자기
를 먼저 생각하는 그와 같은 삶에서는
나 여호와의 뜻대로 순종하며 나의 뜻
을 거역하지 아니하고 살 수 없음이
니, 그는 나의 백성이요, 나의 아들딸
이 아니지 않느냐?
37 정녕 어렵고 힘든 길이니라.
38 그러나 그 길을 똑바로 가지 아니 하
면 너희는 모든 것을 다 잃고 마는 것
이며, 너희들에게 남는 것은 아무것도
없음이니,
39 그 결과는 너희들도 다른 백성들과 마
찬가지로 너희들의 그 죄의 대가를
치르는 길밖에 없음이니, 과연 이 길
을 어찌 하겠는가?
40 나 여호와의 자녀는 나 여호와의 존재
함을 굳건히 믿고 순종하며, 거역하
지 아니하며 살아가는 그 길밖에 없음
이니라.
41 나 여호와의 전부인 사랑을 실천하고
사는 백성, 그리고 그 길을 위하여 변
함없이 꾸준히 가는 것, 그리고 내가
베풀고 역사하고자 하며 그리고 용서
하며 베풀며 사는 그 모두가 너희들이
지켜야 할 가장 소중한 삶의 길이라
내가 말하였음이니,
42 너희들이 그를 행하고 지키는 길밖에
없음을 알아야 될 것이니라.
43 정녕 어렵고 힘든 고행의 길이요, 고
통의 길이니라.
44 그러나 그 길을 가지 아니하면 너희들
의 존재 가치요, 그 의미도 없음이니,
너희들은 이를 행하고 살아가야 될 것
이니라.
45 그러니 오늘 너희들의 가슴에 깊이 새
기도록 그리하라.
46 '나는 죽은 자'라는 것을 너희들이 그
대로 행하며,
47 육으로서 모두를 생각하며 육의 존재
함을 먼저 생각하고는 정녕 너희들이
하늘에 오를 수 있는 다시 태어나는
나의 아들딸이 될 수 없음이니,
48 너도 그리 살아가야 됨을 명심하고 또
명심하도록 그리하라, 사랑하는 나의
아들아!

## 7,712 번째 하나님 말씀

*2003년 9월 30일 06시 49분*

1 사랑하는 나의 아들아!
2 "네, 아버님! 말씀하옵소서."
3 내가 일찍이 너에게 깨우쳐 주었음이
니라.
4 그릇에 너희들이 생수를 부어 만백성
에게 전하고자 하나, 거기에 오물이
붙어 있으면 그를 쓸 수 없다 그리 말
하지 아니하였더냐?
5 너희들이 비우고 비우며 아름답게 살
아가며 변하는 그 삶을 사느니라.

6 그리고 남들이 행하지 않는 것을 행하
며 남들이 할 수 없는 그 길을 가느니
라.
7 그리하여 너희들은 그것이 깨달음이
요, 그것이 하늘에 오르는 길이요,
8 너희들은 그러니 다른 사람들보다는
축복을 받을 수 있으며 영광을 받을
수 있으며, 나로부터 너희들이 구원을
받을 수 있는 백성이라 생각하고 있는
네 제자들이 있을 것이며,
9 그리고 너희들이 변하는 모습 그 속에
서 너희들은 정녕 버림받지 않는 백성
이요, 만백성의 지도자가 될 것이라
그리 생각할 것이니라.
10 그러나 너는 여기서 그릇에 오물이 묻
었을 때, 그곳에 생수를 담으며 그를
먹을 수 없다는 것을 알라.
11 그것이 바로 무엇이더냐?
12 너희들이 천 가지 만 가지를 변한다
해도, 너희들이 인간의 생각이라는 것
을 버리지 못하며, 인간이요, 인간 세
상의 삶을 사는 너희들이 그 변화되지
아니하는 것은, 바로 너희 마음속에
하나의 욕심이요, 하나의 너희들의 욕
구가 남아 있음이니,
13 그는 너희들이 만 가지를 버렸다 해도
하나가 남아 있으면 그를 물그릇으로
쓸 수 없으며 생수를 담을 수 없듯이,
14 그와 같은 이치의 원리로서 너희들이
존재할 수 없으며 나에게 구원받을 수
없으며 나에게 올 수 없는 것이라는
것을 너희들은 여기서 깊이 깨우치지
못하는가?
15 그와 같은 원리기에, 내가 너희들은
인간으로서 존재해서는 아니 되며 사
람으로서 사는 삶을 살아서는 아니 되
는 그 길이라 함이니, 어렵고 힘들고
그 누구도 갈 수 없는 길이니라.
16 육을 가진 사람이 사람의 한계를 넘어
사는 것이, 그것이 하늘에 오르는 길
이니, 바로 나의 아들 예수가 이 세상
에 와 그리 살았음이니라.
17 나의 아들 예수도 육을 가졌기에 너희
들과 다른 것이 없으며, 너희들과 느
끼는 것이 다른 것이 없었거늘 그는
그 길을 지키고 왔음이니라.
18 그러니 너희들도 올 수 있으며 지킬
수 있음이니라.
19 너희들이 지금의 변하는 것으로써 변
함으로써 남들과 다름이 아니라, 남들
이 욕하는 것을 욕하지 아니하며 너희
들이 시기하는 것을 시기하지 아니하
며 질투하지 아니하고 너희들이 변화
되는 그 마음은 이루 말 할 수 없이 수
없이 변하나,
20 너희들이 인간이 아니요, 인간 자체의
그 생각을 버리지 아니하면 모두를 떨
쳐 버릴 수 없음이니, 그게 바로 무엇
인 줄 알겠느냐?
21 큰 그릇을 깨끗이 닦았으나 거기에 오
물이 붙어 있어 그 역할을 하지 못함
이니, 생수를 담아 만백성을 구하는
생명수로서 쓸 수 없는 그와 같은 것
이기에 그를 내가 버리듯이,
22 너희들이 그와 같이 인간이고자 하는
그것을 벗어나지 못하며 인간의 생각
을 먼저 하고 살아가는 삶을 벗어나지
못하고 헤어나지 못하면 너희들은 역
사할 수 없다는 그 무서운 뜻을 오늘
가슴깊이 새겨야 됨을 잊지 말라, 사

랑하는 나의 아들딸들아!
23 그것이 너희들이 가야 할 길이고 역사
할 길이니라.

## 7,713 번째 하나님 말씀

*2003년 9월 30일 10시 09분*

1 사랑하는 나의 아들아!
2 "네, 아버님! 말씀하옵소서."
3 내가 너에게 일찍이 깨우쳐 말하기를,
두마음을 가진 자를 상대해서는 안 되
며, 두마음을 가진 자는 어떠한 결과
도 이룰 수 없음이니,
4 나 여호와가 두마음을 가진 자를 용서
하지 아니하며 두마음을 가진 그 백성
을 내가 두 번 다시 보고자 하지 아니
한다 그리 너에게 일찍이 깨우쳐 주었
음이니라.
5 이는 무엇인 줄 알겠느냐?
6 한 마음을 가지고 하나의 목표를 위해
최선의 노력을 다해도 너희들이 그 결
과를 얻을 수 없으며, 이룰까 말까 하
는 것이 너희들의 인간 세상의 삶이며,
7 더욱이 하늘에 오르는 길이요, 구원의
길은 더 어렵고 힘든 것이니라.
8 그러나 두 마음 세 마음이요, 인간의
생각으로써 모든 복잡한 생각을 하고
사는 자, 속과 겉이 다른 자는 진심이
없음이니,
9 그는 그 마음이 단 한 가지가 속과 겉
이 다른 말을 한다 해도 그는 수천수
만 가지 살아가면서 부닥칠 때마다 그
마음이 변하고 또 변질될 수 있는 것
이니,
10 두마음이라 해서 너희들이 두 가지의
마음만이 아니니라.
11 사람을 앉혀 놓고 아름답다 말하면서
속으로는 참 추한 사람이라 말하는
것, 그것은 그저 아름답고 추하다는
두마음으로써 간단히 그가 생각하며
그것으로써 두마음의 표현이라 내가
말하지 아니함이니라.
12 사람을 앉혀 놓고 아름답다 곱다 말하
면서 속으로는 추하고 같이 있고 싶지
아니한 자라 생각하고 앉아 있다면,
그는 변화될 때마다 그 마음이 수없이
변할 수 있음이니,
13 그래서 그는 천 가지 만 가지의 그 사
악한 마음을 가지고 있는 것이며, 그
마음을 헤아릴 수가 없는 자이니라.
14 욕되게 생각하는 자가 저에게 이익이
되며 저에게 도움이 될 때, 그는 욕하
고자 하며 추하다 생각하던 사람을 훌
륭한 자며 스승이라 하며 천사와 같다
찬양할 것이며 그리 바라보니,
15 그러니 너희들이 속과 겉이 다른 마음
을 갖는 것은 천 가지 만 가지 변할 수
있는 그와 같은 마음을 가질 수 있음
이니, 그와 같은 자는 역사할 수 없으
며 이룰 수 없음을 알아야 될 것이니
라.
16 내가 너희들에게 가장 큰 승자는 뭐라
말하였느냐?
17 진정한 너희들이 영원히 살 수 있는
그 하늘나라요, 너희들이 구원을 받는
것이라 하였음이니라.
18 너희들이 오늘의 모든 종교 집단이요,
믿음의 길을 가는 백성들이 어떠한 길
을 가고 있느냐?
19 너희들은 돌아올 수 없으며 출구가 없

는 그 지옥의 그 길을 가기 위하여 살
고 있음이니,
20 너희들이 광명 천지에 넓고 넓은 나의
나라에 올라올 수 있는 것이 마지막
승자이거늘, 너희들은 지금 출구가 없
는 그 길을 가기 위하여 살아가고 있
다면 과연 그를 어찌하겠는가?
21 내가 그래서 두마음을 가진 백성은 안
된다 그리 말했으니, 너와 너의 제자
들은 그와 같은 마음을 가져서는 절대
아니 됨을 알라.
22 너희들이 비록 선과 악의 두마음이 두
가지의 마음이라 말할 수 있으나, 너
희들이 거기에서 변화되는 것, 이해관
계요, 주변의 환경이요, 바람 부는 소
리요, 너희들이 춥고 더움에 따라서
그저 수시로 끝없이 변할 수 있는 것
이 겉과 속이 다른 마음이니라.
23 더욱이 너희들은 믿음을 그와 같은 마
음으로 오를 수 없으며 나에게 올 수
없음이니라.
24 인간 세상에 사는 것도 너희들이 하나
의 목표를 위하여 최선을 다할 때 그
결과를 얻을까 말까 하는 것이 너희들
의 삶이거늘,
25 너희들이 하늘에 오르는 길이요, 육의
세상을 벗어나 영혼의 삶이 그 심판을
받는 그 길에 오르는 너희들이 한 가
지 마음으로 역사하기도 어렵고 힘든
그 길이니,
26 두마음 세 마음을 가진 자는 절대 갈
수 없음이니라.
27 그는 이해관계에 의해서 변화될 수 있
는 그 마음이 있기 때문이니라.
28 그러니 너희들은 인간의 그 마음을 다
스리는 너희 자신의 훈련에 그리고 너
희들이 한 말에 대해 책임을 지며 행
동에 책임을 지며,
29 한입으로 두말하는 거짓된 행위를 하
는 것은 내가 결코 용서하지 아니할
것이며, 너희들의 그 죄가 얼마나 두
렵고 무서운 것인가를 머지않아 알 날
이 있을 것이니, 그리 알도록 하며,
30 두마음을 가진 자와 너희들은 같이하
려 하지 말며, 그들을 거울삼아 너희
들이 두마음을 갖는 그와 같은 사악한
자가 되어서는 아니 됨을 명심하도록
그리하라.

## 7,714 번째 하나님 말씀

*2003년 9월 30일 10시 15분*

1 사랑하는 나의 아들아!
2 "네, 아버님! 말씀하옵소서."
3 지금 너희들이 그 믿음의 자세와 형태
가 가장 잘못된 것이 무엇인지 알겠는
가?
4 너희들이야말로 모든 게 계산적이며,
모두가 다 너희들의 이익이요, 너희
육의 자신이 무엇인가를 취하고 얻는
곳에 모두를 다 던짐이니, 그것이 바
로 너희들이 계산된 삶 속에서 벗어나
지 못하는 자들이니라.
5 그러니 너희들이 인간 세상에 살면서
도 계산과 계산 속에 얽히고 얽힌 삶
이요,
6 너희들이 믿음이요, 구원에 오르는 그
길도, 너희들이 그 속에서 사는 생활
의 습성을 버리지 못해, 믿음에 대한
그것도 너희들이 계산적인 그와 같은

길에서 가고 있는 것이 오늘의 믿음의
길을 가고 있는 백성들이니라.
7 너희들은 손끝 하나만 움직이며, 네
몸 하나 움직이며, 네 육신을 조금만
움직이는 그와 같은 행위를 해도 나
여호와로부터 은혜와 축복과 영광이
내려진다 그리 생각하며, 그리 바라고
있는 것이 오늘의 믿음이 아니더냐?
8 너희들이 그 죄의 온상인 교회요, 성
당이요, 회당에 너희들이 무엇 하나
그저 손끝 하나 움직이며 돌 하나 갖
다 놓는 것, 그저 꽃 한 송이를 갖다
놓는다 해도,
9 너희들은 그 모두가 다 행하는 것은
나 여호와로부터 은혜와 축복과 영광
이 내려질 것이며 그 대가가 내려질
것이라는 그와 같은 생각 속에서 너희
들은 그와 같은 생활을 하지 않는가?
10 그리고 무엇인가를 너희들이 갖다 바
치며 나를 찾고 경배하며, 너희들이
죄의 온상인 지금의 교회요, 성막에
너희들이 어떠한 역사를 이루었을 때,
11 반드시 나 여호와로부터 다른 풍요로
움을 얻으며 여유로움을 누리는 삶을
살 수 있도록 나 여호와가 너희들에게
은혜와 축복과 영광을 내려 준다 그리
가르치는 것이 오늘의 종교 집단이요,
지도자요,
12 그리고 그저 너희들이 손끝 하나만 움
직이며 나를 찾아도 나 여호와는 너희
들에게 상을 내려 주는 그와 같은 하
나님이니,
13 그와 같은 하나님을 찾으며 너희들이
오늘의 믿음의 길을 가는 것은 손해
가는 것이 없는 것이라 그리 가르치느
니라.
14 너희들이 너희 자신의 교회요, 성막을
위하여 무엇 하나 역사하는 것, 그저
너희들이 말 한마디 보태는 것, 손끝
하나 움직이는 것, 금화와 은화를 하
나 갖다 놓는 것,
15 그 모두도 너희들은 은혜를 받게 되며
여유로운 삶이요, 평화로운 삶을 살수
있도록 모든 은혜를 백배 천배로 내려
주는 나 여호와라 하며,
16 그러니 '그 하나님을 믿지 아니하며
너희들이 어찌 복을 받겠는가?
17 창조주는 그러한 분이며 하나님은 그
러한 분이니, 너희들은 축복을 받으며
삶을 살라.
18 그리고 은혜를 받는 길을 왜 저버리며
살아가려 하느냐?'
19 그와 같이 가르치는 것이 오늘의 종교
지도자들이니라.
20 그뿐이 아니니라.
21 놀라운 기적과 역사가 이루어지는 것
이 나 여호와의 뜻에 따라서 너희들이
나 여호와와 같이 가는 길이라 말하며,
22 종교 집단 지도자들이 많은 너희들의
그 성전이요, 그 회당에 무엇인가를
역사를 이루는 것은 놀라운 기적까지
도 볼 수 있으며 이룬다 그리 가르치
고 전하지 아니하는가?
23 이것이 너희들이 무엇이더냐?
24 모든 백성들이 기복 신앙에 젖어 있는
그 욕심을 가슴에 가득히 채우고 있는
백성들과 너희들이 다름이 하나도 없
는 것이니라.
25 생활하면서 너희들은 말 한마디 하는
것, 행동하는 것, 작은 것까지도 나 여

호와로부터 은혜요, 풍요로움을 얻는
다 그리 생각하는 자들이니,
26 너희들이 돼지머리 놓고 절하는 그
순간에 축복을 바라며 무엇인가를 요
구하는 그 욕심의 기복 신앙인 자보
다도 너희들이 천배 만배 더 기복 신
앙에 굳어져 있는 것이며, 그 길을 가
는 자들이 너희들임을 알아야 될 것이
니라.
27 너희들이 그 욕심을 가득 채우고 있는
그것을 버리지 못한다면 정녕 나에게
오를 수 없는 것이요, 너희들의 기도
는 나와는 아무런 관계가 없다는 것이
니, 너희들이 가고 있는 그 믿음 또한
나 여호와요, 창조주와는 관계없는 그
길을 너희들이 달려가고 있음을 알아
야 될 것이니라.

## 7,715 번째 하나님 말씀

*2003년 9월 30일 10시 19분*

1 사랑하는 나의 아들아!
2 "네, 아버님! 말씀하옵소서."
3 너희가 선행을 하고 살며, 악의 유혹
에 너희 자신을 던지지 말며 거기에
무너지지 아니하는, 그리고 너희들이
그 악과 타협하는 그 마음을 갖지 아
니하며 살아가는 것이 나에게 오르는
길이니라.
4 그러니 너희들이 악의 유혹에 무너지
지 아니하며 타협하지 아니하는 것이
곧 너희들이 죄를 짓지 않는 길이요,
너희들이 선을 행하며 살아가는 그 길
을 가게 되어 있는 기초임이니라.
5 나 여호와의 율법과 계명을 지키고 살
며, 제3의 시대의 마지막 내리는 나의
성령을 정독하고 행하며 너희들이 그
리 깨우치고 산다면, 너희들은 결국
그리도 갈구하고 소원하는 구원의 길
을 오를 수 있는 것이거늘,
6 너희들은 어렵고 힘든 그 길을 선택하
지 않으려 하며 인간으로서 역사할 수
없는 것을 나 여호와가 너희들에게 명
한 것처럼 그와 같이 너희들이 오늘의
잘못 깨우치고 가는 것이 종교 집단이
요, 지도자 너희들이 믿음을 가고 있
는 것이니라.
7 내가 내린 나의 성령을 정독하고 깨우
치고 행하고 그와 같은 삶을 살면 되
는 것을, 오만하지 아니하며 교만하지
않는 낮은 자세로 너희가 살면 나 여
호와에게 오르는 결실을 맺게 되는 것
이며 그 결과를 얻게 된다는 것을 너
희는 알고 있으며, 또한 너희들의 그
깨우침은 그 정도에 가 있는 자들이니
라.
8 그러나 너희들이 어찌하여 이를 지키
지 아니하며 행하지 아니하며, 그러면
서 너희들이 나에게 오른다는 생각에
만 젖어 있으며, 너희들이 그저 말로
믿기만 하면 구원을 받는다 하는 가장
어리석은 오늘의 삶을 사는 백성들이
너희들임이니, 너희들이 얼마나 불쌍
하고 가련한 백성들인지 알겠느냐?
9 행함이 없이 말로써 믿음만을 가는 것
으로 구원을 받는다는 자, 내가 너희
들에게 다시 한 번 돌이킬 수 없는 말
을 해 줌이니,
10 너희들은 높은 산꼭대기에 올라가서,
물이 없는 곳에 가서 물고기를 찾고

물고기를 구하고 거기에서 물고기를 잡는다며 헤매는 자들과 조금도 다름이 없는 어리석은 백성이라는 것을 절대 잊지 말라.
11 내가 너희들을 사랑하기에, 내가 너희들이 도저히 들어서 역사할 수 없는 것, 너희들이 하늘에 오르는 길이 작은 바늘구멍을 낙타가 통과하는 것보다도 더 어렵다 하였거늘,
12 너희들이 산에서 물고기를 찾고 물고기를 잡는다 하여 산꼭대기에서 헤매고 소리 지르는 자와 무엇이 다른지 너희들은 다시 한 번 깨우쳐 보라.
13 너희들의 행위가 그와 같이 어리석고 불쌍한 자들이 오늘의 믿음이요, 종교집단이요, 구원을 받았다며 광신하는 그 신도들이 처해 있는 현실임을 너희들은 알아야 될 것이니라.

## 7,716 번째 하나님 말씀

*2003년 9월 30일 15시 44분*

1 사랑하는 나의 아들아!
2 "네, 아버님! 말씀하옵소서."
3 제자들의 시험을 감독하는 선생이, 과연 그 학생이 남의 것을 보고 쓰고 있는 것을 알면서 그가 말하지 아니하고 있다 하면, 그러나 그것을 보고 쓰는 학생은 선생이 어리석고 바보라서 그를 모른다 그리 생각하지 않겠는가?
4 그러나 그 모두를 알고 있으며 그를 보고 있으면서도 말을 하지 않는 그 선생의 마음이 과연 어떠하다 너희들은 생각하는가?
5 그리하여 그 선생을 바보요, 답답한 사람이라 그리 말하며, 제가 선생을 속이는 것처럼 지금 속이고 있는 줄 알고 지금 제가 자만한다면, 그 학생의 마음이 과연 어떠한 자던가?
6 지금의 너희들이 인간 세상에 살아가면서 알면서 속아 주는 자, 알면서 양보하는 자, 그리고 지금 너희들이 속이고 잘못 가고 있는 것을 알면서 덮어 주고 사랑으로 가는 사람들이 있다는 것을 너희들은 알아야 될 것이니,
7 그러니 너희들이 오만과 자만을 해서는 아니 되는 것이라 내가 너희들에게 깨우쳐 주지 아니하였던가?
8 그리하여 너희들은 사람을 평가하지 말며, 이웃을 평가하지 말며, 남을 함부로 평가하지 말라 하였음이니라.
9 더욱이 믿음의 길이요, 하늘에 오르는 그 길을 가는 백성들 그가 누가 정녕 나 여호와의 뜻에 의하여 역사하는 삶을 살아가는 것인가 너희들이 알지 못함이니,
10 그를 함부로 평가하는 것이야말로 너희들이 잘못된 백성인가 이를 너희들은 알아야 될 것이니 그리 알라.
11 그러니 나의 아들을 따르는 백성 너희들은 그와 같은 오만하고 자만한 행위를 해서는 아니 될 것이니라.
12 내가 나의 아들을 통하여 너희들에게 전했느니라.
13 너희들이 인간의 삶을 살아서 너희들은 인간이기에 존재함을 잊어버리고 살아야 하며, 그를 너희들 머릿속에 지우고 살아야 된다 내가 그리 말하였느니라.
14 인간의 생각이요, 인간이고자 하는 생

각, 결코 그것을 가지고는 너희들이
나에게 오를 수 없다 했듯이, 그 뜻은
무엇인 줄 알겠느냐?
15 너희들이 살아가면서 모두가 정도요,
바른길이요, 하늘을 향하여 한 점의
부끄럼이 없는 삶을 사는 그것만이 바
로 너희들이 인간 이상의 그 삶을 사
는 것이며, 인간 세상의 한계를 벗어
나서 사는 삶이니라.
16 그리하여 내가 너희들에게 가정마다
가훈을 붙이라 하였음이니,
17 '하늘을 향하여 한 점의 부끄럼이 없
는 삶을 살자, 아들딸들아!'
18 내가 그리 전한 그 뜻을 너희들은 알
아야 될 것이니라.
19 나를 향하여 한 점의 부끄럼이 없는
삶을 사는 그것이 너희들이 인간 세상
에 살면서 인간의 생각을 저버리며 차
원 높은 깨달음의 그 길을 가는 백성
들이라는 것을 너희들은 알아야 될 것
이니라.

## 7,717 번째 하나님 말씀

*2003년 9월 30일 15시 52분*

1 사랑하는 나의 아들아!
2 "네, 아버님! 말씀하옵소서."
3 믿음의 길을 가는 백성, 너희는 모세
의 시대에 이루었던 그 모든 기적의
역사와, 예수의 시대에 이루었던 기적
의 역사,
4 그와 같은 것을 너희들 앞에 이루어지
기를 바라며 너희들에게 그와 같은 은
혜가 내려지기를 기다리며, 그와 같은
기적이 너희들에게 역사하기를 바라
는 마음을 가지고 살며,
5 그와 같은 역사로써 너희들에게 무엇
인가 나 여호와로부터 은혜를 내리기
를 바라며, 영광의 축복을 받는 마음
의 기다림으로써 믿음의 길을 가며,
지금 너희들이 그 길을 가고 있지 않
은가?
6 이제 그들에게 깨우쳐야 됨을 너희들
은 알아야 될 것이니라.
7 너희들이 예수의 시대요, 모세의 시대
에 이루어졌던 역사의 기적 그 모두가
너희들에게 이루어지기를 기다리며
그를 바라는 마음으로써 너희들이 살
것이 아니니라.
8 너희들은 그와 같은 것을 너희들이 역
사하지 못하며 그와 같이 기적을 이루
는 삶을 살지 못한다 해도, 너희들은
네 형제들이요, 네 주변의 모든 백성
들에게 인간으로써 줄 수 있는 기쁨과
행복을 나누어 주며 사는 그와 같은
삶을 살 수는 없는가?
9 믿음의 길을 가며 나를 경배하며 나에
게 오르고자 하는 백성, 그리고 나 여
호와의 뜻에 의하여 살며 예수의 보혈
에 감사하며, 사랑을 베풀며 살아간다
는 그와 같은 백성, 너희들의 그 믿음
이 무엇인 줄 알겠는가?
10 너희들은 그저 나에게 기적적인 것을
역사하고 기적을 이루기를 바라며, 그
기대와 희망 속에서만 살아가는 백성
들이니라.
11 그러니 너희들이 예수의 시대요, 모세
의 기적과 같은 그 기적을 이루지 못
한다 해도, 너희들이 그것 못지않은
나로부터 은혜를 받은 백성이라면, 네

이웃과 네 주변의 형제들에게 기쁨과
즐거움과 행복을 나누어 주는 그 예수
와 모세 못지않은 그와 같은 아름다운
삶을 사는 것이 믿음의 길을 가는 것
이거늘,
12 오늘의 종교 집단에서 가는 백성 너희
들은 어찌하여 그와 같은 삶을 사는
것을 생각하지 못하며, 나로부터 대단
한 기적의 역사가 너희들에게 내려지
기를 바라는가?
13 이제 너의 제자들에게 전해야 될 것이
며 너희들은 깨우쳐야 될 것이니라.
14 지금까지 모든 기적과 역사를 바라는
그 백성들의 삶이 아니요, 너희들은
그 기적과 같은 역사를 예수와 모세
요, 지금 나의 아들을 따라 160권의
법전을 세상에 내는 그와 같은 역사를
이루지 못한다 해도,
15 너희들이 인간의 한계로써, 너희들이
가진 것으로써 너희 마음 자세로 너희
들이 나로부터 은혜를 받은 그것을 감
사한다면,
16 이 세상에 너희들과 같이 살아가는 너
희 이웃들에게 너희들이 얼마든지 모
든 것을 다 역사해 줄 수 있으며 베풀
수 있으며 나누며 살 수 있는 그와 같
은 마음으로 먼저 행하는 그와 같은
생각으로써 과연 살아갈 수 없겠는가?
17 나의 아들 예수는 남을 위하여 그 목
숨을 바쳤으니, 그만큼 너희들이 그를
따르며 그를 경배하며 그와 더불어 하
늘에 오르고자 하는 백성이라면,
18 너희들의 생명은 바치지 못할망정 너
희들이 가지고 있는 것, 그리고 남들
보다 너희들이 더 소유하고 있는 것,
그리고 말과 행동으로써 남을 기쁘게
하며, 사랑하는 마음으로 또 남에게
행복을 나누어 주며 그와 같은 마음의
자세로 사는 것부터 너희들이 깨우치
고 반성하며 그와 같은 삶을 살아가는
것이 도리이거늘,
19 어찌하여 너희들이 정도의 길은 바라
보지도 못하며 생각하지도 못하고 살
아가는 그와 같은 백성들이란 말이더
냐?
20 너희는 나의 아들딸로서, 예수와 같이
남을 위하여 병을 고쳐 주고 기적의
역사를 보이지는 못한다 해도,
21 너희보다 부족한 사람, 모자란 사람,
떨어진 사람, 그리고 너희보다 갖지
못한 사람, 그와 같은 네 주변의 형제
요, 이웃에게 기쁨과 행복을 전해 주
는 삶을 살도록 하는 것이 나의 아들
을 따르는 제자들이요, 너희들이 가야
하는 길이며,
22 너희들이 마음의 자세를 그리 가지며
그리 다스려 나가야 된다는 것을 절대
잊지 말라, 사랑하는 나의 아들딸들아!
23 이 세상에 살아가면서 너희들만큼 갖
지 못한 자, 몸이 불편한 자, 육신이
불편한 자, 그와 같은 백성들이 얼마
나 불편하고 어려운 역경 속에서 살아
가는가?
24 네 이웃을 돌아다보라.
25 그리하여 예수처럼 너희들 또한 생명
을 바쳐 예수가 이루었던 그 역사의
기적을 이루어서 만백성을 구하지 못
할망정, 병든 자를 고쳐 주며 죽은 자
를 살리며 앉은 자를 일으켜세우며 그
와 같은 기적의 역사는 너희들이 못할

망정,
26 인간이 할 수 있는 최대의 봉사의 사
랑과 나눔의 역사는 그와 같이 하고
살아야 되는 것이 너희들이 가야 하는
길이라는 걸 절대 잊지 말라, 사랑하
는 선택된 나의 아들딸들아!

## 7,718 번째 하나님 말씀

*2003년 9월 30일 16시 04분*

1 사랑하는 나의 아들아!
2 "네, 아버님! 말씀하옵소서."
3 너희가 행하고 살아가는 길이요, 나에
게 오르는 길이요, 나의 아들 예수의
그 모든 은혜에 보답한다는 것은, 너
희가 남을 위하여 베푸는 것이요, 아
무런 계산 없이 줄 수 있는 그와 같은
사람이요, 그와 같은 삶을 살아가는
것이 나의 아들 예수의 은혜에 보답하
는 길이라 하였으며,
4 나 여호와로부터 생명을 받아 나간 그
은혜에 보답하며 그리고 감사하는 마
음으로 사는 백성이라 내가 너희에게
그리 가르치지 아니하였더냐?
5 예수의 은혜로 구원이며 그의 보혈로
써 구원을 받았다 말하면서, 너희들은
예수가 대가 없이 모두 베풀어 주었
으며 너희를 위하여 모든 것을 주었
던 그와 같은 삶을 과연 얼마나 따르
고 행하는가?
6 너희에게 나의 아들 예수가 모든 것을
준 것처럼, 너희는 네 이웃에게 주라.
7 그러면 그것이 바로 너희가 나의 아
들 예수의 보혈로써 은혜를 받은 것이
며, 나로부터 생명을 받아 나가 세상
에 태어난 그 은혜에 보답하는 길이니
라.
8 그와 같이 아무런 계산 없이 줄 수 있
는 마음이 아니라면 너희는 나의 아
들을 찾을 수도 없으며, 너희가 그 소
중한 피로써 구원을 받았다 말하지 말
라.
9 나의 아들 예수는 어찌하였는가?
10 하나밖에 없는 목숨을 그렇게 고통스
럽게 누구를 위해 죽었던가?
11 너희를 위하여 죽었으며 너희를 위해
서 아무런 대가 없이 주지 아니하였
더냐?
12 그러니 이제 나의 아들을 찾으려거든,
너희 모두를 그리 주는 자만 나의 아
들을 찾을 수 있음을 알며, 나의 이름
을 부르며 경배하라.
13 그렇지 않은 자는 나의 백성이라 생
각하지 말며 나로부터 은혜 받은 자라
그리 생각하지 말라.
14 그 모두를 실천하지 못하는 자가 어찌
하여 감히 그와 같은 이름으로써 구
원을 받았다는 말을 하는가?
15 너희가 조금도 거리낌 없고 주저함 없
이 모든 것을 내어 줄 수 있는 그와 같
은 마음이 되지 아니한다면,
16 정녕 나의 아들 예수의 보혈로써 구원
을 받았으며 너희는 육이 죄를 지어
도 죄가 아니며 오로지 영원히 구원을
받은 자라는 꿈에서 깨어나도록 그리
해야 할 것이며,
17 그와 같은 행위를 하는 자가 얼마나
어리석고 불쌍한 자들인가를 돌아다
볼 수 있는 깨우침을 나의 법전을 읽
고 얻어야 할 것이니라.

18 너희는 말하느니라, 모두를 사랑하며,
나 여호와의 뜻이요, 계명에 의해 살
며 나의 뜻에 의해 살며, 그리하여 사
랑을 실천하며 산다고 말하느니라.
19 그러면서 오늘의 믿음의 길을 가는
그 백성이요, 신도들이 나 여호와의
뜻에 따라서 살며 내가 명한 것을 거
역하지 아니하고 산다고 그리 말하나,
너희는 나의 뜻을 거역하기 위해서만
사는 것이라 나의 법전에 수없이 그
내용을 기록했으니, 너희들이 한번 얼
마나 거역하고 사는지 보라.
20 너희는 사랑을 베푼다 하느니라.
21 그러면서 흉악한 죄를 지으며 범죄를
한 자가 그 죄의 대가를 치르는 그 속
에서 성서를 읽으며 종교 지도자의 가
르침을 받아 거듭나고 새로 태어난 백
성이라 하여 너희 앞에 와 간증을 하
며,
22 그와 같은 지난날의 잘못 산 삶을 눈
물로 회개하며 간증이라 하여 많은 백
성 앞에 그를 전하며 변한 마음을 전
하느니라.
23 흉악범이요, 흉악한 죄를 지었다 한
백성이 구원을 받아 거듭나서 너희
앞에 변화된 삶을 간증하는 그 백성
을, 너희는 다른 형제들처럼 그를 따
뜻하게 맞이하며 속마음까지도 비우
고 있는가?
24 너희는 간증을 듣고 눈물을 흘리면서
도 그를 불안한 마음으로 색안경을 쓰
는 것은 아닌가?
25 그리고 그 마음에 아직도 과연 흉악
범으로 생각하지는 않는가?
26 다른 사람들과 똑같이 생각하며 너희
가 대화할 수 있으며 그와 같이 사랑
하며 네 품에 과연 안을 수 있는가?
27 너희 자신을 돌이켜 생각해 보라.
28 거기에서 결정이 나고 깨닫는 너희 마
음이 네 본마음이니, 그것이 과연 천
사와 같은 마음으로 자리를 잡았는가?
29 그것이 너희의 믿음의 마음이요, 구원
의 길에 오른다는 자들의 마음이니,
너 자신을 먼저 한번 돌이켜 보라.
30 과연 그 흉악한 범인이 간증한다 해
서, 너희들에게 그 죄목이 영원히 지
워졌으며 천사와 같이 그를 맞이할 수
있으며 천사와 같이 네 형제로 네 가
족으로 맞을 수 있는 자들인가 한번
생각해 보라.
31 그렇지 못하다면 너희는 다 거짓된
자들이니라.
32 사랑을 베푸는 것도 아니요, 나의 백
성으로 거듭 태어난 자를 받아들이는
것도 아니요, 한 식구요, 한 가족으로
만들 수 없다면 너희는 더 이상 사랑
을 베풀며 나 여호와의 뜻을 행하며
내 뜻에 따라 살아가는 백성이라는
그와 같은 흉악스러운 말을 하지 말라.
33 너희가 한 입으로 두말을 하는 자요,
두 가지 마음을 가지고 살아가는 대표
적인 백성이요, 기복 신앙의 원조요,
뿌리라는 것을 잊지 말라.

## 7,719 번째 하나님 말씀

*2003년 9월 30일 16시 10분*

1 사랑하는 나의 아들아!
2 "네, 아버님! 말씀하옵소서."
3 지금의 종교 집단과 지도자 밑에서 울

고불고하는 그 광신도들이 가는 길이 어떠한 길이며, 그들의 믿음이 과연 어떠한 믿음이며, 그들의 믿음의 수준이 어디이며, 그들의 한계가 어디인지 너희는 알겠느냐?
4 그들이 말하는 것은 이와 같은 행위를 하느니라.
5 십계명을 지키고 살 수 있다고 말하며 그리 노력하고 살아가고자 하는 백성에게 그들은 뭐라 말하느냐?
6 거짓된 자들이며 진실이 없는 자며 위선된 자며 십계명대로 살 수 있다고 그 길을 가는 자는 믿을 수 없는 자요, 그와 같은 자는 종교 지도자가 될 수 없으며 나 여호와의 아들딸로서 거듭날 수 없는 백성이라 그리 말하느니라.
7 그러면서 인간은 절대 지키고 살 수 없다고 말하느니라.
8 그렇다면 나의 계명이요, 나의 법은 누구를 위하여 만들어졌으며 이 세상에 내려졌단 말이던가?
9 인간인 너희를 위하여 내린 나의 계명을 너희가 지키고 살 수 없으며, 그를 지키고 살겠다 발버둥치고 노력하는 백성이 거짓된 자요, 위선 된 자들이요, 그리고 나 여호와의 자식으로서 거듭날 수 없는 자들이라면,
10 내가 내린 계명을 인간이기 때문에 지킬 수 없다는 것을 인정하며 수시로 때에 따라서 죄를 짓고 사는 그와 같은 자가 선택된 백성이란 말이더냐?
11 그렇다면 나 여호와가 너희에게 내린 그 십계명은 무엇이더냐?
12 내가 그 십계명을 개에게 내렸던가, 돼지에게 내렸던가, 하늘을 나는 독수리에게 내렸던가, 지저귀는 새들에게 지키라고 내가 계명을 내렸더냐,? 호랑이에게 내렸느냐, 사자에게 내가 내렸느냐?
13 그와 같은 미물들에게 내가 그를 지키라고 내렸단 말이더냐?
14 너희는 이와 같은 것을 어찌 생각하지도 못하고 깨닫지도 못한단 말이더냐?
15 내가 십계명을 누구에게 내렸느냐?
16 나는 호랑이요, 개와 돼지에게 내린 사실이 없음이니라.
17 오로지 인간 너희는 지킬 수 있기 때문에 너희에게 지키라고 내린 것이 나의 십계명이거늘, 이를 지키지 못하여 너희 자신의 부끄럽고 추한 모습을 감추려 하는 사악한 행위를 더 이상 하지 말라.
18 너희가 지키지 못하며 행하지 못하기 때문에 나의 십계명대로 지키고 사는 자는 거짓된 자요, 위장된 자요, 사탄의 자식이라 그리 말함이니라.
19 내가 지키지 못할 것을 내렸으며 내가 십계명을 미물이요, 강아지에게 내렸다고 말하는 자들이니,
20 나는 개나 돼지나 독수리요, 호랑이요, 사자와 같은 들짐승들이요, 그리고 미물들에게만 역사하는 하나님이요, 너희와는 관계없는 하나님이기에, 내가 그와 같은 미물과 짐승들과 놀며 그들을 위해서 십계명을 내리는 창조주 나 여호와라면,
21 너희가 나보다 더 높이 있는 자요, 위대한 자라는 그와 같은 사탄의 자식으로서만 그 말을 할 수 있음을 너희는

알아야 할 것이니라.
22 이것이 오늘의 너희가 가는 믿음이며
광신도들이 가는 길이라는 것을 알라.
23 인간으로 잘못된 죄지음이 많고 제 죄
가 두렵고 많으며 제 죄가 너무나 많
아 감히 하나님께 제 죄를 용서해 달
라는 기도를 드릴 수 없는 백성이라
말하는 자,
24 저는 너무나 죄가 커 아버지 이름을
찾을 수도 없으며 아버지에게 용서를
비는 그와 같은 말을 할 수도 없는 자,
그리하여 '저의 죄를 용서하여 주옵소
서.'라고 기도 드리기도 부끄럽고 죄
송하다는 마음을 가지고 사는 그와 같
은 백성을 너희는 뭐라 말하느냐?
25 또 이와 같이 겸손한 마음이요, 잘못
산 삶을 후회하고 깨우치는 그 백성,
그리고 저희가 깨우쳐 기도하고 회개
하며 살아가는 백성을 지금의 종교
집단 지도자가 뭐라 하는지 아는가?
26 거짓된 자들이요, 겸손을 모르는 자들
이요, 오만한 자들이라 그리 말하느니
라.
27 인간으로서 도리를 모르며 하늘의 뜻
을 모르는 자들이요, 나 여호와가 그
모든 것을 용서하는 선물을 너희에게
내렸음이니, 나의 피조물 만백성 너희
는 나 여호와가 내려 준 그 선물만 받
아 챙기기만 하면 될 것이지,
28 제가 감히 하나님 나 여호와가 예수의
피로써 모든 죄를 사해 주고 용서해
서 내린 것을, 어찌하여 다 용서하는
그 선물을 받았으면 그 선물을 받은
대로 입을 다물고 있으면 될 것이지,
29 감히 너희가 무슨 죄가 무겁고 또 죄
가 커 나 여호와를 찾을 수 없으며 나
에게 감히 고개를 들 수 없다는 그와
같은 아픈 마음이요, 잘못된 것을 회
개하고 반성하는 마음으로 살아가느
냐 하며,
30 그와 같은 자들이 교만한 자들이며,
나 여호와보다 더 역사하고자 하는
백성이라 지금 가르치며 그들을 그리
몰아붙이는 것이 오늘의 믿음이요, 진
정한 하늘에 오르는 길이라 가는 것이
니,
31 이게 어디 진실이 있으며 거기에 진실
로 깨우칠 것이 무엇이 있단 말이냐?
32 너희가 받아들일 수 있는 것이 어디
있으며 너희가 이룰 것이 무엇이 있는
가?
33 그와 같은 사악한 자들, 마음을 비우
지 못한 자들의 가르침이니, 마음을
비우지 못한 자들의 그 소리를 듣는
것이 나 여호와의 뜻이요, 참진리의
뜻이라 울고불고 재물을 바치고 지옥
에 가는 표를 사며 죄목의 쇠사슬만
네 몸에 감고 있음을 알아야 할 것이
니라.
34 너희 믿음이 지금 그와 같은 길이니,
너희 스스로 깨우쳐 자신의 길을 선
택하도록 그리하지 아니하면 너희는
나에게 오를 수 없음을 알라.

## 7,720 번째 하나님 말씀

*2003년 9월 30일 16시 14분*

1 사랑하는 나의 아들아!
2 이와 같이 사악한 자들이 이 세상을
지배하며 이 세상을 이끌어 가고 있음

이니라.
3 제가 바로 고개를 들지 못하며 겸손하
고 부끄러운 마음으로 그저 '제 죄를
용서하여 주옵소서.' 하고 기도하는
그 백성과, 무엇을 달라 이루어 달라
역사하며 저희의 부끄러움을 먼저 용
서 비는 자들이 잘못된 자라 가르치는
것이 오늘의 종교 집단이요, 지도자이
니라.
4 그러니 윗사람인 창조주가 선물을 내
려 주었으면 그저 그 선물을 받으면
될 것이지, 어른이 내려 주는 선물이
과분하며 제가 받을 수 있는 자격이
있다 없다 하며 겸손한 행동을 하는
것은 윗사람에 대해 욕되게 하는 행
위이니,
5 그저 받아서 구원을 받았다면 받은
걸로 알고, 재물이나 많이 바치며 저
희가 짓는 교회에 있는 재산 없는 재
산 바치고 울고불고 그리하면 되는 것
이지, 너희가 무슨 말이 그리 많으냐
그리 가르치는 것이 오늘의 그들이 흉
악한 죄인이라 하였음이니라.
6 그러면서 그들은 나의 아들 예수가 죄
인 중에서 가장 흉악한 죄를 지은 자
라 해도 모두를 다 용서해 주었으며
그리 용서해 주기 위하여 십자가에 죽
었으며, 다 용서했다 그리 말하느니라.
7 그러니 그를 믿지 못하는 자요, 그를
믿지 못하는 자이기에 지금 죄를 용서
해 달라 기도 드리는 자들이라 그리
말하며 그리 가르치느니라.
8 저 자신이 죄가 많아 용서를 빌며 은
혜를 받을 수 있는 자격이 없으며 부
끄럽다고 생각하는 그 백성을 그와
같이 몰아붙이는 자들이니라.
9 나 여호와의 자리보다 더 높은 곳에
있고자, 나보다 더 위대한 곳에 있고
자 하는 그와 같은 생각이 있는 백성
이라 그리 말함이니, 과연 누가 잘못
된 백성이더냐?
10 회개하고 반성하며 겸손함을 알며 죄
가 두려워 '저의 죄를 용서하여 주옵
소서.' 하고 기도를 드리며, 감히 달라
이루어 달라는 욕심을 부리지 못하며
제 욕심을 채우고자 그를 이루고자 하
는 기도를 하지 못하는 그 백성이 과
연 누구더냐?
11 너희야말로 내 앞에 오만하며 나를 능
멸하며 나를 거짓되게 하는 정말 잘못
된 종교 지도자들이요, 거짓말로써 모
두 역사하는 자들이니라.
12 그리하여 거짓말로써 나의 피조물 만
백성들을 몰아붙여 그들이 판단하지
못하며 자신을 들여다보지 못하며 지
금 지옥 불로 끌려가는 것을 바라보지
못하며 생각하지 못하도록 그리 끌고
가는 것이 오늘의 종교 집단 지도자들
이 하는 행위라는 것을 알라.

# 2003년 10월

## 7,721 번째 하나님 말씀

*2003년 10월 1일 08시 20분*

1 사랑하는 나의 아들아!
2 "네, 아버님! 말씀하옵소서."
3 내가 너희에게 이르기를, 인간의 생각
이요, 인간의 삶을 너희는 초월해서
살아야 한다고 말하였음이니, 너희는
두렵고 불안하며 어찌 가야 할 것인가
를 생각지 못할 것이니라.
4 인간이 인간의 삶을 벗어나서 인간의
삶을 생각하지 아니하며 초월한 삶을
사는 것이 나에게 오는 백성이요, 나
에게 오를 수 있다 함을 너희는 두려
워하지 말라.
5 그 모두는 너희가 정도의 길이요, 한
점의 부끄럼이 없는 그와 같은 삶을
사는 그 길만이 바로 그 길임을 알아
야 할 것이니라.
6 그러니 너희는 두려워할 것 없으며
무서워할 것 없으며, 자신이 없어 주
저앉는 그와 같은 마음의 생각을 하지
말라.
7 내가 일찍이 가훈에 기록하여 내리지
아니하였더냐?
8 '하늘을 향하여 한 점의 부끄럼이 없
는 삶을 살자, 아들딸들아!' 바로 그것
이니라.
9 그것이 너희가 인간의 한계를 초월해
서 사는 것이니라.
10 나 여호와가 너희를 사랑하기에 인간
세상의 삶을 초월한 것이라 내가 그리
말하나, 그것은 정도의 길이며 가야
할 길이니라.
11 이 세상이 너무나도 험악해졌으며 너
무나도 무너져 있으며 너무나도 모두
다 썩어 있기에, 정도의 길이요, 정상
적인 길을 오는 것이 인간의 삶의 길
이 아닌 것 같으며, 인간인 너희가 지
킬 수 없는 선을 넘어 인간 세상의 삶
이 아닌 것같이 그리 두렵고 겁이 나
나,
12 그 모두는 너희가 가야 할 길이며, 이
루어야 할 길이며, 너희가 평소에 지
켜야 할 그 길을 가라 함이니 두려워
하지 말라.
13 이제는 너의 제자들이 또한 그리해야
할 것이니라.
14 너희가 길에 남이 버린 열 개의 오물
을 줍기 전에, 너희 자신이 하나의 오
물을 버리지 않는 그와 같은 삶을 살
라 하였으니,
15 이제 너희는 말이요, 행동이 다 그러
하니라.
16 너희가 감정이 격하여 말을 참지 못하
며 또 감정이 격하여 육적인 행동을
저질러 놓고 나서 백번을 후회해도 한
번 잘못한 것을 갚을 수 없다는 것을
너는 알겠는가?
17 이를 너의 제자들에게 가르쳐 주고 깨
우쳤어야 할 것이니라.
18 그러니 너희가 백 번 천 번 후회하기
전에 백 번 천 번 생각해서 행동하고
말을 하도록 그리하라.

19 너희가 한번 뱉어 놓은 말은 담을 수
가 없으며 그는 쓸어 담을 수가 없다
내가 그리하지 아니하였더냐?
20 너희는 감정대로 말하며 행동하며, 그
리고 감정이 격화된 대로 행동하고
말을 해 놓고,
21 나 여호와의 뜻이요, 나 여호와의 법
전을 읽는 제자로서 이는 잘못되었다
하여 너희가 백 번 천 번 사과하고 용
서를 빌어도, 한번 뱉은 말이요, 한번
한 그 행동은 지울 수 없는 것이 너희
가 가는 길이니,
22 이와 같은 삶을 너희가 다스려 나가
도록 그리 전해야 함을 명심하고 또
명심해야 할 것이니라.
23 그를 다스리지 못하면 너희는 변한
것이 없으며 변화될 수 없는 백성이라
는 것, 이를 잊지 말고 행하도록 그리
하라.
24 너희가 남이 버린 열 개의 오물을 줍
기 전에 네가 하나를 버리지 말라 내
가 했듯이,
25 너희가 그와 같은 행위를 한 번이라
도 해 놓고 나서 그를 잘못되었다 깨
우쳐 백 번 천 번 남에게 용서를 빌며
사과를 하고자 하는 것은 너희가 잘
못된 것이며, 변화된 것이 없으며 다
른 백성과 차이가 없는 똑같은 자라는
것을 알도록 그리 전하라.

## 7,722 번째 하나님 말씀

*2003년 10월 1일 08시 26분*

1 사랑하는 나의 아들아!
2 **"네, 아버님! 말씀하옵소서."**
3 너희 자신이 살아온 삶이나 현재의 너
희가 변하지 못하는 자, 너희는 십계
명대로 지키고 살지 못하니 부끄러움
이요, 죄송스러운 마음을 가지고 사는
것,
4 그리고 너희는 너무나 죄가 많으며
나 여호와에게 할 일을 다 못 했음이
니 너희가 죄가 많다 생각하며 부끄
러운 생각이요,
5 그리하여 나에게 용서를 비는 그와 같
은 기도를 하는 자, 그리고 나로부터
용서를 받기 위해 몸부림치는 자,
6 그와 같이 너희가 인간으로서 자격이
없으며, 나로부터 감히 구원을 받을
수 없으며, 하늘에 올 수 있는 삶을 살
지 못했다 하여 자책하고 괴로워하며,
변하고자 노력하는 그 아름다운 나의
백성에게 지금 모든 종교 집단이요,
지도자들이 뭐라 말하는지 알겠는가?
7 참진리요, 진정한 길로써 저희가 지금
까지 살아온 그 죄를 깨달으며 나로부
터 받아 나간 그 은혜를 갚을 길이 없
어 그저 부끄럽고 죄송한 마음으로써
조용히 저의 죄를 용서 빌며 그저 말
없이 살아가는 그들을 모든 종교 지
도자의 그 신도들은 그리 말하느니라.
8 저 자신이 교만한 자며 오만한 자며,
제가 누구보다도 더 높고자 말하는 그
와 같은 자들의 행위라 그리 전하고
깨우치며 그들을 매도하느니라.
9 너희가 그와 같은 억지를 쓰는 것이
무엇이더냐?
10 그리고 아름답게 변하는 그 백성에게
죄를 빌고 자, 죄를 용서를 바라는 그
백성 그들에게 육의 죄는 아무것도 아

니라 말하며 그들을 매도하는 그것이
무엇이더냐?
11 나 여호와로부터 나의 아들 예수를 통
해 모두 용서를 받는 그와 같은 대선
물을 받은 자들이요, 그리고 나의 아
들 예수의 죽음으로써 너희가 지은
죄를 다 용서해 주며 큰 선물로써 너
희를 모두 다 용서해 주었으니,
12 너희는 그저 창조주 나 여호와가 주
는 대로 받아 챙기기만 하면 될 것이
지, 너희가 건방지고 오만하게 어찌하
여 그 주제넘은 짓을 하고 말을 하느
냐 하며 그와 같은 심성이요, 그와 같
은 뜻으로써 너희가 그리 말하지 않
는가?
13 그들은 무엇이더냐?
14 너희는 그러면서 하나의 조건을 거느
니라.
15 그와 같이 너희 죄를 용서해 주고 모
두를 다했다 하며 그리고 제 스스로
제 분수를 알아 죄지은 것이 부끄러
워 감히 나에게 고개를 들지 못하고
살아가는 그 순박하고 아름다운 백성
을 매도하는 그 이유는,
16 오로지 너희 손으로 지은 성전에 와
기도하고 경배했을 때, 나의 아들 예
수로부터 큰 선물을 받을 것이며, 나
로부터 구원의 선물을 받는다 하여 그
들을 끌어들이는 사악한 행위를 하기
위해,
17 너희는 주는 자가 높은 자가 내려 주
면 밑에 있는 자는 '예' 하고 받으면
될 것이지,
18 감히 윗사람이 내려 주는 것을 밑의
직원이 과분하다 옳다 시비하는 것은
건방지다 말하는 그와 같은 예를 들어,
19 창조주 나 여호와가 너희에게 모두를
내려 준 것을 너희는 그저 받아 챙기
기만 하면 되는 것이지, 감히 너희가
그것이 크다 작다, 그 받을 자격이 있
는 자라, 없는 자라 말하는 것은 교만
하고 오만한 자요, 나 여호와를 능멸
하는 자라 그리 나의 백성을 가르침이
니,
20 제가 죄지은 것을 부끄러워하며 잘못
한 것을 깨닫는 그와 같은 백성의 마
음마저도 사악한 사탄으로 만드는 것
이 오늘의 너희이니라.
21 감히 내가 내려 준 것이며 구세주가
내려 주면 되는 것이며 용서의 선물
을 주면 주는 대로 그저 받아 챙기고
받으면 천국에 갈 것을, 감히 그 선물
을 받을 수 있다 없다 시시비비한다
고 가르침이니, 이것이 얼마나 잘못된
것인지 알겠는가?
22 성서에는 너희의 행함이 나에게 와
심판을 받는다고 기록되어 있음이니,
그 행함이 얼마나 소중하고 귀한 것
인지 알기 때문에, 그들은 그 길을 가
려 하는 자들이며, 스스로 저 자신이
부끄러움을 아는 자들,
23 그리고 조용히 겸손한 마음으로 살아
가며 그 죄를 용서받기 위해 앞으로
살아가면서 남에게 한 점의 부끄럼이
없는 삶을 살고자 노력하는 그들의 마
음마저 사탄으로 만드는 것이 오늘의
종교 집단이요, 지도자들이니라.
24 오로지 너희는 더 큰 교회요, 더 많은
재물을 거둬들이려 하는 사탄의 자식
들이 되어 있으니,

25 가장 불행하고 불쌍한 것은, 그들이
사탄의 역사를 하고 있는지 사탄의
앞잡이로서 하고 있는지 저 자신도
분별하지 못하고 있다는 그것이 가장
불행하고 불쌍한 것임을 너희는 알아
야 할 것이니라.
26 이제 나로부터 내린 과분한 선물을 받
겠다 못 받겠다 시비하지 말며, 그를
내가 주는 대로 받아 챙기며, 구원을
받았다 하면 구원을 받은 줄 알고 살
아가라고 그리 가르치는 나의 어리석
은 백성, 그들을 구원하는 것이 너희
뜻임을 알아야 할 것이니라.
27 그러니 그들이 무어라 말하느냐?
28 그들은 나 여호와를 저희들 발 앞에
두고자 하는 사악한 백성이라는 것을
너희는 알아야 할 것이니라.
29 그들이야말로 창조주 나 여호와를 저
희 발 앞에 두고자 하여, 감히 내가 행
하고 지키라는 것을 무시하며,
30 그저 주는 대로 받아 챙기면 하늘에
오른다고 가르치는 것이니 시시비비
하지 말라는 그와 같은 자들이 바로
사탄의 자식임을 너희는 잊어서는 아
니 될 것이니라.

## 7,723 번째 하나님 말씀

*2003년 10월 1일 08시 30분*

1 사랑하는 나의 아들아!
2 "네, 아버님! 말씀하옵소서."
3 지금의 종교 집단과 지도자들 그리고
광신도 그 백성은 오로지 거둬들일
것, 받아들일 것만 알고 있음이니라.
4 그리하여 더 달라 더 이루어 달라는
그와 같은 기도를 평생 하는 백성이
며, 더불어 돌려줄 줄 모르는 불쌍한
백성임을 너희는 알아야 할 것이니라.
5 지금 나의 피조물 만백성 구원을 받는
자요, 그리고 구원을 받았다 하는 백
성, 믿음의 길을 가는 그 백성은 지금
받아들이는 입구는 있으나 출구는 없
는 백성이니라.
6 그러니 너희가 베풀 줄 모르며 오로지
더 달라 더 이루어 달라 그와 같이 몸
부림을 침이니, 너희가 하는 행위는
모두 죄를 짓는 행위라 하였음이니라.
7 너희는 무엇인가를 더 이루고자 욕심
으로 기도하는 것, 그리고 천국의 구
원을 받았다 생각하고 구원을 받기 위
해 몸부림치는 자, 그와 같은 너희 종
교 집단에서 맹종하는 그 백성이 들어
가는 입구는 있으나 나오는 곳이 없음
이니,
8 지금 너희가 아름다운 것을 가슴속에
채우고 채웠다면 나오는 출구가 없어
도 괜찮을 것 같으나, 너희는 악이요,
사악한 것을 받아들이고 받아들이며
그것이 나오는 출구가 없는 것이 오늘
의 종교 집단이요, 지도자요, 그 신도
들이니,
9 과연 출구가 없는 그곳에서 받아들이
기만 하는 너희가 그 사악한 죄의 덩
어리를 과연 나에게 와서 심판을 받을
수 있겠는가?
10 무겁고 무거워 하늘의 저울로써 그를
달 수 없는 것이 너희가 오늘 가진 죄
이니라.
11 오로지 너희는 모두가 그저 들어가는
입구는 있으나 출구가 없음이니,

12 너희는 나로부터 받은 은혜요, 영광된 것이라 하면서도 되돌려 줄 줄 모르는 어리석은 백성이요, 그리하여 사탄의 자식이 되어 그 죄가 뭐든 그저 들어 가기만 하면 돌려주지 못하는 너희이니라.
13 너희는 어찌하여 돌려주는 기쁨과 그리하여 이루어지는 큰 역사의 변화를 모르는가?
14 오늘의 믿음의 길을 가는 너희는 나로부터 받은 것은 나의 백성에게 베풀지 못함이니, 베풀지 못하는 자는 사랑이 없음이요,
15 그 사랑이 없는 것은 나 여호와의 모두가 없는 것이며 그리하여 너희는 나에게서 떠난 자들이라 내가 그리 말함이니라.
16 한번 가면 다시는 돌아올 수 없는 그 길을 가는 백성처럼 너희는 지금 그와 같은 역사를 하는 것을 알아야 할 것이니라.
17 그러니 너희는 출구가 없는 자들로서, 사악한 것을 받아들이는 입구는 있으나 선한 것을 배출하는 그와 같은 출구가 없는 것은 바로 무엇이더냐?
18 너희는 지옥으로 가는 자이니라.
19 너희는 지옥에 들어가면 영원히 그곳에서 존재하며 그곳에서 다시 돌아 나오지 못함이니,
20 너희가 육의 세상에 살면서 지옥에 사는 것이요, 그를 그대로 안고 심판대에 서지도 못하고 또한 지옥으로 감이니,
21 그리하여 입구는 있으나 출구가 없는 것이 광신도 너희의 삶이라는 이 두렵고 무서운 것을 알아야 할 것이니 그리 알라.

## 7,724 번째 하나님 말씀

*2003년 10월 1일 08시 35분*

1 사랑하는 나의 아들아!
2 "네, 아버님! 말씀하옵소서."
3 이 세상에 수천수만의 백성이 있음이니라.
4 그리고 감히 하늘의 구원을 받았다는 자가 그 수를 헤아릴 수 없으며, 지금의 모든 종교 집단에 가 구원을 받고자 울고불고하는 그 백성의 수를 헤아릴 수 없으며,
5 그들의 물질적인 힘이요, 그들이 가진 그 능력의 한계가 끝이 없다 내가 그리 말하였느니라.
6 그러나 그들과 지금 나약한 너희와의 그 차이점이요, 한계가 무엇인 줄 알겠느냐?
7 지금 나의 아들을 따르는 백성이요, 강론을 듣는 백성, 너희는 나 여호와가 창조주이기 때문에 내 성령이 넘지 못하는 벽이 없다는 것을 너희는 알고 있음이니라.
8 그리하여 돼지머리 놓고 고사 지내는 무당이요, 점괘를 보는 자요, 그리고 이 세상에 있는 모든 종파를 초월하여 나 여호와가 그들을 관장하며 그들을 녹이고 다스려 쓸 수 있다는 것,
9 그리하여 내가 넘지 못하는 벽이 없음이니, 내 벽이요, 내 가슴 안에 모두가 다 속한 나의 아들딸이란 그와 같은 그 방대한 마음이요, 그를 가지고 너

희는 지금 살아가며 만백성을 그리
대우하며 살아가고 있지 아니하느냐?
10 그것이 바로 나의 뜻을 역사하는 백
성이요, 나로부터 선택된 백성이니라.
11 너희도 정녕 모두를 다 같은 형제라
하여 가슴에 안지 못한다면 너희는
나 여호와가 넘지 못하는 벽이 있다는
것을 의미하는 것이 아니더냐?
12 지금의 모든 종교 집단 지도자들은 저
희 것과 내 것과 구원을 받을 자와 못
받을 자, 사탄이요, 아니요, 그 모두를
저희가 구분하고 있음이니, 그것은 바
로 무엇이더냐?
13 저희가 가진 그 담장의 벽을 절대로
나 여호와가 넘지 못한다는 것을 그들
이 말하는 것이 아니던가?
14 나 여호와의 사랑이요, 나 여호와도
저희가 쳐 놓은 그 장벽은 절대로 무
너트리지 못하며 넘지 못하는 나 여호
와라 그리 나를 능멸하는 것이 그들이
하는 행위이니라.
15 내가 넘지 못할 벽이 없으며, 내가 넘
지 못할 그 벽이 있다면 나는 창조주
여호와가 아니지 않으냐?
16 그러니 지금의 모든 믿음의 길을 가는
그 백성 그들이 바로 그 벽의 한계가
있으며, 그 한계의 선을 그어 놓는 자
들이니,
17 세상에 나 여호와가 넘지 못하는 벽이
어디 있단 말이더냐?
18 너희는 그 벽이 없다 생각하여 세상을
다 넘어다 보니, 너희는 세상의 아름
다움이요, 넓고 방대한 것을 보며 만
백성을 구하는 길이 너희의 대명이라
는 것을 알고 있음이니라.
19 그러나 장벽을 쳐 놓은 자, 내가 넘을
수 없는 벽이 있다는 백성, 오로지 저
희만이 나를 안다는 그와 같은 백성
임을 너희는 알아야 할 것이니라.
20 그리하여 그들의 믿음은 한계가 있으
며, 저희 스스로 벽을 쳐 놓았듯이 저
희의 그 믿음의 한계는 그 벽에 부닥
쳐 넘지 못하며 세상을 보지 못하는
것이요,
21 그리하여 나의 뜻을 알지 못하며 내가
역사하는 것을 알지 못하는 백성이니
라.
22 만백성을 바라보지 못하느니라.
23 그리하여 그들은 듣는 그 한계가 있으
며, 그들이 행하는 것이 또한 한계가
있음이니, 이는 만백성을 구하는 길이
아님을 너희는 알아야 할 것이니라.
24 이제 나의 법전과 나의 강론을 듣는
너희가 모두를 초월한 나의 아들딸이
며, 그와 같은 것에 연연하지 아니하
고 너희가 세상을 보는 그 마음이 아
니더냐?
25 그러니 이제 그들에게 깨우쳐 주어야
할 것이니라.
26 믿음의 종교의 벽을 넘지 못하는 자와
종교 집단은 그래서 너희는 나의 뜻
이 아니요, 나와 관계없는 백성이라는
것을 이제 그들에게 전해 주라.
27 나 여호와가 넘지 못하는 벽이 없으
며, 내가 바라보지 아니하는 것이 없
으며, 내가 주관하지 아니하는 것이
없으며, 나의 성령이 똑같이 너희와
같이하고 있음이니,
28 너희 스스로 그저 쌓고 쌓는 그 벽, 마
음의 벽을 높이 쌓고 쌓음이니, 얼마

나 고달프고 힘든 길을 가는가?
29 그러니 아무리 높이 벽을 쌓는다 해도
나 여호와가 넘지 못하는 벽이 없음이
니, 그 벽을 쌓는 것을 이제 중단하게
하라.
30 그 어리석음을 깨우쳐 주라, 사랑하는
나의 아들딸들아!

## 7,725 번째 하나님 말씀

*2003년 10월 1일 08시 40분*

1 사랑하는 나의 아들아!
2 "네, 아버님! 말씀하옵소서."
3 내가 너에게 이제 예수를 보여 주었으
며 나 여호와를 보여 주었음이니, 그
러면서 지금 모든 백성이 믿고 가는
그 교회라는 것의 그 문을 네가 두드
렸을 때, 그 문이 없었던 그 역사를 이
제 알겠는가?
4 이제는 그 이루어진 모든 것이 네가
선택된 나의 아들이요, 나의 주관하에
그 모두가 이루어진 것이라 함을 이제
알겠느냐?
5 "네, 아버님! 그를 알고 있사옵나이
다."
6 그 모두는 네가 처음에는 내가 주관하
는 것이며 나의 역사한 것을 몰랐음
이나, 이제는 네가 그를 깨닫고 알았
음이니, 그때 있었던 그것을 그대로
기록하여 만백성이 읽고 깨우치도록
그리하라, 나의 아들아!
7 "네, 아버님!
8 저는 '천안'이라는 곳의 '원성동'에 살
고 있었사옵나이다.
9 그러나 어느 날 갑자기 예수님께서 불
속에 나와 저에게 그 형체를 보여 주
며, 아버님의 보이지 않는 그 형체를
보았사옵나이다.
10 그리하여 저는 두렵고 무서워 저에게
교회라는 곳을 가라는 줄 알고 천안
에서 가장 높은 지역에 있는 '감리교
회'라는 곳을 찾아갔사옵나이다.
11 너무나 두렵고 무서워 새벽 5시에 나
가 제가 그곳에 가 믿음을 갖고 강론
을 들으며 교인으로서 그 길을 가고
자 하여 그 교회를 찾았사옵나이다.
12 그러나 그 교회를 가니 사람들이 들어
가기는 하나 그 들어가는 문이 보이지
아니하였으며,
13 그리하여 문이 없어서 사람을 따라가
고자 하여 사람을 따라가나, 제 앞에
가는 사람이 갑자기 없어지며,
14 그 속에서 사람들이 기도하고 찬송하
는 소리는 들리나 그 문이 없었사옵
나이다.
15 그리하여 제가 그곳을 들어가려고 아
무리 해도 저에게는 문이 보이지 아니
하였으며, 사람은 제 앞에서 들어가고
성서를 들고 한 사람 두 사람씩 그리
들어가나,
16 제가 그를 따라가려 하면 제 두 발짝
세 발짝 앞에서 문이 없어지며 사람이
사라지는 그와 같은 형국에 너무나 당
황하여,
17 그 추운 겨울날 제가 20여 분 동안 그
곳에서 문을 찾다가 할 수 없이 등을
돌려 집으로 돌아온 일이 있었사옵나
이다.
18 그것이 제가 50대였으며, 오늘이
2003년 10월 1일이니, 그때가 아마

1990년 초 정도라 생각하옵나이다.
19 그때 제가 그 교회를 갔더라면 저는
그때서부터 믿음의 길을 갔을 것이나,
20 사람들이 들어가는 그 꼬리를 잡고 아
무리 들어가려 해도 그 사람은 들어가
면 제 앞에서 그 문이 없어지며, 그때
는 잘 몰랐으나 지금 생각하면 그것이
새벽 기도인 것 같사옵나이다.
21 지하실이라는 곳에 사람들이 기도하
며 그들의 울음소리가 들리며 그들이
웅성거리는 소리가 들려 아무리 문을
두드려도 문이 없었으며, 저를 인도하
고 안내하는 자가 없어 그대로 돌아왔
사옵나이다."
22 그러하니라, 그것이 내가 다 역사했다
는 것을 너는 이제 알겠느냐?
23 네가 그때 그곳을 가서는 아니 되기
때문에 내가 문을 봉쇄했으며, 사람이
네 앞에서 연기처럼 사라지는 그 역사
함은 내가 주관한 것이며,
24 이게 다 너희가 말하는 나 여호와가
주관한 것이니, 네가 가서는 아니 되
는 곳이기 때문에 내가 너를 거기에다
보내지 아니하였음이니라.
25 너는 그때는 몰랐을 것이니라.
26 그러니 바로 그게 나 여호와가 역사
한 것이니, 너희가 말하는 내가 너희
에게 기적을 보여 주는 것이요,
27 이를 가지고 다른 백성은 간증이라
하여 온 동네를 다 다니면서 말할 것
이나, 이제 네가 그 의미를 알았으니
나의 법전에 한 구절을 기록하여 거기
에 전함이니라.
28 네가 이제 지금까지 살아오면서 나로
부터 받았던 그 모든 기적의 역사를
하나하나 기록하여 전하는 그와 같은
삶을 살아야 할 것이며, 증거하는 것
을 기록하여 전하도록 그리하라, 사랑
하는 나의 아들아!

## 7,726 번째 하나님 말씀

*2003년 10월 1일 08시 47분*

1 사랑하는 나의 아들아!
2 "네, 아버님! 말씀하옵소서."
3 너희는 다윗과 골리앗의 그 싸움을 알
며 그를 가지고 강론을 함이니라.
4 너희는 성령으로써 영적으로서 임한
어린 다윗이 거구의 골리앗을 무너트
리니, 그것은 나 여호와의 역사함이
요, 나의 뜻에 의해 성령으로 임한 백
성이기 때문에 그를 보호하기 위하여
어린 다윗이 그와 같이 골리앗을 무너
뜨렸다고 그리 말하고 가르치느니라.
5 그러면서 너희는 어찌 가르치는가?
6 나 여호와 하나님의 백성은 그들을
공격하여 그 백성을 끝까지 쫓아가 다
쳐 죽였으며 도륙냈다고 그리 말하느
니라.
7 과연 그것이 내가 너희에게 명한 것이
며 나의 뜻이라 그리 말하는가?
8 그들도 나의 백성이거늘, 어찌하여 내
가 그들을 너희로 하여금 끝까지 추격
하여 그들을 다 쳐 죽이는 그와 같은
형국으로써 끝을 맺었다 그리 가르쳐
나의 백성을 광분하게 하는가?
9 그리하여 지금 나의 믿음의 길을 가는
그 백성이 이방인이라 생각하며 너희
와 같이 믿지 않는 그 백성은 어떠한
형국으로든 단죄하며 어떠한 형국으

로써 체벌하며 어떠한 형국으로써 그
끝을 맺는다 하여도 죄가 되는 것이
아니며,
10 그렇게 무섭게 다스리는 것이 그리고
그렇게 배척하는 것이 믿음의 길을 가
는 너희가 이방인을 대하는 행동이라
그리 가르치고 그들을 자극함이니,
11 그들의 마음속에 사랑이 어디 싹트며
진정한 아름다운 믿음이 어디 있겠는
가?
12 그들은 골리앗이 무너짐으로써 그 전
쟁에 패하게 되었으며 그들은 스스로
물러났다 그리 가르치고 전한다면, 그
것은 나의 뜻에 버금가는 것이라 말
할 수 있으나,
13 포기하는 그들을 끝까지 좇아가 처참
하게 쳐 죽이고 모두를 패망시키고
잔인한 방법으로써 패망을 시켰다 그
리 말하면서, 나 여호와의 군대요, 나
의 뜻에 의한 백성은 그와 같이 보호
를 받는다 함이니,
14 과연 그것이 나의 백성이 행한 행동
이며 나의 백성이 베푸는 사랑의 의
미가 거기에 있느냐?
15 어찌하여 너희는 이 모든 것을 그와
같은 것으로써 바꾸어 모두를 가르치
며 이와 같이 험악한 뜻으로써 나의
피조물 만백성들을 이끌어 간단 말이
더냐?
16 그들도 나의 백성이요, 내가 선택한
아들딸이거늘, 어찌하여 너희는 이방
인이라 하는 자, 성령으로써 임하지
아니한 자는 그저 짐승처럼 다루어도
죄가 되지 아니하며 그것이 나 여호와
의 뜻이요, 사랑이라 그리 말함이니,
17 얼마나 간악하고 얼마나 잔인하며 얼
마나 나 여호와가 용서하지 못하는 백
성이던가?
18 그 모든 백성은 누구한테 생명을 받
아 세상에 나갔는가?
19 너희와 다 같은 형제거늘, 그런 형식
으로써 모두 적대시하는 마음이요, 광
분하는 마음이요, 독기를 품게 한 것
이 오늘의 믿음의 길을 가는 너희가
그리 만든 것이니라.
20 그들은 이방인이기 때문에, 하나님을
믿는 군대요, 하나님을 믿는 그 백성
은 선택된 백성이기 때문에 힘과 용
기를 주어서 다윗이 골리앗을 이기며
그들을 끝까지 다 쳐 죽이며 말살시키
는 것이 나 여호와의 뜻이요, 믿음의
길을 가는 백성이 하는 행위인 것처
럼 너희가 그리 가르치고 설교하고 강
론함이니,
21 오늘의 나의 피조물 만백성들의 가슴
속에 악의 씨를 심어 주며 악의 씨를
행하도록 가르치는 것이 오늘의 종교
집단이요, 지도자들이 가는 길이니라.
22 이 모든 것이 너희가 나 여호와의 큰
뜻을 모르며 오로지 너희 손톱 밑에
박힌 가시가 곪아 아픈 것만 아는 어
리석은 자들이 나의 피조물 만백성을
가르치느니라.
23 자연의 아름다움이요, 사랑을 모르며
악의 씨만을 골라 심는 그와 같은 행
위를 하는 것이 오늘의 너희가 이 대
목을 가지고 설교하는 행위요, 가르치
는 지도자라 하여 단상에 서서 말하는
자들의 행동이니라.

## 7,727 번째 하나님 말씀

*2003년 10월 1일 08시 50분*

1 사랑하는 나의 아들아!
2 "네, 아버님! 말씀하옵소서."
3 다윗과 골리앗의 이야기가 나왔으니
내가 너희에게 하나 더 깨우쳐 주고
자 함이니라.
4 너희는 다윗과 골리앗의 그 싸움을 어
찌 가르치는가?
5 너희는 인간의 능력으로써는 모두 이
룰 수 없으며 절대로 역사할 수 없으
며, 오로지 나 여호와가 성령으로 임
하여 그저 나의 아들 예수가 죄를 대
속해 주니 죄가 없는 자들이니,
6 그저 주는 대로 받아 행하며 그리고
모든 것은 내가 역사하는 대로 행하
고 따라가면 되는 것이라 그리하며,
노력을 하지 아니하며 어렵고 힘든 그
환경에서 딛고 일어서는 그와 같은 노
력을 하지 아니하는 것이 너희이니라.
7 그러면서 나의 피조물 만백성들을 오
로지 믿음만 매달리면 모두 구원받으
니, 다른 삶이요, 그 모두는 소중하지
아니하다 함이니라.
8 그러니 물에 빠진 자를 주일에 건져
주는 것도 죄라 할 정도로 그 사악한
자들의 오늘의 그 가르침의 형국이라
하였음이니라.
9 그러나 너희는 모두 내가 60점이라는
그 속에서 세상에 살아갈 수 있도록
주었음이니, 너희는 인간으로서 최선
의 노력을 다하는 것, 그리고 용기 있
게 살아가는 그와 같은 삶을 사는 것
으로써 나의 은혜에 보답하는 길이며
정당히 살아가는 길이라는 것을 알라.
10 노력하지 아니하면 아무것도 얻을 수
없음을 너희는 알라.
11 여기서 골리앗을 쓰러트린 다윗은 어
떠한 일을 했느냐?
12 그가 노력하지 아니하고 연습하지 아
니하고 그저 내가 그에게 성령으로 임
하여 그에게 심어 주어 내가 돌팔매로
써 골리앗을 쓰러트리도록 했는가?
13 너희는 여기서 하나 들으라.
14 다윗은 어려서부터 양치기를 하면서
그 양을 보호하기 위하여 돌팔매질을
연습했으며, 돌을 던지는 그와 같은
연습을 열심히 했고,
15 노력하고 또 노력하는 그 용기 있는
그 결과로 그는 그와 같이 돌팔매로써
제가 평소에 쌓은 그 실력이요, 숙달
된 것으로써 그 거대한 거인 골리앗을
무너트릴 수 있으며 그를 맞출 수 있
었다는 것,
16 이 하나를 안다면 그것은 노력의 결과
요, 또한 그와 같은 용기 있는 행위요,
그 수없는 세월 속에 그가 쌓은 실력
이라는 것을 잊지 말라.
17 그와 마찬가지로 그가 양치기로서 돌
던지기요, 돌팔매질의 명수가 되지 아
니하였더라면 그는 골리앗을 무너트
릴 수가 없었을 것이니, 그는 노력의
대가이니라.
18 그러니 나 여호와가 너희에게 다시
한 번 말함이니, 하늘에 오르는 길을
너희가 역사하는 것은 너희가 모두
제대로 갖춰졌을 때 나 여호와가 너희
의 모두를 주관할 수 있을 때, 너희의
소유가 되었을 때 거기에 내가 은혜와

상을 내린다 하는 것을 명심하고 잊지 말라.
19 다윗도 그와 같이 완벽하게 나에게 받을 수 있도록 제 것을 만들며 제 소유로 만들었음이니,
20 그것은 다윗 것이요, 나 여호와의 것이기에 내가 그에게 그 능력을 행하게 하지 아니하였는가?
21 이와 같은 이치의 의미를 오늘 너희는 다윗과 골리앗에서 하나 깨우치고 가야 할 것이니 그리 알라.

## 7,728 번째 하나님 말씀

*2003년 10월 1일 08시 57분*

1 사랑하는 나의 아들아!
2 내가 너에게 지금으로부터 20년 전에 하나의 기적의 역사를 보여 주었으니, 그때도 내가 너를 증거하며 내가 너를 관리하고 있었다는 것을 한 토막을 기록하여 이 책을 읽는 백성에게 깨우쳐 주어야 할 것이니라.
3 "네, 아버님! 어떠한 말씀을 하시는지 알고 있사옵나이다.
4 저는 '충남 부여 홍산'이라는 곳에 고향을 두고 있으며, 부모님이 지금도 생존해 계시는 그곳이 제 본가였사옵나이다.
5 저희 가정으로 말하면, 어머니께서는 불교에 심취하여 그 불교에 모두를 바치시다 중간에 교회를 다니기 시작하였으며, 그리하여 '충남 부여군 은산면 가중리'에 중량교회라는 곳에 지금은 권사로 계시며, 아버님은 팔순이 넘는 분이 건축 부장을 하고 있다는 것을 들었사옵나이다.
6 20년 전에도 저희 어머니는 권사의 역할을 했사옵나이다.
7 그리하여 저는 그때 아버님께서 보여 주신 기적이라는 것을 지금에야 깨닫고 있사옵나이다.
8 제가 어렵고 힘든 그 역사의 하나를 이루기 위해 몸부림치고 인간으로서 욕망을 이루고자 노력할 때, 저는 백마를 타고 달려야 하는 제 운명이며, 하루에 천 리를 달리는 그와 같은 백마를 아버님께서 주셔서 그 백마를 타야 하는데,
9 제가 혼자서 그 백마를 타지 못하며 몸부림을 치고 있었사옵나이다.
10 그러니 교회의 권사이신 어머니가 저를 밀어서 그 백마에 태우고자 아무리 애를 쓰셔도 그 어머니의 힘으로써는 저를 태울 수가 없었사옵나이다.
11 그때 어머니는 어떠한 일을 역사했느냐면, 모든 형제가 다 믿음을 가지고 있었으나 저만 믿음을 갖지 아니하기 때문에 새벽 기도요, 수없는 날을 장자인 제가 믿음이요, 교회요, 하나님을 찾도록 기도하고 눈물로써 그 세월을 보내는 중이라 그리하였사옵나이다.
12 저는 그 말을 듣고 있었으며 그것을 알고 있었사옵나이다."
13 그러니 너는 거기서 무엇을 깨달았는가?
14 "네, 아버님! 저는 그때 그것을 깨달았사옵나이다.
15 아버님께서 주신 하늘을 나는 그 백마를 타고자 하나,

16 어머니가 아무리 저를 태우려도 태울
수가 없으니, 어머니의 그 한계요, 어
머니의 힘은 잘못된 것이며, 저를 위
하여 기도하는 것이 잘못되었다는 것
을 알았사옵나이다.
17 그리하여 제가 어머니께 말씀을 드렸
사옵나이다.
18 제가 이루고자 하는 것, 역사하는 것
은 어머니의 기도로써는 아무런 힘이
되지 아니하며 도움이 되지 아니하니,
19 어머니는 저에 대해 기도를 하지 말
라 제가 그리 말씀을 드렸사옵나이다.
20 저는 그때 그것이 무슨 의미인 줄을
몰랐사옵나이다.
21 오늘의 모든 종교 집단이요, 지도자들
이 가는 것이 너무나 잘못되었으며,
아버님의 뜻을 거역하며 순종치 않는
백성이요, 자기 자신들의 기업을 육성
하기 위하여 허덕이는 그곳에 와서 울
고불고한 그 어머니가 가련하고 불쌍
한 생각이 이제야 들고 있사옵나이다.
22 그리하여 어머니로부터 그 백마를 타
지 못하도록 했던 아버님의 뜻을 알고
있사옵나이다.
23 제가 기업을 육성하며 어렵고 힘들어
고심할 때, 아버님께서 주신 그 백마
를 어머니가 기도하고 눈물로써 찬송
하며 제가 하나님 품에 돌아오기를
허구한 날 빌고 비는 그것이 하나님
의 뜻이었더라면 어머니는 저를 백마
를 태웠을 것이나,
24 어머니는 하나님의 뜻을 거역하는 길
을 가셨기 때문에, 어머니가 아무리
저를 태우려 밀고 또 밀어도 그 백마
를 제가 탈 수 없었으니,
25 그 모두는 아버지께서 역사하심을 오
늘에야 저는 알고 있사옵나이다.
26 그리하여 저는 어머님께 말씀을 드렸
사옵나이다.
27 저를 위하여 기도하시지 말며, 저를
돌아오라 하시지 말라 하였습니다.
28 어머니가 아무리 하셔도 제가 타고 하
늘에 오를 수 있는 그 백마를 태우는
힘이 되지 아니하며, 어머니는 역부족
이라 제가 그리 말씀을 드렸사옵나이
다.
29 그때는 어머니께 너무나 냉혹한 것 같
았으며, 어머니에게 불효자였으며, 어
머니의 뜻에 따라 행할 수 없는 자식
이라 그리 생각하였으나,
30 그때 그 모두가 아버님께서 역사함을
알고 있사옵나이다.
31 그리하여 지금에 와서 하나님께서 저
희 부모를 구원하고자 하시며, 저로
인하여 육의 인연의 부모를 사랑하고
계시다는 것을 오늘에야 알았으며, 그
때는 몰랐사옵나이다.
32 지금 종교 지도자들이 아무리 울고불
고 기도를 해도 그 뿌리가 잘못되었으
며 근본이 잘못되었으며, 아버지께서
짓지 말라는 그 교회에 모두를 다 바
치며, 거기에 많이 바치며 투자하는
것이 하늘에 오르는 길이라 믿고 가는
자들이 모두 죄를 짓는 자이니,
33 그와 같은 속에서 저를 위하여 기도하
고 경배하는 그 어머니가 잘못되었다
는 것을 이제야 저는 알았으며,
34 하나님께서 백마를 내려보내 주시고
그 백마를 타지 못하도록 어머니가 밀
고 밀어도 탈 수 없는 그와 같은 형국

을 저에게 보여 주신 것임을 이제야
깨달았사옵나이다.
35 그리하여 이와 같이 역사한 것을 이
법전에 기록하여 만백성에게 전하라
는 아버님의 그 뜻을 알겠사오며, 그
리하여 오늘 이를 전하기 위하여 법전
에 기록하였사옵나이다."
36 사랑하는 나의 아들아, 바로 그러하니
라.
37 네가 지금까지 살아온 그 모든 기적의
역사는 내가 주관한 것이니, 그건 살
아 있는 기적이니라.
38 그 모두를 법전에 기록하여 만백성에
게 깨우침을 주도록 모두를 기록하되,
상세히 기록하여 그를 전하도록 그리
하라.
39 그리해도 나의 피조물 만백성들이 후
세에 그를 믿을까 말까 함이니,
40 그 위대한 역사요, 이루어졌던 것 하
나하나를 이제 기록하여 나의 법전에
전하여 만백성들이 깨우치는 데, 그리
고 그들이 나의 법전을 읽고 깨우치는
그 깨달음의 길을 가는 데 밑받침이
될 수 있도록,
41 내가 지금 너에게 이루었던 모든 역사
를 상세히 기록하여 전하라.
42 그것이 또 그들을 깨우치는 나의 뜻임
을 알라.

## 7,729 번째 하나님 말씀

*2003년 10월 1일 11시 40분*

1 사랑하는 나의 아들아!
2 "네, 아버님! 말씀하옵소서."
3 나 여호와가 너를 세상에 내려보내어
나의 법전이요, 나의 성령을 기록하여
만백성을 구하는 그 역사를 이루라 하
였음이니,
4 너를 따르는 제자들이요, 그리고 나의
법전을 읽고 깨우쳐 가는 그 백성이
이 세상 속에 과연 얼마나 존재하더냐?
5 넓고 넓은 바닷가에 모래알 몇 개도
안 되는 그와 같은 형국이 아니더냐?
6 그러나 나 여호와가 바라보는 마음은
어떠하던가?
7 첫아이를 낳아서 걸음마를 걷는 그 자
식을 바라보며, 앞에서 오라고 손뼉
치는 그 부모의 기쁨보다도 더한 것이
나 여호와이니라.
8 너희는 지금 비실비실 걷는 그 어린아
이에게 손뼉을 치며 너희에게 오라 그
리 가르치나,
9 그 아이가 서서히 당당히 걸을 것이
며, 뛰어 또 어른이 될 것이며, 성장하
여 가정을 이루고 너희와 같은 인생
을 살며 네 뒤로 대를 이어 갈 것이라
는 걸 너희는 너무나 잘 알고 있지 않
은가?
10 그리하여 그 아들딸들이 그와 같이 잘
성장해 주기만을 바라는 것이니라.
11 너희가 네 수명을 다하여 세상에 운명
을 다할 때까지 그들이 오래 살고 오
래 지탱하여 이 세상의 모든 것을 다
누리며 살아갈 수 있도록 바라는 것이
너희 마음이 아니더냐?
12 그 마음보다 열배 백배 천배 더한 것
이 내가 너희를 바라보는 마음이니라.
13 부모가 바라볼 때 그 아이가 지금은
비실거리며 걷고 있으나, 그가 언젠가
는 당당히 걸을 것이며 뛸 것이며 그

리고 성인으로 성장하듯이,
14 나 여호와는 너희가 그리 변화될 것을
알고 있으며 역사함을 알고 있기에,
오늘의 너희의 그 모습을 내가 보고
있음이니라.
15 나 여호와가 너희에게 빨리 설 수 있
으며 달릴 수 있도록 그와 같은 능력
이요, 그를 역사할 수 있으나,
16 다만 너희 스스로 그 시련과 고통을
겪고 성장해야 하기 때문에 내가 그
를 기다리고 바라봄이니라.
17 그러니 너희를 핍박하는 자, 너희를
쓰러트리고자 하는 그와 같은 자를 내
가 용서치 아니함이니 내가 그를 보호
함이니라.
18 이는 너희가 완벽히 설 때까지, 너희
가 남과 대적할 수 있도록 성장할 때
까지는 나 여호와가 너희와 지금 같
이하고 있으며 내가 바라보고 있음을
알아야 할 것이니라.
19 아직 걷지도 못하는 너희를 무너트리
며 너를 쓰러트리는 자는 내가 용서
치 아니할 것이니,
20 인간 세상의 도리에서도 갓 걸음마를
하는 아이에게 발길질하며 그를 집어
던지며 걷지 못하게 한다면 그는 생명
을 잃게 되지 아니하더냐?
21 그와 같은 행위를 하는 자는 내가 용
서치 아니하고 내가 너희를 보호하고
있음이니,
22 오늘에 너희가 갈 수 있는 최상의 길
이요, 최대로 내가 너희에게 역사한다
는 것을 절대 잊지 말며, 두려워하지
말며 좌절하지 말며 포기하지 말고 갈
수 있도록 그리하라.
23 머지않아 너희는 달릴 것이며, 이 세
상에서 가장 빠른 걸음으로 달릴 수
있는 것이 너희이니, 이는 곧 지름길
을 알고 있기 때문이니라.
24 너희가 걷고 달리는 것도 무엇을 위해
사느냐?
25 하늘나라 창조주 나 여호와에게 오르
고자 역사하며 존재하지 아니하더냐?
26 그러니 너희는 바른길이요, 곧은 길을
지금 걸어오는 자들이기에 너희보다
빨리 역사하는 자가 없으며 하늘에 오
르는 자가 없음을 알라, 사랑하는 나
의 아들딸들아!

## 7,730 번째 하나님 말씀

*2003년 10월 1일 11시 46분*

1 사랑하는 나의 아들아!
2 "네, 아버님! 말씀하옵소서."
3 지금의 나의 모든 백성이요, 특히나
너희 종교 집단이요, 믿음의 길을 가
는 자, 그리고 은혜를 받았다 하여 믿
음의 벽을 높이 쌓고 세상의 아름다움
을 보지 못하는 자,
4 바로 담을 높게 쌓으면 쌓을수록 너
희는 태양의 빛을 가리며 세상의 아름
다움을 모르니, 어둠 속으로 너희 스
스로 들어가는 삶을 사는 것이 오늘의
종교 집단 지도자이니라.
5 그러니 너희는 한울타리에서만 얽히
고설키니, 왔다 갔다 하는 제자리의
그 길밖에 없지 않은가?
6 자연의 아름다운 소로는 가지 않고,
대로를 달리며 마음껏 즐기고 인간의
삶이요, 대자연의 위대함을 느끼지 못

하는 그와 같은 백성이 오늘의 종교
집단이요, 지도자요, 맹종 맹신하는
그 백성이요, 신도들이니라.
7 그러니 그들이 그 울타리에서 존재하
고 살아감이니, 그들이 할 수 있는 것
이 무엇이더냐?
8 자연의 아름다움이요, 너그러움을 알
수 없으니, 그들은 입으로만 세상 모
든 것을 다 사랑한다 함이니,
9 제 울타리 안에 보이는 그것으로써 저
는 모든 세상을 다 사랑한다고 고백
하는 자들이니라.
10 그러면서 그들은 뭐라 하느냐?
11 입만으로써 '나는 너를 사랑하며 당신
을 사랑한다.' 말하는 자들이 그와 같
은 자들이니라.
12 그리고 입으로만 '당신과 기쁨을 같이
하고 즐거움을 같이하고 행복을 같이
나누고자 한다' 말하는 자들이 그들이
니라.
13 그리고 그들은 이웃에 나눠 주고 도와
주고 베푸는 그와 같은 삶을 사는 것
이 아니라, 말로써 모두 풍성하게 이
웃에게 베풀고 나누어 주는 그와 같은
생각으로써 살아간다고 말할 것이니
라.
14 그리고 가난한 자를 그들은 비웃는 행
위를 서슴지 아니하는 자들이니라.
15 그러면서 저보다 부족한 자를 무시하
는 자요, 저보다 못한 자, 저보다 좀
모자란 자, 저보다 지능이 없는 자, 저
와 같이 군림하지 못하는 자, 좀 부족
한 나의 백성을 제 아래 부리고자 하
는 것이 그들이요,
16 그것이 지금의 종교 집단 지도자 그들
의 마음이라면 너희는 알겠는가?
17 그러한 백성이요, 종교 지도자들이 과
연 어떠한 짓을 하고 있는지 알겠느냐?
18 그 모두가 아래와 같은 행위를 하는
자이니,
19 나의 사랑하는 백성에게 육의 고통과
시련과 가난함을 짊어지우는 자요, 그
리고 육의 가난함뿐만 아니라 마음까
지도 가난하게 만들며 지치게 하며
저 자신이 지탱할 수 없는 그와 같은
형국으로 만들어,
20 오로지 너희가 만들어 주는 잘못된 설
교요, 가짜 약을 구원의 길이라 하여
매달리는 그와 같은 오늘의 그 형국이
되어 있음을 너희는 알아야 할 것이
니라.
21 너희는 낚시에 물린 붕어라는 말이 있
느니라.
22 그보다도 더 고통이요, 그보다도 더
힘을 쓰지 못하며, 낚싯줄에 걸려 끄
는 대로 끌려가는 붕어만도 못한 것이
오늘날 맹종맹신하는 신도들이요, 재
물을 바쳐 하늘에 올라 구원을 받겠다
하는 자,
23 오늘의 거짓된 자들이요, 그리고 내가
명한 교회요, 성전을 짓지 말라는 그
죄의 온상에서 하늘에 오르는 길이라
가르치는 자들이 그와 같은 형국으로
써 너희를 끌어감을 잊지 말아야 할
것이니라.
24 그들이 얼마나 사악한 자인지 알겠는
가?
25 제 힘으로 스스로 일어서려는 자, 그
리고 깨달음을 얻고자 하는 그와 같은
자들이 백날 천날 가서 진실로 의논

을 해도, 제가 강론하고 설교하는 것
외에는 아니라 그리 가르침이니,
26 바로 보고자 바로 깨닫고자 하는 나의
백성의 눈을 가리고 길을 막으며 그들
까지도 지옥으로 인도하고 쓰러트리
는 그와 같은 짓을 하고 있음을 너희
는 알아야 할 것이니라.
27 이제 내가 바라다보는 모든 종교 집단
이요, 지도자요, 믿음의 길을 가는 자
들이 어떠한 백성인지 알겠느냐?
28 앞에서는 웃고 있으면서도 뒤에서는
조소를 보내는 그와 같은 짓을 하는
것이 오늘의 종교 지도자라는 단상에
서 있는 자들의 마음 자세요, 행동임
을 너희는 알라.
29 그들은 사악하고 간악한 두마음을 가
진 자들이니라.
30 내가 두마음이라는 것을 왜 용서치
아니한다 하였더냐?
31 두마음은 너희가 두마음으로써 변하
는 것이 아니요, 남 앞에서 웃고 뒤에
서 조소하는 자는 남을 돌려놓고 천
가지 만 가지 수억 가지 조소를 보내
며 그를 비웃으며 그를 능멸하는 행위
를 할 수 있기 때문에,
32 그 배신이 하나가 아니라 수천 수억
가지를 평생 배신하고 살아갈 수 있
는 그와 같은 자이기에, 두마음을 가
진 자, 겉과 속이 다른 자를 내가 응징
한다는 그 뜻을 알라.

## 7,731 번째 하나님 말씀

*2003년 10월 1일 11시 53분*

1 사랑하는 나의 아들아!
2 **"네, 아버님! 말씀하옵소서."**
3 너희가 마지막 승자요, 너희가 인간의
생활을 하며 나로부터 생명을 받아 사
는 백성의 성공 여부는 무엇이라 말하
였더냐?
4 너희가 구원을 받고 안 받는 그것으
로써 성공 여부를 모두 말할 수 있음
이니라.
5 그러나 지금 나의 백성, 그리고 종교
집단 지도자 너희는 과연 인간을 무
엇으로 말하느냐?
6 인간 세상에 살아가면서 실패한 자요,
또는 성공한 자라는 것을 육의 세상에
서 부와 권력을 누리는 자를 놓고 평
가하는 종교 지도자들이 있다 하면,
과연 그것이 나 여호와의 뜻에 의해
모두를 가르치는 자들이던가?
7 너희는 한갓 재물이요, 명예는 너희가
가지고 오지 못하며 그건 모두 놓고
오니, 낙엽 하나를 놓는 것과 같은 가
벼운 마음으로 사는 것이 나의 뜻을
역사하는 종교 지도자요, 또 그 밑에
가 구원을 받았다 말하는 백성이요,
구원을 받고자 하는 백성이 가야 하
는 길이라 내가 그리 말하지 아니하
였던가?
8 그러나 종교 지도자가 성령으로써 얼
마나 임하고 임하지 아니하며 나로부
터 구원을 받느냐 받지 못하느냐 하는
걸 성공으로 따지지 아니하느니라.
9 그래서 너희는 인간의 사업을 놓고 인
간의 명예를 놓고 성공이다 실패다 그
리 말하느니라.
10 너희는 아니라 말하나, 그리 기도하고
그리 가르치느니라.

11 그래서 너희는 인간 세상에서 성공하고 실패하는 것은 걱정하지 말라, 거기에 두려워하지 말라 그리 말하지 아니하는가?

12 그러니 오직 믿기만 해라, 믿기만 하면 모든 것에 다 성공한다고 그리 가르치느니라.

13 너희는 어려움을 당할 때도, 육의 세상에서 고통을 당할 때도 나 여호와가 너희를 선택했기에 내가 붙들어 주며, 너희는 노력하지 아니하여도 그 고통에서 극복하도록 해 주며 내가 너희를 이기게 해 준다고 말하느니라.

14 너희는 인간 세상에 그걸로 성공한 자요, 실패한 자라 종교 지도자들이 단상에서 그리 말함이니,

15 그것이 오늘의 종교 집단이요, 지도자 너희가 가르치는 한계이니, 너희가 넘지 못하는 울타리가 여기 있다 함을 알아야 할 것이니라.

16 너희는 구원을 받고 못 받는 그것으로써 성공 여부를 따져야 할 것이지, 육의 부귀영화를 가지고 그리 따져서는 아니 될 것이니라.

17 그리고 너희는 내가 60점이라는 그 한계를 주었듯이 최선의 노력을 다하지 아니하면 안 된다고 가르침이니라.

18 내가 나의 법전에 기록하여 너희에게 뭐라 말하였느냐?

19 다윗과 골리앗의 그 싸움에서 다윗이 골리앗을 넘어트리는 것은 그가 평소에 양을 보호하기 위해 훈련과 훈련을 거듭한 그 실력으로써 그가 역사한 것이요,

20 그와 같이 노력하지 아니하면 역사하지 아니하면 아무것도 내가 너희에게 이루어 주지 아니하며 은혜를 주지 않는 것이니라.

21 다윗이 거인 골리앗과 싸워서 이길 수 있는 것은, 그는 최선의 노력을 다했으며, 그는 평소에 최선을 다하여 이리로부터 양을 보호하기 위하여 돌팔매를 꾸준히 훈련했기 때문에 그 역사를 이루었다는 한 가지를 깨우치라 하였듯이,

22 너희는 노력하지 아니하고 모든 것을 주고 얻는 것처럼 그와 같은 사악한 생각을 하지 말라.

23 주는 자가 그저 축복을 내려 주며 나의 아들로서 너희에게 생명을 구원하는 대선물을 주었으면 군말 없이 받기만 하면 될 것이지,

24 받을 자가 무슨 시시비비가 많으냐, 그와 같이 시시비비하는 자는 어리석은 백성이요, 나에게 거부하는 백성이며, 노력하지 아니하여도 다 이루어질 것이라 그리 가르치는 것이 오늘의 종교 집단 지도자이니,

25 그 속에서 너희가 취하고 얻는 것이 무엇이더냐?

26 너희는 그리 가르치면서 모두를 갈취할 수 있는 길이 거기에 열리기 때문이니,

27 육의 세상에서 성공 여부를 놓고 따지는 종교 지도자이니, 너희는 육의 세상에서 벗어나지 못한 자들이라는 걸 알아야 할 것이니라.

28 모두를 다 내가 해 주며 이기게 되니, 너희는 좌절하지 말라, 그저 너희가 만든 교회에 와 기도하고 경배만 하라

그리 가르치니, 이것이 바로 잘못됨을
알아야 할 것이니라.
29 종교 지도자가 나의 백성의 성공 여
부를 권력이나 재물을 소유하는 그
물질의 양, 빈부의 차이와 어찌 살아
가느냐 하는 것으로써 성공 여부를
말하는 그와 같은 것이 나의 뜻을 정
면으로 거부하는 자이며,
30 나 여호와의 뜻이요, 인간의 승자와
패자를 구분할 줄도 모르는 자들이라
함이 여기에 있음을 너희는 알아야
할 것이니라.
31 성령으로써 거듭나지 못한 자는 성공
여부에서 가장 패자라는 것을 너희는
알아야 할 것이니라.
32 육의 삶의 성공 여부를 생각하며 믿
기만 하면 노력하지 아니하여도 다 이
루어진다, 그리고 승자가 된다는 그와
같은 가르침과 그러한 생각부터 버리
지 아니하면 아니 됨을 알아야 할 것
이니라.
33 너희가 완전히 무엇인가를 역사하지
아니하고 이루어지지 아니하였을 때,
너희 소유가 아닐 때는 내 소유가 아
니기에 내가 거기를 들여다보지 아니
하며,
34 너희가 완벽히 소유권을 주장할 수 있
을 때 나 여호와가 소유권을 주장할
수 있음이니, 내가 그를 본다 하였음
이니 그리 알라.

## 7,732 번째 하나님 말씀

*2003년 10월 1일 12시 01분*

1 사랑하는 나의 아들아!
2 "네, 아버님! 말씀하옵소서."
3 너희는 이 세상에 나가면서 나 여호
와로부터 약속하고 세상에 나갔음이
니라.
4 그리하여 나와 약속을 지키기 위해
너희가 약속을 체결하며 너희가 나로
부터 세상에 나가 생명을 받아 세상에
태어났음이니라.
5 그러니 그것이 바로 무엇이던가?
6 거기에 너희가 어찌 살겠다는, 어찌
살아야겠다는 그 모든 약속을 체결했
으며,
7 또한 그 약속을 체결하면서 너희가
생명을 가지고 세상에 태어남이니, 그
는 너희가 부모와 자식이라는 끊을
수 없는 그 관계가 정립되고 체결되어
이루어졌음을 알라.
8 나 여호와는 부모요, 너희는 나의 자
식이라는 정녕 끊을 수 없는, 우리는
하나의 끈이라는 그와 같은 그 관계가
체결되어 세상에 너희가 나감을 또한
너희는 알아야 할 것이니라.
9 그러니 너희가 나와 부모와 자식 사
이에 모두의 끊을 수 없는 그 끈으로
연결되어 너희가 세상에 나갔음이니,
그러한 너희가 살아가면서 너희가 그
모두는 네 이웃이요, 네 형제이니,
10 너희 스스로 이웃을 돕고 형제를 돕는
일에 너희가 최선을 다하며 살아가면
될 것이거늘,
11 어찌하여 종교 집단 지도자들이 저희
가 죄의 온상인 그곳에 재물을 바쳐
만백성을 구원해야 하며, 구호물자를
너희가 수없이 끌어들이고 바치는 그
와 같은 행위를 해서만이 구원을 받는

다 너희가 그리 말하고 있지 않은가?
12 내가 그를 행하지 말라 함이니라.
13 너희는 나로부터 나갈 때 나의 아들
딸로서 너희가 나와 약속이 체결되어
나간 자이니, 네 이웃의 그 모두가 너
희 형제이니, 네가 직접 행하고 하면
되는 것이니라.
14 지금의 종교 집단 지도자들을 그 거둬
들이는 그 사악한 행위가 어떠한 것이
냐?
15 너희가 화물을 가득히 싣고 떠난 열
차가 중간에 역마다 얼마씩 그 제 평
수에 짐을 덜어 놓고 너희가 마지막
종착역이라는 그 가벼운 힘으로써 입
성하듯이,
16 지금의 너희가 모든 재물이요, 금화와
은화를 거둬들인 것은 너희가 중간의
역을 거치고 거치면서 사악한 자들에
의하여 그는 줄어들고 또 줄어듦이니,
17 결국에 그 은혜를 입는 것은 너희에게
구호물자를 갖다 바친 자요, 재물을
바친 자의 그 뜻과는 관계없이, 그는
다 너희는 흐트러지고 다른 곳으로
흘려가는 이와 같은 것이 수천 년 동
안 너희에게 행해 온 자들이니,
18 그 중간의 역마다 너희가 제 것이 아
닌 것을 역에서 거둬 내린 자, 그게 다
도둑이요, 강도요, 네 재물을 노략질
한 자들이니라.
19 너희는 그러면서 십일조를 내지 아니
하는 자가 노략질한 자요, 그리고 너
희가 모든 헌금이요, 너희가 바치라는
재물을 바치지 아니하는 자, 은혜의
감사 헌금을 내지 않는 자가 도둑질하
는 자라 너희는 그리 말하나,
20 너희는 나의 사랑하는 백성이 만백성
을 구하기 위해 너희를 믿고 바친 금
화와 은화의 그 구호물자들을 그득히
싣고 지나감이니라.
21 그러나 역마다 너희가 거기 있는 자
들이 그를 갈취하고 갈취함이니, 정녕
너희가 그것이 바로 나의 재물이요,
나의 모두를 도둑질하는 자들이니,
22 도둑이 이 세상에 들끓으며, 종교 집
단이 죄악의 온상이라는 것을 너희는
알아야 할 것이니라.
23 이 세상 나의 백성이 얼마나 사악해
졌는지 너희는 알겠느냐?
24 너희는 남의 집에 떡을 찌는 떡시루
를 보고 구경한 자, 그뿐이 아니라 떡
을 만들기 위해 쌀을 씻은 것을 보기
만 한 자도 제 몫이 거기 있다 하며 한
몫을 내놓으라 하는 것이 너희가 오
늘의 그 삶이요, 너희 마음이요,
25 너희 심성이 이렇게 사악하게 변할
대로 변한 것이 누구의 죄인지 알겠는
가?
26 모든 종교 집단 지도자들이 너희가
바로 서지 못했기 때문이요, 너희가
거짓 하고 남을 악랄하게 만드는 그
와 같은 것만을 일삼고 왔기 때문임이
니,
27 너희가 오늘의 남의 떡을 만들기 위
해 씻는 쌀을 보고 네 몫을 내놓으라
는 그와 같은 세상이 되었음이니라.
28 그리하여 그를 주지 않는 자에게 칼
을 들고 대듦이니, 이게 바로 너희가
사랑이 있는 것이요, 이게 하늘에 이
루어진 천국이 지상에서 이루어질 수
있다 말하더냐?

29 남의 재물을 거둬들여 쓰려고 제 창
고에 쌓아 놓고 종교 집단이요, 지도
자가 저부터 쓰고 저부터 활용할 것을
다 한 다음에 남에게 전해 주며, 순수
하게 남을 구원하기 위해 전해 준 자
들의 그 뜻까지도 무너트리니,
30 너희가 바로 중간에 도둑질하는 자들
임을 알아야 할 것이니라.
31 나 여호와가 너희의 그와 같은 행위
를 내려다보고 있으며 너희가 그와
같은 짓을 한다 하니,
32 나 여호와를 사탄이요, 거짓 선지자라
하며, 너희를 거짓 선지자라 명하는
나를 사악한 자라 그리 말함이니,
33 너희는 이 세상을 바라보는 내 눈보다
더 정확한 눈이 있으며 더 상세히 볼
수 있으며, 내 귀보다도 더 정확한 작
은 소리까지도 너희가 들을 수 있는
가?
34 너희는 세상에 살아가는 작은 미물들
을 보지 못하나 그 미물까지도 하나
도 놓치지 아니하고 볼 수 있는 것이
나의 눈이니라.
35 그러니 그와 같이 말하는 자, 너희는
정녕 어떠한 자던가?
36 너희는 내 앞에 오만한 자요, 내 앞에
너희가 더 위대한 자라 말하는 그 사
악한 자들이니라.
37 그것이 바로 너희의 오늘의 자세임을
알아야 할 것이니라.
38 이제 내가 너희에게 물어보느니라.
39 너희가 그와 같이 모두를 중간중간에
갈취하는 방법으로써 살아온 것을 내
가 눈으로 보았음이니,
40 이것을 잘못된 것이요, 이것을 정확하
게 본 눈이 아니라 말한다면 너희는
나를 능멸하는 죄를 짓는 자이니라.
41 이제 사랑하는 백성 너희는 네 주변
부터 너 스스로 그리 구원하면 될 것
이거늘, 어찌하여 너희가 그와 같이
죄의 온상인 그곳에 바칠 구호물자를
싣고 가며, 금화와 은화를 바쳐 네 이
름 석 자를 생색내려 하며 박수받으
려 하느냐?
42 그것이 내 것을 가지고 네가 생색내
며, 내 것을 가지고 네가 역사하면서
네가 대신 내 앞에서 박수받으며 절을
받고 인사를 받음이니,
43 너희가 나보다도 더 높은 자와 같은
사악한 짓을 하는 것이, 구호물자의
금화와 은화를 바치는 너희들이나 종
교 지도자나 똑같음을 절대 잊지 말라.

## 7,733 번째 하나님 말씀

*2003년 10월 1일 12시 05분*

1 사랑하는 나의 아들아!
2 "네, 아버님! 말씀하옵소서."
3 모든 종교 집단과 지도자 그들이 지금
까지 흘러오면서 역사한 것이 무엇인
줄 알겠느냐?
4 맹종맹신하는 그 신도들, 구원을 받았
다 하는 너희는 나 여호와의 뜻과 전
혀 관계없는 그 길을 갔으며, 내가 주
관하지 않는 신앙생활을 하고 있음을
너희는 알아야 할 것이니, 너희가 지
금까지 온 신앙의 그 뜻이 나 여호와
의 뜻을 거역함이니라.
5 나 여호와는 너희에게 양을 원하는 것
이 아니요, 질을 원하는 것이 나의 성

령의 가르침이요, 나의 뜻이라는 것을
너희는 알아야 할 것이니라.
6 내 눈은 양이 아니요, 질로써 모두를
역사함을 알라.
7 너희는 인간의 믿음을 왔기에, 인간의
생각으로 인간의 눈으로 보았기 때문
에, 모든 신앙생활에서 많은 집단이
요, 많은 백성이요, 그리고 많은 헌금
이요, 그리고 방대한 교회를 짓는 것
을 인생의 목표로 삼는 것이 종교 지
도자 너희가 아니더냐?
8 그러니 너희는 인간의 눈으로 보기에
양만을 추구하는 그와 같은 오늘의 잘
못된 신앙의 믿음으로써 이끌어 간 것
이니, 나 여호와의 눈을 너희는 봐야
할 것이니라.
9 이제 나의 아들을 따르는 백성, 그리
고 선택된 너희는 알아야 할 것이니
라.
10 나 여호와는 눈으로 보는 외형적인 그
와 같은 신앙의 믿음이 아니요, 외형
적인 방대함이 아니요,
11 내가 너희에게 원하는 것은 질적인
것이요, 그것이 나 여호와의 눈이라는
것을 절대로 잊어서는 아니 될 것이니,
12 너희는 그와 같은 백성으로서 거듭남
에 게을리해서는 아니 될 것이니라.
13 나 여호와의 눈으로 찾고 찾는 것은
양이 아니라 질적으로 다져진 나의 사
랑하는 아들딸들을 찾고 있음이니,
14 너희가 그리 변해야 할 것이며, 나의
피조물 만백성들이 그리 변하도록 너
희가 인도해야만 됨을 알라.
15 이것이 모든 종교 집단 지도자들이 내
뜻을 거역하며 순종하지 아니하며, 나
와 관계없는 길을 가는 대표적인 것
이며, 너희와의 차이점이라는 것을 알
라.
16 이제 나의 아들을 따르는 제자들이요,
나의 법전을 읽고 깨우친 너희는 알라.
17 누구의 뜻을 위하여 누구를 위하여 너
희가 누구 뜻에 따라 행하고 살며 그
길을 가겠는가?
18 나 여호와가 원하는, 양보다는 질적으
로 선택받는 너희가 되겠는가, 그리고
그와 같은 백성을 육성하겠는가?
19 그저 양적으로만 모두를 이루는 그와
같은 깨달음의 그 길을 너희 또한 가
겠는가?
20 이것은 너희가 선택할 길이며 너희가
다스려야 할 길이라는 것을 절대 잊어
서는 아니 될 것이니, 이는 너희 몫이
니라.
21 나 여호와는 양적인 눈으로 보는 것이
아니요, 질적인 눈으로써 내가 선택할
자를 선택하며 내가 구원할 자를 구원
한다는 것을 잊지 말라, 사랑하는 나
의 아들딸들아!

## 7,734 번째 하나님 말씀

*2003년 10월 1일 12시 13분*

1 사랑하는 나의 아들아!
2 "네, 아버님! 말씀하옵소서."
3 이 세상 나의 피조물 만백성들이요,
믿는 자요, 믿지 않는 자요, 그리고 너
희가 말하는 이방인이라 하는 백성,
그들도 오늘의 너희 종교 집단이요,
지도자요, 그리고 믿는 자들의 그 작
태요, 행태로써는 절대로 구원을 받을

수 없으며 거듭날 수 없으며,
4 너희가 말하는 나 여호와를 모르며 나
를 찾지 않는 그 이방인만도 못하게
타락되었으며 썩어져 있는 것이 너희
라 누구나 다 입을 모아 그리 말함이
니,
5 이것은 너희가 나 여호와가 심판하기
전에 너희 백성으로부터 심판받는 것
이니 그게 맞음을 너희는 알아야 할
것이니라.
6 많은 사람이 말을 할 때, 열 명 중에
그 반이 넘는 자가 그와 같은 말을 한
다면 그 결정을 따르는 것이요, 그를
귀 기울여 들어야 한다 말하지 아니
하였더냐?
7 지금은 이방인들이 종교 집단 지도자
너희의 그 행태를 심판하고 있으며,
너희 보기를 역겨워하는 그와 같은 마
음 자세로 그들이 있는 것을 모르고,
8 너희는 그들을 불쌍한 자요, 구원을
모르는 자라 그리 말함이니, 이게 바
로 거꾸로 되어 있음을 너희는 알라.
9 그 형태로써는 절대 거듭날 수 없다는
이 결론부터 우선 나의 아들을 따르는
제자 너희는 내려야 함이니라.
10 지금의 종교 집단의 그 형태로써는 어
떠한 방법을 동원한다 해도 그들은 이
대로 역사할 수 없으며 거듭날 수 없
다는 결론부터 결정하며, 그를 너희가
굳건히 가슴에 새기고 역사해야 함을
알라.
11 지금의 수천 년 동안 종교 집단이요,
지도자요, 그리고 그 신도들이 한 것
이 무엇인 줄 알겠느냐?
12 큰 시계의 시계추가 움직이듯이 왔다
갔다 하는 제자리의 설교요, 제자리의
가르침이니라.
13 오로지 말로써만 저희가 거듭날 수
있는 것은 여기라는 것, 제 울타리에
만 역사한다는 것으로써 나의 피조물
만백성들을 죽을 때까지 노동력이요,
재물을 갈취하다, 그들이 지옥으로 갈
때 '나는 모르느니라.' 하는 자들이 그
들이니,
14 오늘의 믿음이요, 신앙의 길이 그리되
었음을 알라.
15 그리하여 성경에 기록하여 너희에게
전하지 아니하였더냐?
16 새로운 보혜사요, 새로운 시대가 온다
내가 너희에게 그리 말하였거늘, 어찌
하여 너희는 이를 무섭게 듣고 깨우
치려 하지 않는가?
17 새로운 시대요, 미래의 믿음의 길을
오늘 나의 법전을 통하여 이루고 역사
하고 있다 함을 너희는 알아야 할 것
이니라.
18 지금의 너희로서는 정녕 거듭날 수 없
으며 역사할 수 없기에, 내가 미래의
새로운 시대요, 새로운 믿음의 시대
요, 너희를 구원하는 그 시대를 역사
하기 위해 나의 법전을 세상에 내려
보내 지금 그 역사가 진행되고 있다
하였음이니라.
19 새로운 변화와 개혁은 너희의 아픔이
없이는 나의 백성을 구할 수 없다는
것을 나의 아들을 따르는 제자 너희는
알아야 할 것이니라.
20 너무나 굳어져 있고 너무나 단단히 결
속된 그 속에서 너희가 새로운 변화
요, 새 역사요, 새 개혁의 그 역사를

이루는 것은 오로지 너희와 나 여호
와가 얼마만큼 아픔이요, 고통을 견디
고 이기느냐 그것으로써 나의 피조물
만백성들을 구원을 하고 구원하지 못
하는 것이 여기 있다는 것을 너희는
깊이 깨우쳐야 할 것이니 그리 알라.
21 새로운 보혜사가 와 새로운 시대를 연
다는 것을 믿지 아니하며 그를 인정하
지 아니하려 함이니, 그리하여 그들이
오늘의 믿음의 형태로써 거듭날 수 없
으며 구원을 받을 수 없음이니, 오늘
의 이 형태로써는 아무것도 이룰 수
없다는 그와 같은 결론을 굳게 내리며,
22 너희가 새로운 도전에 고통과 시련이
있다 해도 최선을 다하는 삶을 살라
함이니라.
23 시계추처럼 평생 왔다 갔다 제자리걸
음만 하는 자, 거기에서 무슨 진리가
있으며 무슨 깨달음이 있겠느냐?
24 그것이 오늘의 믿음이요, 오늘의 신앙
생활이니, 가장 초보적인 기초적인 단
계를 벗어나지 못하였음이니라.
25 멀리 달리는 운동선수가 출발선을 벗
어나지 못하는 그와 같은 형국이라
하였음이니, 그가 과연 우승의 면류관
을 쓸 때까지 고통스럽고 힘든 것을
알겠는가?
26 출발선에서 그저 출발한다며 저 자신
의 몸을 풀고만 있을 뿐이지, 그가 감
히 용감하게 대들어 그 멀고도 먼 길
을 달려갈 수 있는 주자의 역할을 하
지 못하는 자들이요,
27 출발선에서 저희가 주자의 역할을 하
며 온갖 말로써는 우승하겠다 하나,
정작 출발하는 신호가 울렸을 때 그들
은 출발하지 아니하고 제자리에 그저
머물러 있는 그 어리석은 백성이니라.
28 그들이 그 먼 길을 달려오는 고통과
시련이요, 그 아픔이요, 인내하여 얻
어지는 그 영광을 알겠는가?
29 그것이 바로 시계추처럼 왔다 갔다 하
는 자이니, 먼 길을 달려가는 선수는
출발하여 고통과 힘든 길을 가거늘,
시계추가 왔다 갔다 하듯이 제자리에
서 우승의 면류관을 쓰겠다 말하는 어
리석고 불쌍한 자들이 오늘의 종교 집
단이요, 지도자들이요, 울고불고하는
신도요, 구원받았다 하는 너희이니 그
리 알라.

## 7,735 번째 하나님 말씀

*2003년 10월 1일 12시 17분*

1 사랑하는 나의 아들아!
2 **"네, 아버님! 말씀하옵소서."**
3 이제는 나의 법전이 세상에 나가며 기
초를 다져 나가기 시작함이니, 너희가
나의 법전 160권을 세상에 만드는 대
장정의 역사가 이루어질 때,
4 이 세상에 놀라운 역사가 그리고 변화
가 이루어질 것이며, 더욱이 믿음의
세상에 대변화가 올 것임을 너희는
알아야 할 것이니라.
5 지금까지 수천 년 동안 나의 백성을
고통스럽게 지옥으로 이끌어 가는 그
와 같은 썩은 믿음이 아니요, 관습에
의하여 그 정해진 틀 속에서 벗어나지
못하며 인간의 신앙이요, 인간의 율법
을 만들고 나의 피조물 만백성들을 그
리 이끌었던 잔악한 그들의 신앙생활

이 아닌,
6 너희 가슴속에서 정녕 뺄 수 없는 깊
이 자리 잡은 낡은 관습과 기복 신앙
의 대표적인 썩은 그 모두를 다 뽑아
낼 수 있는 것, 그리고 그들을 토해 내
지 아니하면 견딜 수 없는 믿음의 대
변화요, 회오리가 불어 온다는 것을
너희는 알아야 할 것이며,
7 그 역사가 이루어지는 것은 나의 법전
이 세상에 내려왔기 때문임을 알라.
8 너희는 기복 신앙의 대표 역할을 하
는 그 사악한 마음의 믿음이 아니요,
9 그 모두를 태워 버리고 죽음 직전에서
다시 살아나는 그 영광을 얻는 기적보
다도 더 위대한 영광의 변화의 시대가
이제 열리고 있음을 알아야 할 것이
니라.
10 오로지 이는 나 여호와가 모두를 태워
내려보내는 나의 성령의 뜻에 의해
역사하고 실행하고 지켜진다는 것, 그
리하여 그러한 시대가 지금 열리고 있
다는 것을 너희는 알아야 할 것이니
라.
11 너희가 상상할 수도 없는 그 무서운
종교요, 믿음의 대변화의 역사가 이루
어질 것이니라.
12 모두 제자리로 돌아오는 아름다운 변
화, 그리고 모두 내가 세상에 내려보
냈던 그 아름다운 인성이요, 그 소중
한 마음이요, 천사와 같은 그 마음의
자세로 역사하는 대변화의 시대가 나
의 법전으로 이루어질 것이니라.
13 지금까지 너희 가슴속에 깊이 뿌리내
려 자리잡은 흔들리지 않는 그 낡은
관습이요, 기복 신앙의 그 역사함은
모두 내가 문을 닫고자 함을 너희는
알아야 할 것이니라.
14 모든 교회요, 성전은 내가 어디 있다
했느냐?
15 너희 마음속에, 너희 자신의 가슴에
있다 하지 않았느냐?
16 그와 같이 너희 자신의 마음속에 있
는 깨끗하고 아름다운 교회를 역사하
는 것을 실행하는 그 복음의 시대가
열릴 것이니라.
17 이 모두 나의 법전에 의하여 전파될
것이며, 그 위대하고 장엄한 모든 새
로운 시대는 너희로 하여금 역사함이
니, 두려워하지 말라.
18 나의 법전의 시대가 열려 가고 있음이
니, 나의 법전의 시대가 열리는 것은
너희가 감히 상상할 수 없는 새로운
시대가 열림을 알라.
19 그 찬란하고 위대한 것은 너희가 죽기
전에 모두를 다 알고 느낄 것이니,
20 너희는 육에서 너희가 오늘에 한 역
사의 기쁨이요, 영광을 알 것이며,
21 나로부터 선택된 너희는 죽어 나의
천국의 문에 들어설 수 있는 그 길을
한 치의 오차도 없이 살다 나에게 올
수 있는 나의 아들을 따르는 제자들이
요, 선택된 백성이니,
22 너희보다 더 위대한 은혜를 받은 자가
없음을 알라.
23 나의 법전의 기초가 뿌리내리기 시작
하며, 놀랍고도 무서운 그 새로운 믿
음의 대변화가 역사할 것이며,
24 수천 년 동안 왔던 나의 피조물 만백
성들의 고통과 시련의 그 믿음에서,
저 자신의 가슴의 신앙이요, 가슴에

교회를 심는 그 역사의 변화의 소용돌이 속에 그 모두가 다 무너지고 좌절되며 깨지고 부서지고 꺾일 것이라는 것을 알라.

## 7,736 번째 하나님 말씀

*2003년 10월 1일 12시 23분*

1 사랑하는 나의 아들아!
2 "네, 아버님! 말씀하옵소서."
3 지금의 종교 집단과 지도자들, 그리고
그 신도들, 누구라도 지금 기도하고
경배하며 교회라는 곳을 찾는 그 마음
의 바닥에 깔린 것은 무엇이더냐?
4 너희는 육신의 복을 받아 그리고 부
귀영화를 받아 남보다 더 잘살아 보겠
다는 그와 같은 기대 심리요, 이를 위
하여 너희가 오늘의 믿음의 그 길을
가는 자가 얼마나 그 주류를 이루고
있는가?
5 진정한 믿음이요, 만백성을 구하는 역
사를 위하여 그 단체 속이요, 그 집단
에 들어간 자가 얼마나 있느냐?
6 그러니 너희가 남보다 육의 부귀요,
축복이요, 영광을 얻고 이루겠다는 그
와 같은 심리가 아니면, 인간관계에서
무엇인가를 얻겠다는 가장 낮은 기복
신앙의 마음으로써 굳어져 있는 자들
이 오늘의 믿음의 길을 가는 너희가
아니더냐?
7 그러니 믿음의 길을 가는 그 집단이
아무리 방대하다 해도 위에서부터 아
래까지 모두 가르치는 자나 배우는 자
가 거래의 심리요, 장삿속에서 오늘의
믿음의 길을 가고 있으니, 그것이 진
정한 나의 믿음이라 그리 말하는가?
8 너희는 육의 복을 위하여 육의 축복을
위하여 오늘의 얄팍한 잔꾀로써 너희
의 생활에 도움이 되어 살아가는 그와
같은 길이라 하나,
9 너희는 거기에서 얻는 것보다 영원히
구원할 수 있는 참진리요, 마지막 승
자가 될 수 있는 나의 진리를 모르고
살아감이니, 얼마나 가련하고 불쌍한
나의 백성이더냐?
10 그리하여 너희를 구원하기 위하여 나
의 아들이 오늘의 이 고통의 길을 가
며, 160권의 법전을 세상에 만들어 아
름다운 세상을 역사하고자 하는 이 뜻
을 너희는 정녕 그리도 모르겠는가?
11 나 여호와의 믿음이요, 나의 뜻에 따
른 길이 아니니라.
12 그러니 모두가 나 여호와의 백성이라
며 나를 경배하며 나의 아들 예수의
그 귀한 보혈로써 구원을 받아 그 은
혜를 갚을 길이 없다 말하는 자,
13 그들이 다 기복 신앙의 생활을 하고
있다는 것을 너희는 잊어서는 아니
됨을 알라.
14 나는 너희에게 무엇을 내려 주었느냐?
15 내가 너희에게 100이라는 점수가 하
늘에 오르는 길이라면, 60이라는 점수
는 내가 너희에게 육의 세상에서 너
희가 노력하고 노력하는 만큼 얻고 살
아갈 수 있는 모두를 다 주지 아니하
였던가?
16 그러니 거기에서 또 작고 큰 것까지
나에게 은혜요, 축복을 받을 것이며
받아야 하며 그리고 줄 것이라는 그와
같은 오늘의 믿음에서 벗어나야 할 것

이니라.
17 그렇다면 내가 60점이라는 그 속에서
너희가 살아가고 취할 수 있도록 모두
를 다 주었음이니, 그러면 나 여호와
가 너희에게 이제 남은 사랑이요, 줄
수 있는 것이 무엇인지는 수학의 공식
처럼 답이 나와 있지 않으냐?
18 나 여호와는 지옥과 천당을 관리하는
것이며, 심판의 결정을 내리며 너희가
죽고 사는 생사에 대한 것만 관계한다
는 것을 알라.
19 너희가 죽고 사는 것, 그리고 너희가
죽어 나에게 와 심판을 받아 어찌 살
았느냐 그 벌에 따라서 너희가 지옥
과 천당에 가는 그 결정적인 것만 내
가 관장하며 이것만 내가 보고 있다는
것을 너희는 깨달아야 할 것이니라.
20 너희의 생사의 그 모두를 내가 주관하
는 것이요, 육의 세상의 작고 큰 것까
지 너희에게 이루어 주고 울고불고하
면 들어준다는 그와 같은 기복의 신앙
의 틀을 벗어나도록 그리하라.
21 이것이 오늘에 믿음의 길을 가는 불쌍
한 백성이니라.
22 너희가 살아서 어떠한 선택이요, 어떠
한 심판의 그 결정은 어찌 되는가 그
것은 모두 너희 손에 달렸다는 것을
절대 잊지 말라.
23 나 여호와는 너희 모두를 주관하지
아니하며, 너희가 울고불고한다 하여
일일이 들어주는 것이 아니며, 너희가
애달파한다 해서 내가 들어주지 아니
함이요,
24 오로지 나는 너희에게 모두를 이미
다 내려 주었음이니, 얻고 못 얻는 것
은 너희 탓이니라.
25 나에게 기도하고 울고불고하기 전에
너희가 최선의 노력을 다하여 내가
준 그 세상에서 얻으라 함이니라.
26 다만, 너희가 지옥과 천당을 내가 분
별하며 생사에 대한 문제를 나 여호와
가 주관한다는 것을 잊지 말라.
27 너희는 나를 알라, 나의 뜻을 알라.
28 구원의 그 길이 어떠한 것인가를 이제
는 깨달을 때가 되었음이니, 이를 깨
달았다면 그대로 나의 법전을 읽고 깨
우쳐 행하도록 그리하라.

## 7,737 번째 하나님 말씀

*2003년 10월 1일 12시 40분*

1 사랑하는 나의 아들아!
2 "네, 아버님! 말씀하옵소서."
3 예수의 보혈로써 너희가 구원을 받았
으며 그 뜻에 살아가고자 또한 노력하
는 백성도 있음이니라.
4 그러나 지도자들이 그것이 중요함이
아니요, 너희는 행함보다도 오로지 그
것만을 믿는 것으로 구원을 받는다고
말함이니라.
5 그리하여 나 여호와의 뜻을 깨달아 저
희 것으로 만들어 구원을 받고자 신앙
생활을 열심히 하는 그 백성, 주일만
을 지키는 그와 같은 신앙생활에 젖어
있는 백성이 있는가 하면,
6 그보다도 더하여 교회라는 곳에 와 신
앙생활 외에도 철야 기도요, 또한 굶
어 가면서 금식 기도요, 또 무슨 소원
의 기도요, 각종 집회요, 그리고 또한
무슨 백일 기도요, 40일 기도요,

7 그들이 내거는 온갖 그 이름 아래 각
종 부흥회요, 집회요, 기도회에 참석
하여 은혜를 입고자 몸부림치며 무엇
인가를 얻고자 그 수없는 시간을 다
빼앗기는 것이 너희가 아니더냐?
8 그러니 일부의 나의 사랑하는 백성은
그 죄의 온상인 교회에 가서 충성 봉
사를 남보다도 우선으로 하며, 남에게
양보하지 아니하고 봉사 활동을 한다
는 그와 같은 행위를 하며, 그리고 더
러는 이웃을 구원하며 불쌍한 자들을
구원한다 하여 재물과 구호품을 그저
갖다 바치며,
9 그리고 너희 주변에 있는 모든 백성의
영혼을 구제한다는 구원의 활동이요,
영혼의 구제 활동을 열심히 하며,
10 그리고 전도라 하여 이웃이요, 지나가
는 사람을 붙잡고 하늘에 오르는 길이
라 하며, 나의 아들 예수가 존재함을
알라, 그를 모르는 자, 구원을 받지 못
함이니 정신을 차리라, 신앙생활에 몰
두하라 하는 그와 같은 역사를 수없이
행하고 그를 이루고 있음이니라.
11 그리하여 너희는 때로는 어렵고 힘든
그 길을 가고 있으며, 성경을 몇 번 읽
었으며 몇 번 정독했으며 그와 같은
이야기들을 다 수없이 하고 있느니라.
12 그러나 너희의 지금의 마음 자세는
무엇이더냐?
13 아무리 그리 역사하고 이루었다 해도,
손에 잡힐 듯하지만 잡히지 아니하며,
느낄 듯하지만 느껴지지 아니하며, 나
여호와의 음성을 들을 수 있을 것 같
으면서도 들리지 아니하며,
14 들려줄 만큼 너희가 봉사하고 희생해
도 들려주지 아니하며, 나를 볼 수 있
는 그와 같은 봉사와 희생이요, 구제
활동을 수없이 했건만 나를 보여 주
지 아니하며 나를 보지 못하며,
15 그러면서 너희 손에 이루어질 것이며
손에 곧 잡힐 것 같은 그와 같은 깨달
음 속에서 결국 너희에게 잡히지 아
니하며 역사하지 못하여 공허함과 허
무한 마음만 너희 가슴을 때리는 그와
같은 오늘의 신도들이요, 백성이라면,
16 너희는 과연 그 길이 잘 가는 것인지
잘못 가는 것인지 한 번쯤은 들여다
보고 깨우쳐야 할 것이니라.
17 너희 자신이 그 명하는 자의 말을 절
대적이요, 나 여호와의 뜻이요, 나의
아들 예수의 뜻이요, 하늘의 뜻이라
그리 가는 것,
18 잡힐 듯하나 잡히지 아니하고 보일듯
하나 보이지 아니하며 들을 듯하나
듣지 못하며,
19 그와 같이 너희가 마음에 변화가 없
으며 안정이 없으며 진정한 믿음의 행
복이 없으며, 불안과 초조요, 공허한
마음이 너희 가슴에서 떠나지 아니한
다면 너희는 의문을 갖고 돌이켜 보
며 새로운 길을 찾지 아니하면 구원을
받을 수 없음이니 그리 알라.
20 그러한 백성이 영적으로 거듭나지 못
하는 자요, 지금의 너희가 앞을 못 보
는 자요, 그와 같은 속에서 너희가 영
적이요, 성령의 위대함을 알지 못하며
바라보지 못하는 자들이니,
21 결국 너희가 그 길을 가다가는 육의
욕심에 치우친 삶의 그 결실로써 나에
게 와 죽음의 부름을 받았을 때 실망

과 좌절과 방황하며 너희가 살았던
것이 얼마나 잘못된 것인가를 뼈저리
게 후회할 날이 멀지 않았다 하였음
이니,
22 오늘의 너희가 바로 서는 데 최선을
다하며, 바로 보는 데 최선을 다하라.
23 이제 내가 너희를 사랑하기에 나의
법전을 세상에 내려보냄이니, 이를 너
희 손에 쥐여 주고 가슴에 던져 주며,
이를 읽고 깨우쳐 정독하여 하늘에 오
르는 길을 바라보라 그리 전하고 전
하거늘,
24 이 귀중하고 보배로움을 너희가 보지
아니하며, 그저 지금까지 흘러온 그
관습이요, 종교 지도자의 가르침에 얽
매어 살다 나에게 왔을 때,
25 너희는 이 세상에서 느낄 수 없는 가
장 큰 슬픔과 고통과 괴로움과 무엇과
도 바꿀 수 없는 불안한 그 세상에서
다시 나올 수 없는, 출구가 없는 지옥
의 그 길로 떨어진다는 것을 알라.
26 지옥이라는 곳은 출구가 없음을 알라.
27 입구는 있으나 출구가 없는 것이 너희
가 가는 그 지옥의 세상이라는 것을
알라.
28 지금 너희가 육의 세상에서 나의 하
늘의 영혼의 세상을 볼 수 없는 것처
럼, 그리 나올 길이 없다는 것을 명심
하고 또 명심하도록 그리하라.

## 7,738 번째 하나님 말씀

*2003년 10월 1일 12시 47분*

1 사랑하는 나의 아들아!
2 "네, 아버님! 말씀하옵소서."
3 너를 따르는 그 제자들이요, 오로지
참진리의 길을 가기 위해 발버둥치는
그 백성이 세상을 바라보는 그 눈에
참 이상하리만큼 이해 못 할 부분이
있을 것이니라.
4 네가 나 여호와의 성령을 받아 나의
법전을 기록하여 전함이니, 이는 나
여호와의 뜻이요, 참진리인 것을 그들
은 알고 있음이니라.
5 그러나 저희가 구원을 받기 위해 하
늘에 오르는 길이라 하며 참진리를
전하고 생명의 올바른 그 길을 가르치
고 인도하는 나 여호와의 부르짖음을
그들은 듣지 아니하며, 그를 이단이
요, 사탄이라 저주하고 욕하는 그와
같은 행위를 함이니라.
6 그러면서 그들이 말하기를 뭐라 하느
냐?
7 참진리를 가르치며 나의 성령을 책으
로써 증거하여 저희가 따지고 시시비
비할 수 없도록 모든 증거를 제시하고
가르치는 나의 법전을 만드는 나의 성
전을 태워 버리며 불 질러 버리며 그
모두를 다 뭉개 버리겠다는 그와 같은
생각을 하며, 그와 같은 것으로써 보
는 그 종교 집단이요, 지금의 신도,
8 그들을 보면서 정녕 너희는 이해하지
못하며 그 당혹함에 너희 마음을 다
스리지 못할 것이니라.
9 오로지 나의 아들로서 참진리를 가르
치며 참진리를 저희에게 전하고자 하
거늘, 이는 이단이요, 사탄이요, 저희
가 볼 수 없는 그 눈으로써 괴상망측
한 그와 같은 눈초리로써 나의 아들을
바라보며 나의 아들을 벌레같이 취급

하며,
10 나의 법전을 그저 불에 덴 자가 손을
빼듯이 그와 같이 놀라는 그러한 모습
으로 이를 보지 아니하려 하며 핍박
하는 행위,
11 그 모두를 바라보면서 너희는 과연
어떠한 생각을 하느냐?
12 참 이 세상이 이상하며 이 세상의 백
성이 이상하며 모든 사람의 심리요,
그 마음 상태를 알지 못할 것이라 갈
팡질팡할 것이니라.
13 그들이 바로 세상의 이치를 알지 못함
이니, 이상하게 보는 눈초리요, 그리
고 핍박하는 마음이요, 그리고 올바른
길을 전해 주면 사탄이요, 이단이라
하는 그와 같은 자들을 깨우쳐 주고
가야 하는 것이 너희이니라.
14 이제 너희가 세상에 더 알려지며 더
역사하며 더 나의 법전을 가지고 만백
성에게 전할 때, 모든 종파요, 거기 속
해 있는 그들은 기존의 저희 자신을
지키기 위해 그들이야말로 창조주 하
나님 나의 말씀이요, 새로운 보혜사라
는 나의 법전을 배척하고 공격을 하는
것으로써 모두 일관할 것이며,
15 그들이 죽을 때까지 나의 법전을 공
격하며 배척하며 나의 아들을 무너트
리고자 하는 그와 같은 것으로써 똘똘
뭉쳐 하나가 될 것이니,
16 그들이 너희에게 주는 고통은 만만치
아니할 것이며 너희가 인내해야 하는
어려움이 더 가중될 것이니라.
17 그러나 너희는 앞으로 닥쳐오는 그
마음의 고통과 괴로움과 시련을 반드
시 넘고 가야 하는 것이 너희 과제임
을 알아야 할 것이니라.
18 그들은 말하느니라.
19 모든 길은 나의 아들 예수가 갔던 고
난의 길이요, 십자가를 짊어진 그 고
통의 길을 가는 것이 구원의 길이라
그리 말하며, 그것만이 하늘에 오르는
길이라 그들은 말하고 있음이니라.
20 그러나 나의 법전에 기록된 내용을 너
희가 바라본다면 바로 그러니라.
21 스스로 십자가를 짊어지며 그 고난의
길이요, 나의 아들 예수가 갔던 그 길
을 역사하는 것이 너희며,
22 가는 방법과 가야 하는 이유를 모두
다 기록하여 전하여 놓았거늘, 어찌하
여 이를 이단이요, 사탄이라 하여 이
상한 눈초리로 바라보며 핍박하는 짓
만 하는지,
23 그들의 마음의 심리 상태요, 그 정신
상태를 나의 아들을 따르는 백성 너희
는 잘 봐야 할 것이니, 그들의 불안한
정서요, 그 마음이 다스려지지 아니하
였기 때문임을 알아야 할 것이니라.
24 그들은 신앙생활을 말하면서 수없이
울고불고 부르짖느니라.
25 넓고 평탄한 길은 하늘에 오르는 길이
아니요, 좁고 협착한 힘든 길만이 너
희의 생명을 구원하는 길이요, 하늘에
오르는 길이라 그리 말하며, 스스로
그 길을 가고자 열망하며 그리 기도하
나,
26 막상 그 길을 가도록 하여 너희가 명
을 받아 내가 출발하라는 명령을 내리
며 '나를 따르라' 명했을 때,
27 너희는 하나도 따르지 아니하며 돌아
서는 자요, 그리고 멸망의 그 넓은 길

만을 가고자 하며, 그리고 저 혼자 죽
음으로 가기가 힘들고 어려우니, 제
형제들까지 넓고 평탄한 그 죽음의 길
로 이끌어 가는 것이 너희이니라.
28 그러면서 어렵고 힘든 협착한 하늘에
오르는 그 길을 가는 자들을 이단이
요, 사탄이라 핍박하고 못 박아 그를
죽이려 함이니라.
29 이 놀라운 사실 앞에 비탄함을 금치
못하며, 어찌할 바를 모르는 나의 아
들을 따르는 그 제자들이요, 나의 사
랑하는 백성 너희의 마음을 아느니라.
30 그러나 그것은 그들의 사악한 마음이
요, 사탄의 자식이요, 악마의 자식으
로 전락하였고 타락되었기 때문이니,
31 너희는 두려워하지 말며 그들을 깨우
치도록 그리하며, 그들의 눈초리에 너
희가 겁먹을 것이 없으며, 그들이 너
희를 단죄하고자 하는 그 모든 핍박
의 행위에 물러서서는 아니 됨이니
그리 알라, 사랑하는 나의 아들딸들아!

## 7,739 번째 하나님 말씀

*2003년 10월 1일 20시 35분*

1 사랑하는 나의 아들아!
2 **"네, 아버님! 말씀하옵소서."**
3 진리라는 것은 무엇인 줄 알겠느냐?
4 진정한 진리요, 진정한 깨달음이라는
것은 너희의 생명수가 되며 양식이
되며, 너희가 마셔 살 수 있는 생수와
같은 그와 같은 역할을 하는 것이 바
로 진리이며 나 여호와의 뜻이니라.
5 나의 법전을 읽고 깨우치고 깨닫는 너
희에게 과연 잘못된 길을 가라 하는
것이 있으며 방탕한 길을 가라 하는
것이 있으며 잘못된 삶을 살라는 가르
침이 거기 있는가?
6 오로지 생수와 같은 것이요, 생명수와
같은 가르침이요, 아름다운 나의 뜻이
기록되어 거기서 전한다면 그것이 바
로 나 여호와의 뜻이며 참진리가 역
사한다는 것을 너희는 알아야 할 것
이니라.
7 이것이 가장 소중한 마음이요, 믿음의
자세이니, 이를 너희는 깊이 마음속에
새겨야만 할 것이니라.
8 내가 나의 아들을 통하여 내리는 이
법전이요, 새로운 성령이 너희를 잘못
가게 하고 잘못 깨우치는 그와 같은
역사를 이룬다면 이는 사탄이요, 마귀
의 장난이라 너희가 그리 말할 수 있
으나,
9 이는 너희의 생명수요, 하늘에 오르는
길을 볼 수 있으며 하늘에 오르는 눈
을 뜨게 하며 길을 열게 해 주는 그와
같은 역사함이 있지 않던가?
10 이것을 너희가 보고 깨우친다면 정녕
이는 나 여호와의 뜻임이니라.
11 창조주 나 여호와의 뜻이요, 내가 역
사하는 것을 직접 듣고 직접 공부하며
깨닫는 백성, 너희가 해야 할 일이 과
연 무엇이던가?
12 이와 같이 소중하며 세상에 바꿀 것이
없는 귀중한 이것을 듣고 보고 배우면
서 너희 가슴속에만 이를 심어 두어
서는 안 되며 너희 마음속에만 이를
안고 있어서는 아니 됨이니라.
13 그를 돌이켜 생각하며 너 자신만 구원
을 받으면 된다 생각하며, 너만 나에

게 오르는 길에 오면 된다고 생각하
는 것이 너희 마음이 아니더냐?
14 그러나 너희는 그와 같은 길을 갈 수
없는 것이니라.
15 너희는 나로부터 선택된 전사요, 나로
부터 선택된 지도자요, 선생이니라.
16 선생이 가진 그 실력을 제자에게 제
대로 가르치지 아니하며 저 혼자만 가
슴에 안고 있다면 그건 죽은 상식이
요, 죽은 교육이 아니던가?
17 그러니 그와 같은 자는 내가 기억할
수가 없으며 기억하지 아니함을 알라.
18 나에게 받은 그 성령의 은혜를 너희
가슴에 안고 새긴다 하면, 이를 만백
성에게 전하는 데 최선을 다해야 하는
것이 너희가 해야 할 길임을 알라.
19 내가 너희에게 뭐라 말하였느냐?
20 너희 자신은 존재하지 아니하며 너는
없다 그리하였음이니라.
21 너희는 존재하는 자들이 아니며 세상
에 존재하지 아니하는 자임을 알라.
22 너희는 만백성을 구하기 위해 나에게
제물로서 선택된 희생양이라 내가 너
희에게 명확히 그리 명하지 아니하였
던가?
23 그러니 너희가 가는 길이 그 길이니
라.
24 그러니 너희가 나의 법전을 읽고 깨
우쳐 이것이 진정한 나 여호와의 뜻이
라 한다면 너희가 어떠한 마음의 각
오요, 어떠한 생각으로써 만백성을 구
하는 데 이를 다해야 할 것인가를 알
아야 할 것이니라.
25 나 여호와의 기쁨이요, 나의 뜻에 이
루는 것은 바로 너희가 나의 법전이
나의 성령이요, 나의 뜻이라면, 이를
만백성에게 전하는 것이 바로 나를 기
쁘게 하는 것이며 내 뜻에 의해 역사
하는 백성이라는 것을 알라.
26 너희 인간 세상에서도 부모는 먹지 못
해도 자식은 먹이고 싶으며, 자기는
죽어도 자식은 살리고 싶어 하는 것이
부모의 애절한 마음이라는 그 의미요,
삶을 너희는 알지 않더냐?
27 나 여호와가 내린 나의 성령이요, 나
의 진정한 이 진리를 접하고 마셔야만
너희는 사는 나의 백성이니,
28 그를 나의 사랑하는 아들딸에게 전해
주는 너희가 얼마나 소중한 자들이며
그것이 얼마나 위대한 역사인 줄 알겠
느냐?
29 나는 못 먹어도 자식은 살리고 싶은
그 부모의 마음과 같음이니, 그보다
천배 만배 더한 것이 나 여호와이니라.
30 나는 너희를 세상에 내보낸 자요, 내
가 성령으로써 역사하도록 한 나 여
호와요, 창조주이기 때문이니라.
31 그러니 나의 법전을 전하여 만백성을
구하는 것이 나 여호와에게 가장 큰
기쁨이요, 나에게 가장 큰 은혜를 보
답하는 길이라는 것을 너희는 오늘
나의 아들을 통하여 내리는 그 기도
소리를 듣고 깨우침이 있을 것이니,
32 그대로 행하는 삶을 살도록 그리하라,
사랑하는 나의 아들딸들아!

## 7,740 번째 하나님 말씀

*2003년 10월 1일 23시 18분*

1 사랑하는 나의 아들아!

2 "네, 아버님! 말씀하옵소서."
3 나 여호와의 성령이요, 나의 뜻이요,
너희를 심판하는 마지막 시대인 제3
의 시대에 심판의 기준이요, 근본이라
는 나의 새로운 이 성경이 정녕 너희
가 나 여호와의 뜻이라 믿고 안 믿기
전에, 너희는 그것으로써 믿고 안 믿
는 것이 아니요,
4 160권이 아니라 1,600권이라는 나의
법전이 세상에 나온다 해도 너희는
그것으로써 믿고 안 믿고를 말하기 전
에, 너희가 믿어야 할 것이며 알아야
할 것이 있음이니라.
5 나 여호와가 나의 법전에 기록하여 역
사한 것, 그리고 너의 제자들에게 전
한 것, 내가 명한 것, 그 모두는 다 역
사한다는 것을 너희는 알아야 할 것
이니라.
6 그것이 나 여호와의 진리요, 나 여호
와가 역사한다는 것을 그것으로 증거
함이요, 증표로 삼아야 함을 너희는
잊지 말라.
7 나의 법전에 기록된 것도 나의 뜻이
요, 나의 성령이니,
8 내가 나의 법전에 기록한 160권의 그
법전이 위대하고 소중한 것이요, 그를
가지고 방대한 그 160권을 역사함으
로써 증명하는 것이 아니요,
9 그보다도 더 소중하고 더 확실한 것
은, 내가 법전에 기록한 것, 그리고 내
가 너희에게 전하고 명한 그것이 그
대로 실천하고 행하여 지는 것이니라.
10 그리하니 그것이 때와 시기가 있어 내
가 명하고 너에게 행하는 것만 차이가
있을 뿐, 그 모두는 내가 빨리 이룰
것, 늦게 이룰 것, 모두를 다 하나하나
이루어 가는 것이 나 여호와의 뜻이
요,
11 그리고 그것이 바로 내가 참진리를
전하는 것이며 창조주의 뜻임을 너희
는 알아야 할 것이니라.
12 내가 너에게 1년 전에 약속하지 아니
하였던가?
13 너를 따르는 '이기종'이라는 그 제자
가 와서 뭐라 하였느냐?
14 그는 종교 집단의 '집사'로서 그 책임
을 맡은 자요, 그리고 나의 법전을 읽
고 와 그는 이것이 잘못된 것이며 잘
못 역사한 것이라 그리 너를 비방하며
너에게 와 몇 시간씩 대화하였느니라.
15 내가 그에게 뭐라 하였느냐?
16 네가 정녕 그리하거든, 나의 아들을 1
년을 따르고 네가 1년 후에 그 역사의
기적이 이루어지지 아니하면 너는 이
를 믿지 말라 내가 그리 말하지 아니
하였던가?
17 그리하여 내가 그와 무엇을 약속했는
가?
18 그 형제들이 왔을 때, 그들이 가진 몇
억의 재산을 그에게 주어야 할 것이
며, 그리고 그가 사업할 수 있는 자금
을 주어야 한다고 내가 그리 명했느니
라.
19 그리고 그걸 너에게 전하라 그리하였
느니라.
20 그러나 그들은 그를 듣지 아니하며 너
를 미친 자요, 그 형제를 미친 자같이
생각했으나, 그가 1년이 되기 이틀 전
에 그 모두가 이루어지며 역사한 것이
아니더냐?

21 그것이 바로 나 여호와의 진리요, 나
의 뜻임을 너희는 알아야 할 것이니,
22 모두는 다 내가 너희에게 한마디씩
전하는 것, 하나의 가르침을 주는 것
은 모두 시간과 때에 맞게 이룰 뿐이
요, 그 모두는 역사하고 이루어진다는
것,
23 이것이 두렵고 무서운 것이요, 이것이
나 여호와의 진리요, 참뜻이라는 것을
너희는 알아야 할 것이니라.
24 내가 나의 아들을 통하여 법전에 기록
하기를, 10년의 세월이 흐른 다음에
모두 다 너희가 볼 것이라 그리 말하
였으며,
25 이것이 반드시 이루어지는 것을 보았
을 때, 너희는 나의 뜻이요, 참진리요,
과연 나 여호와가 새로운 성령이라 말
한 만백성을 구하는 새로운 성경임을
너희가 거기에서 알 수 있을 것이라
했느니라.
26 그리고 그를 따르는 제자들에게 그들
이 할 수 있는 일, 내가 그들에게 내리
는 상을 내가 미리 알려 주었음이니,
27 그들의 마음이 변하지 아니하며 오로
지 한길로 갈 때, 그들이 흔들리지 않
는 마음이요, 변하지 않는 마음으로
갈 때, 그 모두는 반드시 이루어지고
역사함이니라.
28 내가 어떠한 것을 역사한다 해도, 마
음이 흔들리지 않으며 변하지 않는 일
관된 마음으로 따를 때, 나는 반드시
그걸 실천하고 행해 줌을 너희는 알
아야 할 것이며, 그 역사는 반드시 이
루어짐이니라.
29 그것이 나 여호와의 뜻이요, 내가 역
사하는 것이라는 것을 알아야 할 것
이니라.
30 그와 같은 것이 이루어지지 아니하고
역사하지 아니할 때, 너희의 본연의
마음은 알 것이니라.
31 나 여호와의 뜻을 너희가 믿고 나의
아들을 믿었으며 내가 명한 것은 반드
시 이루어진다는 굳건한 믿음으로 너
희가 한길을 갔을 때, 그 모두는 다 역
사하고 이루어진다는 것을 알라.
32 다만, 시간과 때를 기다림이니 그리
알라.
33 너희가 마음이 흔들리며 마음이 변하
며, 흔들리는 자세로써 믿지 못하는
마음을 가진 자는 그를 얻을 수 없으
며 구할 수 없다는 것을 알아야 할 것
이니,
34 너희가 얻고 못 얻는 모든 것, 내 약속
을 지키고 못 지키는 것은 모두 너희
의 행함에 달렸음을 알아야 할 것이
니라.
35 내가 처음으로 너의 제자라 명한 자가
누구였느냐?
36 그 바닷가에 사는 그 '조한태'라 하는
자가 그 제자가 아니었던가?
37 그는 경찰공무원으로서 그 자리에 직
함을 가지고 있었음이니라.
38 내가 그에게 너를 통하여 뭐라 말하였
느냐?
39 바로 너의 뜻을 따르며 내가 원하는
그 길을 가며 너를 보좌하여 모두를
버리고 따르는 길이 위대한 길이요,
그가 갈 길이라 말하지 아니하였던가?
40 그런데 그가 뭐라 말하였느냐?
41 다섯 손가락을 네 앞에 펴며, 5년 동

안 그 형사 생활이요, 인간 세속의 삶
을 살고 나에게 오겠다고 말했을 때,
내가 뭐라 말하였느냐?
42 네가 아무리 뭐라 해도 교통사고요,
어떠한 사고로써 역사하여 너는 그
세월을 채우지 못할 것이니 그리 알
며, 지금이라도 네가 나의 아들을 따
르는 것이 바른길이라 내가 깨우쳐
주었거늘, 과연 그는 어떠한 역사가
이루어졌는가?
43 그는 그 자리를 지키지 못하며 그 역
사를 하지 못하고 새로운 인생의 길
을 가지 아니하면 아니 되는 그와 같
은 역사가 이루어졌음이니라.
44 그는 그래도 어떠한 형태든 바로 내가
쓰고자 하는 자요, 1년 후에 내가 다
시 그를 부르고자 하였음이니, 그리하
여 그는 많은 세월이요, 많은 고충이
요, 마음의 고통을 겪고 난 다음에 그
리고 그는 다시 돌아올 수 있는 것이
요,
45 다만 그가 나의 법전을 믿는 마음이
요, 나를 따르는 마음이요, 나의 아들
너를 따르는 그 마음이 변하지 아니하
였을 때 그는 반드시 올 것이니라.
46 네 앞에 다섯 손가락 폈을 때, 절대 역
사할 수 없으며 그는 그 기간을 채울
수 없다 내가 그리 말하지 아니하였
던가?
47 그게 실현되어 그대로 집행이 되었으
며 그리 역사했을 것이니라.
48 이것이 바로 나 여호와가 내리는 명이
요, 나의 진리요, 이 모두는 내가 직접
관장하는 것이 바로 내가 너희에게
행한 것, 약속한 것이 다 이루어짐이
니라.
49 그것을 너희는 잘 알아야 할 것이니
라.
50 그러니 내가 나의 아들을 통하여 너희
에게 전하는 그 모든 역사의 영광이
요, 은혜요, 은총이 창조주 나 여호와
가 너희에게 명한 것이 이루어지지
아니하는 것이 무엇이 있겠는가?
51 너희가 그 안에 마음이 흔들리고 믿지
못하며 불안해하며 나의 법전을 소홀
히 생각하며 그리고 흔들리는 그 마음
의 자세가 있다면 너희는 얻을 수 없
다는 것을 잊지 말아야 할 것이니 그
리 알라.
52 내가 열이라는 시간을 제공했을 때,
열이라는 시간을 역사하지 아니하였
을 때 너희는 그 두 배로 항상 늘어나
는 그와 같은 고통의 역사를 한다는
것을 절대 잊어서는 아니 될 것이니,
그리 알고 명심하도록 그리 전하라.
53 두 번 다시 이와 같은 이야기를 전하
지 아니할 것이며, 두 번 다시 너의 제
자에게 이와 같은 기회를 주지 아니할
것이니 그리 알라.

## 7,741 번째 하나님 말씀

*2003년 10월 1일 23시 24분*

1 사랑하는 나의 아들아!
2 "네, 아버님! 말씀하옵소서."
3 나의 예수는 너희에게 말하여 전하였
느니라.
4 나 여호와의 뜻대로 행하지 아니하면
너희는 절대 천국에 갈 수 없으며, 나
여호와의 뜻대로 행하며 내가 역사하

는 것을 따르지 아니하고 순종하지 아
니하는 백성은 정녕 구원을 원하는 천
국이요, 나의 나라에 올 수 없다는 것
을 내가 나의 아들 예수를 통하여 너
희에게 전했음이라.
5 너희는 그 무서운 사실이요, 그 말들
을 그저 한쪽 귀로 듣고 책 읽는 것으
로 지워 버리며 그저 잃어버리고 살고
있음이니,
6 과연 너희가 그 대명을 잊어버리고
살 수 있는 나의 가르침이라 그리 생
각하는가?
7 그게 얼마나 무서운 것인가?
8 너희가 나에게 구원을 받고 못 받는
그 깨달음이 거기에 있거늘, 이를 소
홀히 잊어버리고 사는 것이 너희이니
라.
9 너희는 여기서 알고 넘어가야 할 것
이며 깨우치고 가야 함을 잊지 말라.
10 나 여호와의 뜻이 아니면 너희가 천
국에 갈 수 없다는 것은, 이는 너희가
어떠한 역사요, 어떠한 기적을 이룬다
해도, 그렇지 아니하며 또한 예수요,
그렇지 아니하면 어떠한 백성이요, 어
떠한 지도자라 해도 그 누구도 어떠한
권능이요, 어떠한 기적을 이룬다 해도,
11 그로 하여금 너희가 나에게 오를 수
없으며 천국의 문에 절대 들어올 수
없다는 그 의미를 알아야 할 것이니
라.
12 나 여호와의 뜻에 따라 행하지 아니
하고 역사하지 아니하는 자는 구원을
받을 수 없음이니,
13 이는 곧 나의 아들 예수가 어떠한 기
적이요, 권능을 행사하든, 그리고 그
를 따르는 제자들이 하든, 대제사장이
하든 어떠한 자가 역사한다 해도 그
모두는 나에게 오를 수 있는 그 역사
함이 아니요, 구원의 길이 이루어지는
것이 아니라는 것은 너희는 알라.
14 지금 나의 아들을 통하여 내가 세상에
법전을 내림이니, 너희가 나의 법전을
따르는 것, 나의 아들에게 내가 기적
을 이루며 역사를 이루는 그와 같은
시대가 있으며 권능을 발휘할 시대가
있을 것이니라.
15 나의 아들이 권능을 역사하고 모두를
보인다 해도, 그는 나의 명에 따라서
내 능력에 의해서 행하는 것이지,
16 그것으로써 나의 피조물 만백성들을
하늘의 천국의 문에 들어올 수 있는
그와 같은 권능과 역사는 주지 아니한
다는 것을 너희는 깨달아야 할 것이
니라.
17 모든 종교 집단 지도자는 이 무섭고
두려운 사실은 모르느니라.
18 아무리 제사장이요, 뭐라 말하는 자,
그리고 이 세상에 기적을 이룬다는
자, 권능을 보인다 하는 자, 만백성이
기적을 이룬다며 어떠한 짓을 하든
어떠한 행위를 하든,
19 그것으로써 너희가 하늘에 오르는 천
국의 문에 들어설 수 있는 그와 같은
권능이요, 자격을 줌이 아니요, 그 역
사함이 아니라는 것,
20 나의 아들 예수가 어떠한 권능을 보이
고 기적을 이루었다 해도, 그것으로써
너희가 하늘에 오르며 천국의 문을 들
어설 수 있는 그 권한이요, 너희가 들
어올 수 있는 자격을 부여할 수 없는

것이 나의 아들 예수요,
21 그 누구도 그 어떠한 역사를 해도 아
니 되며,
22 오늘의 나의 아들이 어떠한 기적과 역
사를 이루어 너희에게 임한다 해도,
나의 아들이 너희가 천국에 들어올
수 있는 그 표요, 황금의 열쇠를 줄 수
없으며 문을 열 수 없는 것이 나의 아
들이며,
23 그 누구도 그리 행할 수 없다는 것을
너희는 알아야 할 것이니,
24 오늘의 너희가 가는 믿음이요, 가는
그 길이 과연 어떠한 것으로써 역사하
고 이루어진다고 그리 말하는가를 다
시 한 번 너희는 깨우쳐야 할 것이니
라.
25 이것이 바로 너희가 오늘의 믿음의
길을 가는 백성이니,
26 아무것도 모르며 하늘의 뜻을 모르며
진리를 모르고 지금 구원을 받았다,
하늘에 올라왔다고 말하는 자들이니,
그 불쌍한 자들에게 이 법전의 내용을
전하라.
27 나의 아들 예수가 세상에 다시 어떠한
기적의 역사를 한다 해도, 너희가 천
국의 문을 들어오고 못 들어오는 그
역사는 예수가 할 수 없으며, 그 누구
도 할 수 없으며, 지금의 나의 아들도
할 수 없음이니라.
28 다만, 나의 법전을 읽고 깨우쳐 그대
로 행하는 것, 나의 성령대로 행하는
것, 내 뜻대로 행하는 그것만이 오르
는 길이요, 구원을 받는 길이라는 것
을 너희는 알아야 할 것이니라.
29 그러니 너희가 참진리의 길이 아니고
비진리의 길을 갖고 인간의 교리를 갖
고 제아무리 나의 뜻에 따라 역사하
며 내 뜻에 따라 살아왔으며 다른 신
을 가슴에 두지 아니하고 살아왔으며
내가 역사하는 그 일만을 위하여 살
아왔다고 그리 말해도,
30 그것은 나 여호와가 너희에게 모두
다 이루어 놓은 그 역사요, 그 모든 것
이 내 뜻이 아닌 것은 내가 인정치 아
니하며, 나는 그를 알지 못한다고 그
리 말함을 너희는 알아야 할 것이니
라.
31 나 여호와는 지금 이루는 그 모든 역
사와 내 뜻에 따라 내가 원하는 그 길
로써 행하지 아니하는 자는 나는 그것
을 알 수 없다 내가 너희를 모른다고
말할 것이니라.
32 여기서 너희는 깨달아야 할 것이니라.
33 나의 아들 예수 또한 그러하니라.
34 나의 아들 예수를 찾고 매달리고 너희
가 아무리 몸부림치고 매달린다 해도,
나의 아들 예수를 찾는 그것으로써 너
희가 구원을 받을 수 없음이니라.
35 오로지 나의 아들 이름을 부르며 예수
의 보혈로써 구원을 받았다고 말하는
자는 세상사 인간의 욕심에 오염된 자
들이며 마음이 다 썩어져 있는 자들이
요, 욕심의 뿌리가 너희를 다 지배하
고 있음이니,
36 너희가 지금 비진리를 갖고 아무리 몸
부림친다 해도 나의 아들 예수가 너희
를 구원할 수 없으며,
37 너희 이름 석 자도 나에게 추천하지
못하며, 나에게 너희의 이름 석 자를
추천할 수 있는 그와 같은 힘이 없으

며, 그와 같은 역사를 하지 않으며 이
룰 수 없는 것이 나의 아들 예수거늘,
38 너희가 예수의 이름을 부르는 것만으
로써 심판받지 아니하고 나에게 오른
다는 그와 같은 생각을 버리라.
39 너희가 산 것에 대한 심판에 의하여
거기서 얻어지는 그 점수에 따라 가니,
40 너희가 가고 안 가는 것은 너희 마음
대로 하는 것이 아니요, 점수에 따라
서 이루어진다는 이 무서운 하늘의
뜻을 내가 정확히 나의 법전에 기록하
여 너희에게 전함이니,
41 이를 듣고 깨우치는 백성이 지금과
같은 그 길에서 벗어나지 못한다면 너
희는 영영 나로부터 구원의 길을 받을
수가 없음을 알라.

## 7,742 번째 하나님 말씀

*2003년 10월 1일 23시 27분*

1 사랑하는 나의 아들아!
2 "네, 아버님! 말씀하옵소서."
3 너희가 어떠한 형태든 지금의 믿음으
로써는 나 여호와의 뜻이 아닌 길을
가며 내 뜻을 거역하는 자들이니,
4 너희가 오늘의 그 믿음으로써는 정녕
구원의 길을 갈 수 없으며 구원을 받
지 못한다는 것을 알아야 할 것이니
라.
5 진정한 참진리요, 나 여호와의 법전인
새로운 성경을 내가 세상에 내려보냄
이니, 너희는 이 길을 가지 아니하고
는 구원을 받을 수 없다는 것을 알아
야 할 것이니라.
6 진정한 진리인 나의 법전만이 너희가
반석 위에 일어설 수 있으며, 나의 법
전을 읽고 깨우쳐 그리 행하는 백성
너희가 반석 위에 집을 짓는 그와 같
은 역사를 함이니라.
7 반석 위에 집이라는 것은 영원히 무너
지지 아니하며 쓰러지지 않는 집이 아
니던가?
8 그러니 반석 위에 너희가 무너지지
않는 집을 짓는 그와 같은 역사를 이
루는 것임을 알아야 할 것이니라.
9 진정 마음을 비우지 못한 백성은 나의
법전을 읽고 깨우치지 아니하며 어렵
고 힘든 그 길을 가지 아니하며, 편안
한 믿음으로써 지금의 종교 집단에서
울고불고 재물을 조금 바침으로써 하
늘에 오르는 표를 사며,
10 너희가 재물을 바치면 하늘의 창고에
그득히 쌓여, 네가 죽어 와 심판을 받
을 때 그만큼 나로부터 축복이요, 상
을 받는다는 그 환상과 착각 속에서
깨어나지 못하는 백성은 그저 모래성
위에 집을 짓는 것이요, 백사장 모래
위에 집을 짓는 자들임을 너희는 알
아야 할 것이니라.
11 비진리요, 인간이 만든 교리를 따라
행하다 너희는 결국 그것이 무엇이던
가?
12 너희가 죽음 뒤에는 심판이 바로 뒤
따라와 심판대에서 너희를 관리하니,
심판대에 서지 못하는 자가 수없이 있
음을 너희는 알아야 할 것이니라.
13 심판대에 서지 못하는 자는 나올 수
있는 문이 없는 지옥으로 간다는 것을
절대 잊지 말라.
14 나는 나의 아들을 통하여 나의 법전에

너희에게 수없이 이와 같은 내용을 기
록했으며, 하늘의 뜻을 상세히 기록해
전했음이니,
15 너희는 누가 가르쳐 준 자가 없어 깨
달은 자가 없다 하여 나 여호와에게
변명의 여지도 없는 것이 너희가 오
늘 처해 있는 입장이라는 것을 절대
잊지 말라.

## 7,743 번째 하나님 말씀

*2003년 10월 1일 23시 32분*

1 사랑하는 나의 아들아!
2 "네, 아버님! 말씀하옵소서."
3 지금의 종교 집단이요, 지도자요, 믿
는 그 백성 너희가 지금까지 역사한
것은 나의 사랑하는 백성을 구원하는
길이 아니요, 인간세상의 기업을 위하
여 기업화되어 있으며 기업인으로서
정치인으로서 이끄는 그들과 똑같은
행위를 하는 것이 종교 집단이요, 지
도자들이 하는 짓이라 내가 나의 법
전에 기록하여 전함이니, 이를 보고
듣는 자, 너희는 사탄이요, 사악한 자
가 하는 말이라 그리 말할 것이니라.
4 그러나 너희는 그들보다도 더 추악하
고 더러워져 있으며 썩어져 있으며 너
희 몸에서 풍기는 그 냄새가 하늘을
진동하여 내가 구역질을 느끼고 있다
는 것을 알아야 할 것이니라.
5 너희가 그들과 무엇이 다른가?
6 정치인들과 기업인들 권모술수 속에
살아가는 그들보다도 너희가 더 썩어
졌으며 사악한 자들이니라.
7 인간 세상의 삶에 젖어 있는 것이 오
늘의 종교 집단이요, 지도자요, 구원
을 받았다 말하는 자들이니, 그들을
보는 나 여호와의 마음이 어떠한 줄
알겠는가?
8 너희는 기업 대표가 자기 자신을 선전
하기 위하여 제 이름 앞에 제 모든 경
력이요, 제가 가진 모든 것을 다 기록
하여 자랑으로 전하며 상품으로 써먹
지 않는가?
9 그리고 그 기업에서 만든 상품을 선
전하기 위하여 갖은 방법으로써 모든
것을 다 선전하고 가르침이니라.
10 오늘날 참진리요, 나 여호와의 뜻이
요, 하늘에 오르는 창조주 내 뜻을 위
하여 역사하는 너희가 어찌하여 그
상품을 파는 그와 같은 행위를 해야
한다 말이던가?
11 그것이 인간세상에서 살아가는 사람
의 기업에서 이루어지는 그와 같은 짓
을 나로부터 선택된 종교 지도자요,
목자라는 자들이 그와 같은 행위를 하
니, 너희가 바로 나로부터 선택된 백
성이 아니요, 사탄의 자식이라 함이
여기 있음이니라.
12 너희 종교 지도자들이 모든 집회요,
그리고 많은 백성을 끌어모아 기도회
라 하면서 경력을 어찌 쓰는가?
13 남들이 봐도 웃어넘길 수 없는 그와
같은 직책까지도 다 그리 전하니라.
14 그저 어느 집회의 그저 무슨 회장이
요, 어느 세계 집회요, 연맹에서 내가
심부름꾼이요, 무슨 기도원에 무엇이
오, 내가 기도원에서 뭘 하는 자요, 그
리고 그저 저 자신을 선전하기 위하
여 얼굴 앞에 종교 집단에서 가진 남

들이 보았을 때 웃어넘길 수 없는 그
와 같은 모든 직함을 내놓고,
15 '내가 이러한 자이니 나의 기도를 들
으러 오시오, 이러한 자이니 나에게
와서 강론을 들으시오.' 하니,
16 너희 자신이 얼마나 가치가 없고 자신
이 없으면 장사꾼이 장사하듯이 상표
를 붙여 내놓는 그와 같이 추하고 더
러운 짓을 하는가?
17 그것이 너희의 오늘이니 기업인보다
도 더한 자들이요, 지금 모든 잘못된
것을 자신의 이해관계를 위하여 물불
을 가리지 아니하고 살아가는 그와 같
은 사람보다도 더 추한 자들이 너희이
니라.
18 너희가 그와 같은 형국으로 가고 있음
이니, 과연 이를 보는 나 여호와가 어
찌 생각하겠는가?
19 그것이 과연 나 여호와요, 창조주의
뜻을 위하여 역사하는 자들이라 감히
말할 수 있느냐?
20 너희는 선전광고로 너희 자신을 홍보
하며 선전물로써 씀이니, 믿음에 자신
이 없으며 너희 자신이 어떠한 자들
인지 분별 못하는 그와 같은 자들이라
는 걸 입증하는 것이니라.
21 나 여호와의 뜻을 전하며 하늘의 뜻을
전하는 자는 내가 양이 아니며 질을
놓고 따진다 했거늘 어찌하여 내가
이러한 짓을 역사했으며 이러한 기도
회를 했으며 이러한 세계에 와서 심부
름을 했으며, 어디 기도원의 원장을
했으며 무슨 직함을 가진 것을 나열
해놓고 너희가 기도하고 집회하고 행
사하는 곳에 참석하라 전하는가?
22 그를 보는 나 여호와가 이제 더 이상
볼 수 없어 내가 너희를 단죄함이니라.
23 그저 기업인으로서 사업가로서 흘러
온 자들이 오늘의 종교 집단이요, 지
도자요, 거기에서 울고불고하는 자들
은 그 사탄의 자식들을 도와준 그 죄
를 다스리는 것과 받는 것으로써도 너
희가 오늘 생각하는 그 고통보다도 수
천수만 배 어렵고 힘드 그 길을 가야
하는 것이 오늘의 광신도들 너희가
하는 짓임을 잊지 말라.

## 7,744 번째 하나님 말씀

*2003년 10월 2일 06시 43분*

1 사랑하는 나의 아들아!
2 "네, 아버님! 말씀하옵소서."
3 지금의 수천 년 동안 흘러온 종교 집
단이요, 지도자요, 그들은 뭐라 말하
느냐?
4 어린아이가 울면 밥을 주며 젖을 먹이
며 우는 아이에게 무엇을 준다고 말하
지 않느냐?
5 그리하여 너희는 구하고 두드리고 요
구하라고 말하니, 이것이 잘못되었음
을 알아야 할 것이니라.
6 이제 나의 아들을 따르는 제자들이요,
나의 법전을 읽고 깨우친 만백성, 너
희는 들어야 할 것이니라.
7 지금 나로부터 선택된 백성이 할 일
이 무엇이라 말하였느냐?
8 창조주 나 여호와의 성령이요, 창조주
가 내려 만백성을 구하는 나의 법전을
만듦에 있어서, 너희 삶의 첫째도 법
전을 만드는 것이 일 번이요, 두 번째

도 법전을 만드는 것이 일 번이요, 세
번째도 법전을 만드는 것이 일 번이라
그리 생각하라 하였음이니라.
9 나 여호와가 성령으로 내리는 나의 법
전을 책으로 만들어 만백성을 구하는
그 일을 생활의 제1번이라 생각하며,
10 그것 외에는 다른 것을 생각하지 아니
하며 우선 그것을 먼저 생각하고 살아
가는 나의 백성을 바라보는 나 여호
와가 그들을 보기에 귀엽고 사랑스럽
겠는가, 밉고 역겹겠냐?
11 과연 나는 어떠한 백성을 지금 보기를
즐거워하며 어떠한 백성을 사랑하는
마음으로 볼 수 있겠는가?
12 그러니 바로 너희는 그와 같은 마음
으로 세상사의 모든 백성에게 깨우쳐
야 할 것이니라.
13 우는 아이에게 밥을 주고 젖을 주며
울고불고 달라 떼를 쓰며 욕심을 채우
기 위해 그와 같은 기도를 하는 자와,
14 그렇지 아니하고 나의 계명에 따라 아
름답게 살며 질서를 지키고 살며 나
여호와가 요구하는 그 뜻에 따라가는
그 자식을 보는 내 마음이 과연 어떠
하더냐?
15 너희 부모의 마음은 과연 어떠하겠는
가?
16 울고불고하는 자식만이 귀엽고 그 자
식에 대해서만 관심을 갖겠는가?
17 말없이 부모의 뜻을 따르며 그저 항상
너희가 사랑하는 모습으로써 살아가
고 항상 남들에게 귀여움을 받는 그와
같은 모습으로 사는 자식과 누구를 부
모는 마음속으로 더 생각하고 더 사랑
하겠는가?
18 이 하나의 뜻도 모르고 지금 가르치는
것이 수천 년 동안 흘러온 종교 집단
이요, 지도자들이 역사하는 것이니라.
19 이제 너희는 그리 가르치라.
20 우는 아이요, 무엇을 달라고 울고불고
떼를 쓰는 자식이 아니라,
21 귀엽고 예쁜 모습으로써 살아가는 자
식을 바라보는 부모의 마음이 기쁘고
즐겁듯이, 나 여호와도 그러하거늘,
22 나 여호와가 어떠한 형태로써 너희가
살아가기를 바라는지 그와 같은 이치
하나도 모르면서 너희는 그저 억지
같은 소리를 하고 있으며,
23 어찌하여 너희가 하는 것이 내가 더
사랑하고 더 기억하는 나의 아들딸이
라 생각하는가?
24 그와 같은 아들딸이 나에게 제일 우
선이 아님을 알라.
25 나의 뜻을 순종하고 따르며 만백성을
구하기 위하여 역사하며 그와 같이
살아가는 그 자식이 귀엽고 소중하며,
26 내가 무엇을 내리고자 할 때 진정한
큰 상이요, 은혜를 누구에게 내리겠는
가?
27 그들에게 내림이니라.
28 그러니 이와 같은 이치도 모르고 지금
단상에서 설교하며 나의 피조물 만백
성들을 이끌어 가고 깨우친다는 것이
오늘의 종교 지도자들이니,
29 그것이 잘못되었음을, 사랑하는 나의
아들이요, 나의 아들을 따르는 제자들
이요, 나의 법전을 읽고 깨우친 백성
너희는 이와 같은 깨달음을 너희 것으
로 만들어야 할 것이니 그리 알라.
30 그리고 높이 세상을 보라.

31 성령의 마음을 열고 눈을 뜨고 세상을
보면 너희가 모두가 다 아름다운 정
답이 있음이니, 그것이 깨우침이요,
그것이 진리요, 나 여호와의 뜻임을
그리 알라.
32 그것만이 만백성을 진정 내가 세상에
내려보낸 본연의 마음의 자세로 돌리
는 길임을 절대 잊지 말라, 사랑하는
나의 아들딸들아!

## 7,745 번째 하나님 말씀

*2003년 10월 2일 06시 51분*

1 사랑하는 나의 아들아!
2 "네, 아버님! 말씀하옵소서."
3 지금의 모든 종교 집단이요, 지도자들
의 믿음의 그 길이란 건물을 중심으로
하며, 너희 손으로 지은 교회요, 성전
이요, 성당이요, 그걸 위주로 나의 피
조물 만백성들을 깨우치며 그리 가고
있으며,
4 더 크고 더 아름답게 짓는 것만으로써
모두 나의 뜻을 역사하며 은혜를 받
은 자들이라 그리하여, 너희는 오로지
그 믿음을 건물 위주로 지금의 믿음을
가고 있음이니,
5 그와 같은 행위가 얼마나 어리석고 잘
못된 백성이요, 잘못된 종교 지도자인
가를 너희는 알게 될 것이니라.
6 이제 내가 나의 아들을 통하여 나의
법전에 기록하여 만백성에 그 복음을
전하고 깨우치는 것은,
7 개인의 가슴속에 교회를 지으며 성전
을 지으며 가족 단위로 예배를 보며
가족 단위로 그 깨우침을 얻는 것이
나 여호와의 뜻이라 그리 말하지 아니
하였느냐?
8 그러나 나의 법전이 세상에 나가 모든
백성이 믿음을 가족 단위로 가며 개인
적으로 깨우쳐 그 무서운 대변화가 이
루어질 것이니라.
9 그 대변화를 이룰 때 그 물방울이 모
이고 모여서 큰 물줄기를 이루듯이,
10 그와 같이 가족 단위로 변하며 개인적
으로 가슴에 교회를 짓고 깨달음을 가
는 그 백성이 수없이 늘어날 때,
11 과연 건물을 지어 그 모두를 수용할
수 있다고 생각하며 그들을 거기에 모
아 강론하며 설교할 수 있다고 생각
하는가?
12 너희가 얼마나 잘못된 백성이요, 얼마
나 어리석은 백성이요, 내가 나의 아
들을 통하여 교회를 짓지 말라 한 것
이 어떠한 것인가를 너희가 알게 될
것이니라.
13 그때 가서도 나의 법전을 사탄이요,
이단이요, 나의 아들이 잘못된 것이라
그리 말할 것인가?
14 너희는 대변화의 물결이요, 대변화의
역사의 그 소용돌이를 보게 될 것이며,
15 너희 스스로 설 자리가 없는 날이 머
지않았음을 알아야 할 것이니라.
16 이제 160권의 법전이 세상에 나감이
니,
17 나 여호와가 성경에 기록하여 나의 아
들 예수에게 전한 것을 너희에게 실
천하라 함이니라.
18 마음에 교회를 지으며, 가정에 교회를
지어 아름답게 역사하며, 가족끼리 대
화하며 가족끼리 화목한 그와 같은 삶

을 살아가는 그 백성이 나 여호와가
존재함을 알며, 그들이 복음을 들어,
19 하늘에 나 여호와가 존재하며 너희가
죽으면 심판을 받으며 그리고 믿음이
이와 같이 가는 것이라 깨닫는 그 백
성이 수없이 늘어날 때,
20 그와 같이 셀 수 없이 늘어나는 깨달
은 나의 백성을 한곳에 모아 놓고 너
희가 그 큰 건물을 짓고 거기에 모두
를 끌어들여 기도하고 경배하는 오늘
과 같이 너희가 재물을 거둬들일 수
있는 그와 같은 사악한 짓을 할 수 있
다고 생각하는가?
21 나의 법전을 읽고 가슴에 교회를 그리
고 가정에 교회를 짓는 불길처럼 늘어
나는 그 백성을 감당할 수 없으며 수
용할 수 없으며, 건물로써는 절대 역
사할 수 없다는 것을 너희가 볼 것이
니,
22 오늘의 너희가 가는 것이 바로 잘못
되었으며 내 뜻을 거역하는 것임을 알
게 될 것이니라.
23 너희가 건물을 교회를 위주로 하여 지
금 모든 복음을 전하며 역사하는 것,
24 그것은 개인의 사업을 역사하는 것이
며 개인의 장사를 역사하는 것이지
나 여호와의 복음의 뜻을 전하는 것이
아니니라.
25 나의 복음은 가정에서 역사하며 개인
으로 역사한다는 것을 만백성에게 깨
우쳐 전하고 갈 때, 과연 너희는 그를
어찌하겠는가?
26 그러니 그날이 머지않았음을 너희는
알아야 할 것이니라.
27 나의 아들을 따르는 제자들이요, 나의
법전을 읽고 깨우친 백성 너희는 나
여호와가 교회를 짓지 말라 하였으며
성당을 짓지 말라 하였으며,
28 그리고 성당이요, 교회로써는 나의 법
전을 읽고 깨우치고 늘어나는 그 백성
을 절대 수용할 수 없으며,
29 이것이 하나의 공통어요, 하나의 믿음
이요, 한길로써 모두 역사함이니, 나
의 법전을 읽고 깨우친 이 지상의 모
든 백성을 과연 수용할 수 있는가?
30 그러니 너희 믿음은 국부적인 것이요,
폐쇄적인 믿음이요, 잘못 가는 믿음이
라 내가 말함이니라.
31 너희는 오로지 성곽을 쌓고 있으며,
그 성곽을 그 누구도 무너트리지 못하
며 넘지 못한다는 그와 같은 착각 속
에 있느니라.
32 나 여호와는 어느 것도 무너트리지 못
하는 것이 없으며, 내가 관여하지 아
니하는 것이 없으며, 내가 역사하지
못하는 것이 없다는 것을 너희는 알
아야 할 것이니라.
33 내가 나의 아들을 통하여 너희에게 일
찍이 깨우쳐 주였음이니라.
34 나 여호와는 넘지 못하는 성곽이 없으
며 내가 관장하지 아니하는 것이 없음
이니,
35 어떠한 백성이든 내가 모두 다 넘을
수 있는 사랑이요, 나의 큰마음으로
그들을 모두 다 덮고 똑같이 소중히
생각하는 자식이라 그리 말하였음이
니라.
36 다만, 믿음의 길을 가는 그 백성만이
특별히 선택된 백성이요, 그리고 나로
부터 저희만 역사하는 백성이라 하며,

37 남은 이방인이라 하여 손가락질하고
저주하면서 저희가 담을 쌓고 또 쌓
음이니,
38 그게 바로 오늘의 종교 집단 지도자
요, 그리고 구원을 받았다 광신하는
그 백성이요, 우물 안 개구리가 바로
너희라 함이니, 이를 깨우쳐야 할 것
이니라.
39 너희의 그 믿음이 과연 어떠한 형국이
더냐?
40 너희가 열 사람을 한 방에 모아 놓고
나가지 못하게 하며 음식을 그득히 쌓
아 주면,
41 그 음식을 그득히 쌓아 주었을 때는
저희가 서로 사랑하며 풍요로우며 서
로 먹기를 요구하며 남에게 먼저 주는
그와 같은 행위를 할 것이나,
42 세월이 지나면 그 정해진 숫자의 음식
은 점점 줄어들 터이니, 줄어들 때 너
희가 얼마나 사악한 모습으로 변하여
지는가?
43 오늘의 모든 종교 집단이요, 지도자
너희가 그와 같은 형국으로 지금 가고
있다는 것을 알라.
44 너희가 담을 쌓고 무슨 장벽을 쌓고
너희만 그 안에 웅크리고 앉아 있는
거기에 한계가 있음이니,
45 거기에 있는 모든 물질이 떨어졌을 때
너희는 서로 물고 뜯고 할 것이며,
46 처음에 풍요로울 때 나눠서 서로 권유
하며 먼저 먹기를 바라던 그와 같은
마음은 없어질 것이며,
47 인간이 인간을 살해하는 그와 같은 형
국으로 가는 것이 장벽을 치고 살아가
는 어리석은 믿음의 길을 가는 백성임
을 알라.

## 7,746 번째 하나님 말씀

*2003년 10월 2일 11시 36분*

1 사랑하는 나의 아들아!
2 "네, 아버님! 말씀하옵소서."
3 너희가 지금 역사하는 것은 무엇을
이루는 것이더냐?
4 창조주 나 여호와의 뜻이요, 내가 명
하는 것을 받아 역사하고 이룸이니라.
5 이는 끝이 보이지 않는 길이며, 끝이
없는 그와 같은 길을 가는 것이 너희
임을 알아야 할 것이니라.
6 너희가 인간 세상에 살아가면서 목표
가 보이며 끝이 보이는 것을 정복하
기 위해서도 그저 마음이 급하다 하여
달려서 올라가는 자는 머지않아 가슴
이 막혀 중단함이니라.
7 서서히 가는 자, 서서히 순리를 거역
하지 아니하고 가는 자는 무난히 정상
에 오를 수 있는 것이 너희가 가는 길
이니,
8 믿음이란 그와 같은 길을 가야 하는
것이 너희의 자세임을 절대 잊어서는
아니 될 것이니라.
9 그 길은 험난하고 어려운 길이요, 너
희 마음이 급하다 해서 달려서 갈 수
있는 것이 아니니라.
10 끝이 보이는 그 정상을 위해서도 성급
히 서둘러서는 실패자가 된다 하지 아
니하였더냐?
11 그러나 나에게 오르는 길이요, 하늘에
오르는 길은 끝이 보이지 않는 길이며
끝이 없음을 너희는 알아야 할 것이

니라.
12 너희는 어려서 듣지 아니하였더냐?
13 거북이와 토끼라는 그 동물이 경주할
때, 그 토끼라는 동물이 얼마나 빠르
고 날쌔던가?
14 그러나 느림보 거북이는 쉬지 않고 땀
을 흘리고 갔으며, 토끼는 달려가서
제가 늦게 오는 그 거북이를 보면서
비웃으며 그 시간에 잠이 들었다는 그
와 같은 이야기를 듣지 아니하였더냐?
15 너희가 하늘에 오르는 길은 거북이와
같은 인내심이요,
16 그리고 누가 뭐라 하든, 비바람이 몰
아치든, 어렵고 힘든 생활의 역경이
있든 꾸준히 가야 함이니,
17 네 집안에 네 가정에 반대하는 자, 그
길을 가지 못하게 하는 자, 그 모든 것
을 훼방하는 자가 있다 해서 너희가
거기에 대응하며 성질을 내며 마음을
다스리지 못해서는 아니 되는 것이니
라.
18 거북이처럼 땀을 흘리며 서서히 말없
이 가는 그 생활 속에서 너희가 변하
는 모습을 보여 주어야 하며,
19 너희가 변하는 그 역사를 보여 줄 수
있도록 그와 같은 마음으로 끝이 없는
나에게 오는 그 길을 가는 것이 선택
된 백성이 가야 할 길이니,
20 나의 법전을 읽고 깨우치는 백성임을
너희는 명심하고 또 명심해야 함을
알라.
21 성서에 기록하여 전한 그 대목을 다시
한 번 나의 아들을 통하여 너희에게
전함이니, 너희는 오늘 귀를 씻고 들
어 반드시 너희 것으로써 만들어야 할
것이니라.
22 나 여호와가 예수를 통하여 뭐라 말하
였느냐?
23 사람 하나를 구원하는 것이 너희의
어떠한 죄도 다 사할 수 있는 그와 같
은 큰 상이 인간 하나를 구제하는 것
이요,
24 그것이 너희의 아무리 무거운 죄라도
용서받을 수 있는 것이라 성서에 기록
되어 있는 내용이 있을 것이니라.
25 그러니 너희는 여기서 생각해 보라.
26 나의 법전을 만들어 역사하는 자요,
나의 법전을 만들어 만백성에게 역사
하는 거기에 선택된 너희가 손끝과
발끝으로써 모두를 다 만들며 역사를
하는 것이 한두 명을 구원하는 그와
같은 역사의 일을 하는 것이더냐?
27 나의 법전을 기록하여 만들고 전하는
너희가 에덴동산이요, 하늘에 와 구원
을 받을 수 있다는 말을 알고 있는가?
28 너희는 성서에 기록된 내용을 다시 한
번 읽고 깨우쳐 보라.
29 한 사람을 구원하는 것이 너희의 어떠
한 죄도 그를 다 감면받을 수 있으며
용서받을 수 있다는 것은, 나의 사랑
하는 백성 한 사람을 구원한 그 공이
그리 크다 말하지 아니하였느냐?
30 그러니 너희가 나의 법전을 다듬고 만
들어 그 책을 전하는 그 공로가 과연
어떠하겠는가?
31 이는 무엇이더냐?
32 너희가 인간 세상에 살면서 수없이 짓
고 온 죄와 선함을 행한 것을 모두 스
스로 저울대에 올라, 선함이 무거우냐
악함이 무거우냐에 따라서 그 대가를

치른다 하였음이니라.
33 너희는 나의 사랑하는 백성 나의 아들
딸들을 하나하나 구원한 그 선한 무게
를, 아무리 악한 것이라 해도 그를 당
하지 못한다는 그와 같은 기록을 성서
에 내가 미리 전한 뜻을 알겠는가?
34 그러니 너희가 나의 법전을 만들어
세상에 전하는 역사가 얼마나 많은 백
성을 구원하며 그들을 구제하는 것이
더냐?
35 그러니 너희는 그 상이 넘쳐 흐름이
니,
36 너희가 아무리 죄를 짓는다 해도 나의
법전을 만들어 이를 다듬고 역사하여
만백성에게 전하는 그와 같은 역사를
하는 자는 그 선한 무게요, 나의 명에
따라 역사하여 만백성을 구하는 그
무게는 어떠한 것도 그를 이길 수 없
기에, 너희는 구원을 받았다는 나의
뜻이라는 것을 알 것이니라.
37 모든 백성이 다 구원을 받았다 하며
낙원에 올라와 천사가 되었다 말하나,
나의 법전을 만들고 나의 법전을 다
듬어 세상에 전하는 너희는 정녕 너
희 눈으로 보며 육으로 보지 않더냐?
38 이 법전은 나의 성령이요, 나의 뜻을
백성에게 전하여 이를 보고 깨우치는
자가 있으니,
39 이는 정녕 하늘에 오르는 그 역사를
하며 그 일을 하고 있다는 것이 눈으
로 보이지 않더냐?
40 그것이 바로 내가 너희를 구원했다는
것과 다른 백성이 저희가 구제를 받
았다는 그것과 차이점이 여기 있음을
알아야 할 것이니라.
41 진정한 나 여호와의 뜻이요, 내가 원
하는 성령이요, 나의 참진리로서 나의
백성이 진정한 진리를 깨우치는 것을
의미하며,
42 지금의 종교 집단 지도자들은 건축물
에 의한 믿음이요, 보이기 위한 믿음
이요, 육의 생각을 벗어나지 못하는
믿음으로 가니,
43 그들이 아무리 구제하고 구원한다 해
도 진정한 믿음의 구원을 받는 것이
아니니,
44 진정 나의 백성을 구하지 못하는 것이
며 구원하지 못하는 것이니라.
45 그들이 인도하고 복음을 전하여 구원
하는 것과,
46 너희가 나의 법전을 만들어 한 권의
법전을 백성에게 전하여 그를 보고 한
사람이 깨우치는 것은 진정한 길을 깨
우치며 나 여호와의 뜻을 알며 나 여
호와의 뜻에 의하여 순종하는 백성으
로 변함이니,
47 너희가 구원하고 구제하는 것이 정녕
구원하는 백성이 됨을 알라.
48 그러니 나의 법전을 만들고 쓰고 기록
하여 전하는 너희야말로, 이 법전을
만들어 냄으로써 얼마나 이 세상의 많
은 백성이 이를 보고 깨우쳐 너희 이
름 아래 구원을 받겠는가?
49 그러니 그 구원을 하는 백성만큼 너
희가 단 한 사람을 나 여호와의 아들
딸로 만든 것은 그보다도 더한 무게
가 없으며 그보다도 더 큰 상이 없으
며,
50 아무리 죄를 지었다 해도 한 사람을
참진리로 인도하는 그 선함의 무게보

다 더한 것은 없다 하였거늘,
51 너희가 구원하는 백성의 수가 얼마나
많더냐?
52 그러니 너희는 나의 에덴동산에 이름
이 기록되어 있는 자며 너희는 다 구
원을 받은 백성이라 내가 너희에게
그리 말함이니,
53 이제 너희는 이 위대한 뜻을 귀를 씻
고 들어야 할 것이며, 이를 너희 가슴
속에 깊이 간직하고,
54 오늘의 삶을 과연 너희가 어찌 살며
어찌 역사해야 하는지를 알아야 할
것이니라.
55 이제 너희는 어떠한 형태든 나의 법
전을 만들어 세상에 전하는 그것으로
써 인간으로서는 이룰 수 없는 축복이
요, 은혜요, 영광을 받을 수 있는 자리
에 와 있음이니,
56 그게 바로 반석 위에 완벽한 집을 짓
고 있는 것이 아니더냐?
57 반석 위에 흔들리지 않는 집을 짓는
그것이 무엇이더냐?
58 하늘에 오르는 그 길을 너희는 흔들
리지 아니하고 옴이니라.
59 이제 내가 나의 아들을 통하여 너희에
게 전한 것을 명심하고 또 명심하라.
60 나의 법전으로 나의 백성을 모두 구원
하는 것은 너희만큼 구제하고 구원한
백성이 없음이니라.
61 지옥으로 가는 내 사랑하는 백성이요,
나의 아들딸 한 명을 구하는 것보다
너희가 더 죄를 지어도 저울로 달 때
어떠한 죄보다도 한 사람을 구원하여
그 생명을 구원한 것이 더 위대하다
하였음이니라.
62 육에서 살다 죽고 사는 생명이 아니
요, 영원히 사는 그 하늘나라에 죽고
사는 생명을 구제한 그 공이 그리 크
다 하였거늘,
63 너희는 지금 얼마나 많은 나의 백성
을 구제하고 구원한 역사를 하느냐?
64 그 역사를 하는 너희는 과연 어떠한
자세로 가야 하겠는가?
65 너희는 오로지 겸손함이요, 겸허하며
모두를 다 인내하는 그와 같은 마음의
자세로 살아가야 함을 잊어서는 아니
될 것이니라.
66 너희는 육의 삶을 마치고 천국의 문을
들어설 수 있는 그와 같은 보장이요,
그 방법을 가르쳐 주었으며,
67 내가 방법을 가르쳐 주기 전에 너희는
그 길을 지금 역사하고 있음이니, 너
희보다 더 축복받은 백성이 없다는 것
을 알며,
68 이 세상에 너희보다 더 귀중한 것을
가진 자가 없음이니,
69 세상 것을 다 가진 너희가 갖지 못한
자에게 어떠한 모습으로 비치고 사느
냐 하는 것은 너희의 과제임을 잊지
말라.

## 7,747 번째 하나님 말씀

*2003년 10월 2일 11시 45분*

1 사랑하는 나의 아들아!
2 "네, 아버님! 말씀하옵소서."
3 이 광명천지에서 아름다운 자연을 느
끼며 그 속에서 살아가야 할 나의 사
랑하는 백성 너희들이 지금 어떠한 길
에서 어떠한 삶을 살고 있는지 알겠는

가?
4 광명 천지에 살아야 할 너희가 그 모
두를 다 버리고, 잘못 가르치는 종교
지도자들을 따라서 지금 하늘에 오른
다는 그 욕심이 가슴에 그득히 차 있
음이니,
5 자연을 보지 못하며 세상의 아름다움
을 보지 못하며 살고 있음이니, 이는
어둠 속에서 사는 백성으로서 지금
변화되고 타락되어 가는 것이 너희이
니라.
6 그리하여 나 여호와가 참진리요, 나의
뜻을 세상에 전해, 이를 너희가 깨우
치고 깨달아 하늘에 오르는 그 길을
보게 하고자 하여, 내가 나의 아들을
통하여 160권의 대장정의 법전의 역
사를 이루지만,
7 너희는 욕심이 눈을 가려 이를 듣지
못하며 받아들이지 못하는 그와 같은
어리석은 백성으로서 오늘의 삶을 살
아가는 것이니라.
8 그리하여 나의 성령이요, 나의 법전이
세상에 내려오는 그것을 받아들이지
아니하고 배척하고 외면하며, 이 모든
것이 사탄이요, 사악한 자의 짓이라
등을 돌리고 있음이니,
9 과연 너희가 어찌 구원을 받으며 나
에게 오를 수 있는 그와 같은 영광을
얻을 수 있다고 말할 수 있겠는가?
10 나의 법전을 읽고 깨우치고 그대로 행
하면 너희가 나에게 오르는 것이요,
구원을 받을 수 있는 것이요,
11 나의 아들을 따라서 거듭 태어나는 영
광을 얻으라 그리하여 나의 아들을
통하여 새로운 성경이요, 나의 법전을
세상에 내보내거늘,
12 어찌하여 어둠의 세계에서 나의 성령
을 받아 광명 천지의 삶을 살려 하지
아니하고, 잘못된 종교 지도자들의 사
악한 가르침에 의하여 너희가 모두를
다 포기하고 버리는 그와 같은 삶을
살아가는가?
13 지금의 믿음과 신앙의 길로써는 절대
구원을 받지 못한다는 나 여호와의 이
명을 그저 듣고 흘려서는 아니 될 것
이니라.
14 이 세상에는 진정한 지도자요, 하늘에
오르는 그 길을 인도하는 지도자가 없
음이니라.
15 그들 자신이 제자리를 모르며 나 여호
와가 역사하는 것을 모르기 때문이니
라.
16 그저 대가를 지불받는 그와 같은 종교
지도자요, 저희가 노력한 만큼 육의
세상에서 대가를 거둬들이기 위해 역
사하는 자들만 이 세상에 난무하고 있
으며 그들이 종교 지도자라 부르짖고
있기 때문이니라.
17 그러니 너희는 나를 믿고 살아가는 것
보다, 인간의 욕심의 근원인 육의 욕
망을 채우기 위해 살아가는 것이 오
늘의 세상의 지도자요, 그리고 종교
집단이라 그리 말함이니,
18 그리하여 너희는 서로 삿대질하면서
말을 하느니라.
19 너는 삯꾼의 지도자요, 너는 거짓지도
자요, 그와 같이 저희가 아귀다툼하는
오늘의 웃지 못할 현상이 되어 있음을
알라.
20 모든 종파가 다르고 모든 이름이 다르

다 해도, 성서를 가지고 가르치며 성
경을 가지고 가르치는 자들이 서로
삯꾼 지도자요, 서로 거짓 선지자요,
21 서로 핍박하며 오로지 저희에게 오는
자만 구원을 받는다고 말하는 자들,
22 그것이 욕심의 덩어리가 아니면 어찌
감히 그와 같은 말을 할 수 있단 말이
던가?
23 나의 아들을 따르는 제자들이요, 나를
따르며 법전을 읽고 깨우친 백성이
뭐라 하느냐?
24 그들이 와서 깨우치고 못 깨우치는 것
은 스스로 역사함이니 그들은 너희처
럼 그리 끌어들이지 아니하며,
25 한번 발을 들여놓은 자를 등 돌리지
못하도록 수단과 방법을 가리지 아니
하는 그와 같은 수법을 쓰지,
26 아니하며 오로지 스스로 법전을 읽고
깨우쳐 오기를 바라는 나의 아들이요,
나에게 선택된 백성이 하는 그 역사
함을 너희는 한번 들여다봐야 할 것
이니 그리 알라.
27 그들은 나의 법전을 가지고 시시비비
를 하지 아니하며, 나의 법전을 가지
고 똑같이 깨우치며, 이것이 옳고 저
것이 옳다는 그와 같은 역사를 하지
아니함이니라.
28 이것이 너희는 한 권의 성경을 가지
고 온갖 종파로 갈라졌으나,
29 나의 법전이 세상에 내려가 이는 모두
하나로써 이루어짐이니, 하나하나 물
방울이 모여 대역사를 이루는 그와 같
은 내가 이루는 대역사함을 너희가
보게 될 것이니라.
30 그날이 머지아니하였으며, 나 여호와
의 참진리요, 나의 법전이요, 내가 지
금 기록하여 전하는 그 모든 것은 다
그대로 행해지며 역사한다는 것을 알
라.
31 그렇지 않으면 나의 진리가 아님을 알
라.
32 다만, 시와 때가 있을 뿐이며, 내가 기
다리며 너희가 기다려야 하기 때문에
그리고 너희가 훈련으로써 거듭나야
하기 때문에 그를 다져 가는 그와 같
은 오늘임을 너희는 알라.

## 7,748 번째 하나님 말씀

*2003년 10월 2일 11시 50분*

1 사랑하는 나의 아들아!
2 **"네, 아버님! 말씀하옵소서."**
3 내가 너에게 일찍이 기록하여 전하였
음이니라.
4 나 여호와는 너희에게 말하며 법전에
너희에게 명확히 전했음이니, 이를 다
시 기억해야 할 것이니라.
5 지금까지 모든 믿음이요, 종교 집단들
은 자신을 위하여 무엇을 얻고자, 또
능력 있는 창조주 아버지라 하여 나에
게 무엇을 구하고자 기도하는 그 기복
신앙으로써 지금까지 믿음을 흘러온
것이 너희라 하였음이니라.
6 그러나 정녕 너희는 나 여호와가 가
진 것, 내가 베풀어 줄 수 있는 그 한
계에서 구하고 역사하는 것이 아니라
내가 그리 말하지 아니하였더냐?
7 너희는 나 여호와가 갖고 있지 않은
것만을 요구함이니, 과연 이것은 무엇
인지 알겠느냐?

8 사랑하는 나의 아들과 나의 아들을 따
르는 제자 너희는 알아야 할 것이니
라.
9 이 세상에 나 여호와가 소유하지 아니
한 것이 없으며 내가 이루지 아니한
것이 없으며 내가 역사하지 못하는
것이 없음이니라.
10 그러니 모두는 다 내가 이루고 있으며
내가 가지고 있음이니라.
11 다만, 내가 갖지 않은 것을 달라 하는
그 내용이요, 내가 줄 수 없는 것만을
달라 하는 것이 무엇인 줄 알겠느냐?
12 너희가 천사와 같은 마음으로써 조용
히 묵상하고 기도하며 기다리는 자에
게는 모두를 내릴 수 있으나,
13 너희가 욕심의 그 근원에서 무엇인가
를 이루고자 하는 것, 욕심의 생각에
서 무엇을 이루어 주기를 바라는 그것
은 내가 갖고 있지 아니하다 함이며,
14 그것은 내가 너희에게 줄 수 없는 것
이라는 그 의미를 깨달아야 할 것이
니라.
15 세상에 미물에서부터 사랑하는 나의
백성 너희까지 모두는 다 나 여호와
의 것이며, 내가 주관하지 아니한 것
이 없으며, 내가 못 주는 것이 없음이
니라.
16 다만, 내가 갖지 않는 것을 달라 하는
것은 너희가 욕심에서 원하는 것, 욕
심에서 이루고자 하는 것은 그 순간에
내가 그 모두를 갖지 아니하고 있음을
알라는 뜻임을 알라.
17 그러니 너희가 욕심이요, 욕망에 따라
서 나에게 구원하며 기도하며 이루고
자 하는 그와 같은 행위를 하지 말라
함이니,
18 그와 같은 마음에서 이루는 것은 내가
하나도 너희에게 들어줄 수 없다는
그 뜻임을 알라.
19 너희가 이룰 수 없는 것, 얻을 수 없는
것을 창조주 나 여호와를 이용하여 무
엇을 얻고자 채우고자 함이니,
20 너희가 고깔 쓰고 춤추며 소원을 빌어
주는 기복 신앙의 대표자들이라 말하
는 것이 여기 있음을 알아야 할 것이
니라.
21 그리하여 너희가 구하고자 하는 것,
욕심의 뿌리를 버리지 못하고 소원하
는 것,
22 그것은 내가 하나도 갖고 있지 아니하
며 너희에게 전할 수 없으며 내려 줄
수 없으며, 내가 너희에게 그를 사랑
으로써 다스려 내릴 수 없음을 알라.
23 이는 즉 무엇이더냐?
24 너희는 지금 이루어지지 아니하는 것,
이룰 수 없는 것을 나에게 기도하고
경배하는 것이니라.
25 내가 일찍이 나의 아들을 통하여 뭐라
말하였느냐?
26 너희는 우는 아이에게 젖을 주고 밥을
주니 울고 떼쓰고 그리 가라 가르치
나,
27 울고 떼쓰는 자식보다 부모의 뜻을
따르고 항상 순종하며 아름다운 모습
으로 웃음으로써 살아가는 그 자식을
부모가 더 기억하고 그 자식에게 마음
이 더 끌린다는 그 이치니라.
28 내가 너희에게 뭐라 말하였느냐?
29 내가 너희에게 내려 주는 모든 것을
받을 수 있는 자세로 변하는 것이 중

요하지, 울고불고 떼를 써서 무엇이
이루어진다는 그와 같은 생각을 하지
말라.
30 나의 아들을 따르는 제자 너희는 스
스로 내가 즐거워서, 사랑스러운 너희
를 보고 주지 아니하고는 배길 수 없
으며 주지 아니하고는 견딜 수 없는
그와 같은 삶을 살아가도록 하는 것
이 너희가 가야 할 길이라는 것을 내
가 다시 나의 아들을 통하여 너희에게
가르침이니 그리 알라.
31 이 소중한 의미를 알고 너희는 삶을
내가 기뻐하며 내가 너희 보기를 즐
거워하며 너희를 보기가 너무 행복하
여 내가 가진 모든 것을 주지 아니하
면 견딜 수 없는 그와 같이 변하는 모
습으로 가라.
32 그러면 너희는 모든 것을 다 얻을 것
이며,
33 그와 같은 마음으로 살아가는 백성이
소원하는 것은 모두 나 여호와가 가진
것이며 내가 줄 수 있는 것을 바라는
것과 같으니, 너희가 소원하는 것을
내가 이루어줌을 알라, 사랑하는 나의
아들딸들아!

## 7,749 번째 하나님 말씀

*2003년 10월 2일 11시 56분*

1 사랑하는 나의 아들아!
2 "네, 아버님! 말씀하옵소서."
3 지금의 수천 년 동안 오는 그 믿음 속
에서 사는 자, 그리고 제 평생을 다 바
쳤다 말하는 자,
4 그리고 성서를 가지고 제가 열성을 다
하며 제 목숨을 다 바쳐 살아왔다는
자, 그 믿음 속에서 누구도 감히 따라
올 수 없는 그와 같은 믿음으로 살아
왔다는 자,
5 또는 죽기 아니면 살기로써 지금의 종
교 집단에 맹신하고 맹종하는 그와 같
은 백성,
6 그들이 정녕 믿음의 강도요, 믿음에
대한 열성이라 그리 생각하나,
7 나 여호와가 보는 너희의 그와 같은
마음은 아님을 알라.
8 너희가 맹종하고 맹신하며 죽기 아니
면 살기로 부르짖고 가는 그 믿음은
잘못된 길이기 때문에,
9 그리 강도 높게 굳어진 그 믿음의 길
을 가는 것은 누구도 갈 수 없는 믿음
의 길을 가는 것이요, 나의 뜻에 따라
역사하며 나의 뜻에 순종하여 사는 그
와 같은 믿음이라 생각하나,
10 그것이 절대 아님을 너희는 알아야
할 것이니라.
11 나 여호와가 바라보는 너희는 그 마
음의 욕심을 버리지 못했기 때문에 기
복 신앙이요, 저 자신의 욕심이요, 욕
망이요, 그 욕심의 덩어리가 얼마나
크고 작으냐에 따른 그와 같은 오늘의
믿음이니라.
12 욕심의 기복 신앙 잔재가 큰 자가 죽
기 아니면 살기로 지금 믿음의 길을
가는 자들이요,
13 죽기 아니면 살기의 그 믿음은 나 여
호와의 뜻이 아니기 때문에, 너희가
무얼 원하는 기복 신앙의 마음이요,
무엇을 이루고자 하는 욕심의 마음을
가지고 그것으로써 측정하는 그와 같

은 행위라는 것을 알아야 할 것이니
라.
14 나 여호와의 성령이 임하여 깨우침이
아니요, 지금 너희가 죽기 아니면 살
기로 하는 그 믿음은 기복신앙의 열성
의 욕심이요, 얼마나 그것이 강한지
약한지 너희 자신을 보여 주는 것이
며, 그를 위하여 너희가 존재한다는
것을 알아야 할 것이니라.
15 나 여호와가 보는 너희가 죽기 아니
면 살기로 지금의 종교 집단에서 맹신
하고 믿음의 길을 가는 자,
16 그것은 나 여호와의 뜻에 따라 역사
하는 것이 아니요, 기복 신앙이요, 욕
망이요, 욕구를 채우고자 하는 그 욕
심이 강한 자가 그와 같이 죽기 아니
면 살기로 믿음의 길을 가는 것이라
하면 너희는 어찌하겠는가?
17 그러기에 너희가 오늘의 가는 길이
지옥이요, 죽음의 길로 간다는 것이니
라.
18 이 두렵고 무서운 것을 너희가 나에
게 들으며 나의 법전에 기록하여 전하
거늘,
19 이를 듣고 깨우쳤어도 그대로 가던 길
을 가는 자는 정녕 나에게 구원을 받
을 수 없음을 알아야 할 것이니라.
20 너희가 지금 가는 그 강도 높은 믿음
이 모두 너희의 욕심이요, 다른 우상
을 섬기는 그와 같은 기복 신앙이라는
그 뜻을 알아야 할 것이니라.
21 이제 너희가 가는 그 모든 것은 죄의
근본이요, 죄의 근본에서 역사하는 것
이며,
22 그리하여 진정한 나 여호와요, 내가
내리는 나의 성령의 가르침을 외면하
면서 이를 사탄이요, 이단이라 그리
말함이니, 그것이 바로 너희가 죄를
짓는 것이니,
23 죄는 벌이요, 벌은 곧 너희가 지옥으
로 간다는 것을 절대 잊어서는 아니
될 것이니라.
24 너희가 과연 죽기 아니면 살기로 믿는
그 믿음이 너희 자신을 위한 기복 신
앙의 믿음이요, 네가 이룰 수 없는 욕
심을, 전지전능한 나 여호와를 이용하
고 나를 활용하여 무엇을 구하고 얻고
자 하는 그와 같은 심성에서 그 마음
이 강하게 굳어져 있으며 그 믿음이
그리 무섭게 가는 것이지,
25 진정한 성령이요, 나 여호와의 뜻이
요, 사랑이요, 베풂이요, 나눔으로써
강하고 강도 높은 오늘의 믿음의 길을
가고 있지 않은 것이니,
26 이 허물을 벗어야 할 것이며, 이를 인
정하는 자만이 눈이 열릴 것이며 귀가
뚫린다는 것을 알라, 어리석은 백성들
아!

## 7,750 번째 하나님 말씀

*2003년 10월 2일 12시 01분*

1 사랑하는 나의 아들아!
2 "네, 아버님! 말씀하옵소서."
3 너를 따르는 제자요, 나의 법전을 읽
고 깨우친 백성이요, 그리고 믿음 속
에서 구원을 받았다는 그와 같은 백
성, 그리고 너희가 이방인이라 하여
나를 찾지 않는 그 백성도 사랑하는
나의 아들딸들,

4 그 모두가 똑같이 나에게 소중한 자식
이라 내가 그리하였음이니라.
5 너희는 이제는 거짓 선지자와 사탄이
요, 그리고 악마의 자식이 무엇인가를
구분할 수 있는 깨달음이 있어야 할
것이며 그를 구분하는 방법을 알아야
함이니라.
6 그리하여 내가 나의 아들을 통하여 나
의 법전에 다시 한 번 그 뜻을 전함이
니,
7 너희는 이것으로써 사탄이요, 악마의
자식인지 아닌지를 구분하도록 그리
하여 구원의 길을 바로 보도록 그리하
라, 사랑하는 나의 아들딸들아!
8 나 여호와의 뜻과 나 여호와가 역사하
고자 하는 것도 모르며, 지금 모든 종
교 집단이요, 지도자요, 믿음의 길을
가는 그 백성이 천국에 오르는 길이
아니요, 지옥으로 달려가고 있음이니
라.
9 나의 법전이 역사하는 것과 오늘의
너희들의 믿음과, 과연 어떠한 것이
진정한 믿음이요, 어떠한 것이 하늘에
오르는 길인가?
10 지금의 종교 집단들의 방대한 조직과
물질의 그 역사 앞에 너희가 숙연히
고개를 숙이며, 나의 아들을 따르는
제자들의 초라한 모습에 너희가 마음
에 동요가 있어서는 아니 되기에,
11 너희에게 구분하는 방법을 다시 한 번
명확히 가르침이니 그리 알라.
12 나 여호와요, 나의 아들 예수를 찾고
믿기만 하면 쉽고 간단하게 천국의 문
에 들어갈 수 있다고 그리 가르치며
너희를 미혹하는 것이 지금의 종교
집단이 아니더냐?
13 그들은 육의 삶이 어떠하든, 저희가
지은 성전이요, 교회에 나와 예수와
나 여호와를 믿기만 하고 부르기만 하
면 하늘의 도움을 너희에게 역사하는
것이며,
14 그리고 나 여호와가 너희에게 은혜와
은총을 끝없이 내리며, 백 번 천 번 축
복을 내린다고 말하느니라.
15 그리하여 너희가 믿기만 하면 이 땅
에서 육의 삶이요, 축복의 은혜 속에
살 수 있다고 그리 가르치느니라.
16 그리 가르치는 것을 내가 탓하고 싶지
는 아니함이니라.
17 그러나 그리 가르치고 돌아서서 그들
이 하는 말이 무엇이더냐?
18 각종 헌금을 강요하는 그들이 거짓 선
지자요, 사탄이요, 마귀의 자식들이
역사하는 것이니라.
19 나 여호와의 뜻을 듣고 가르친 자가
돌아서서 각종 헌금을 갈취하고 거둬
들이는 그것이 바로 사탄이요, 거짓
선지자요, 삯꾼의 종교 지도자요, 사
기꾼이니 이것으로써 너희가 구분해
야 할 것이니,
20 이것으로써 명백히 구분하는 지혜를
얻지 못하면 너희는 정녕 하늘에 오
르는 그 길을 볼 수 없음을 알라.
21 나의 법전에 이 내용을 굵게 기록하여
만백성이 읽도록 그리하라.
22 '각종 헌금을 강요하는 자는 거짓 선
지자요, 사탄이요, 마귀요, 그리고 사
악한 자이며,
23 그 입에서 나오는 말이 아무리 아름답
고 나 여호와의 뜻을 말해도 내 뜻이

아니라'는 이 내용을 굵은 글씨로 기록하여, 만백성이 그를 보고 깨우치도록 전하라, 사랑하는 나의 아들아!

## 7,751 번째 하나님 말씀

*2003년 10월 2일 12시 06분*

1 사랑하는 나의 아들아!
2 진정한 나 여호와의 뜻에 따라 역사하는 지도자와, 그렇지 아니한 사탄의 자식을 모두 구분하는 방법을 내가 너희에게 가르치고 깨우쳤느니라.
3 지금의 모든 종교 집단들이 과연 어찌 가느냐?
4 그들은 재물을 거둬들이느니라.
5 그리고 그 재물을 거둬들이기에 혈안이 되었느니라.
6 그리하여 재물을 거둬들여 교회라는 그 건물을 지어 나의 사랑하는 백성을 그득히 채워 무엇인가를 깨우치고자 그리 역사하나,
7 과연 물방울이 모여서 큰 물줄기를 이루듯이 그와 같이 늘어나는 나의 백성을 교회라는 그 건물 안에 다 수용할 수 있다고 생각하는가?
8 너희는 수용하지 못하며 너희가 짓는 그 교회 자체가 우물 안의 개구리 역사를 하는 것이며 잘못되었다는 것을 너희는 알아야 할 것이며,
9 그리하여 나의 아들을 통하여 내가 그를 짓지 말라 명했음을 알아야 할 것이니라.
10 교회를 짓고 그곳에서 역사하고자 하는 자들은 각종 명분을 붙여 헌금을 거둬들이는 자들이니라.
11 이것이 사탄들이요, 사탄의 일꾼이 되어 그 앞잡이 노릇을 하고 있다는 것을 너희는 알아야 할 것이니라.
12 지금 그들로 하여금 나의 사랑하는 백성이 그들의 미혹이요, 유혹하는 말에 현혹되어 멸망의 구렁텅이로 빠지고 있음이니, 이들을 구할 수 있는 백성은 누구이더냐?
13 오로지 나로부터 선택된 자요, 나의 법전을 전하는 길밖에 없음이니라.
14 그들이 지금 가던 길에서 돌아서서 나의 아들로서 거듭나는 그와 같은 역사를 이루는 것은 너희를 통하여야만 이루어지며 나의 법전을 통해야만 이루어짐이니라.
15 나의 아들을 통하여 내리는 160권의 이 법전을 통하여 새로운 역사를 이룸이니, 얼마나 소중하고 귀한 역사를 너희가 지금 이루고 있는가?
16 새로운 성경을 보지 아니하면 너희가 역사할 수 없음이니라.
17 새로 내리는 나의 성경을 보면 너희가 하늘에서 오르는 그 길을 보게 되며, 정녕 무너지지 않는 반석 위에서 굳건한 너희 개인의 성전을 짓는다는 것을 잊지 말라.
18 그와 같은 역사로써 변화되지 아니하면 너희는 구원을 받을 수 없으며,
19 너희가 정녕 구원을 받고자 한다면 내가 내리는 새로운 성경인 나의 법전을 가슴에 안고 정독하는 그 길밖에 없으며,
20 '너희가 구원받고자 한다면 바로 나의 법전을 가슴에 안고 정독하는 그 길밖에 없다'는 이 대목을 굵게 써 책에 기

록하여 전하도록 그리하라.
21 그리하여 이를 가르쳐, 만백성들이 두
번 다시 그와 같이 미혹하는 자들에게
현혹되지 아니하며, 삯꾼의 종교 지도
자들에게 재물을 바쳐 사탄의 자식으
로 역사하는 그와 같은 길에 동참하
지 말라 그리하라.
22 너희가 이와 같이 오늘을 살면서 회
개하려 하지 아니하며, 돌이켜 보려
하지 아니하며, 새로운 길을 역사하는
참진리가 세상에 내려오는 것을 들으
려 하지 아니하며 보려 하지 아니하
며, 그를 놓고 생각조차도 하지 않으
려 하는 것이 너희이니,
23 참진리요, 나 여호와의 뜻을 보고 연
구하지 아니하고 과연 어떠한 것으로
오를 수 있다고 그리 말하는가?
24 너희는 수만 가지의 정답이라 내려보
내도 그 속에서는 정답이 하나밖에 없
으니, 그 정답을 고르는 그와 같은 행
위를 해야 할 것이니라.
25 나의 사랑하는 백성에게 나 여호와가
법전이라는 정답을 내려보내니,
26 나의 백성이 그 정답을 찾아 깨우쳐
답안지를 기록하여 채우려 하나,
27 사악한 종교 집단 지도자들이 그 정답
을 빼어서 태워 버리고 찢어 버리며
짓밟아 쓰레기통에 던져 버리는 그와
같은 행위를 하고 있음이니,
28 그들이 얼마나 사악한 자들이요, 사악
한 행위를 하는가?
29 이제 나의 아들을 따르는 제자 너희는
알아야 할 것이니라.
30 한 사람을 진정한 참진리로 깨우쳐
나 여호와의 백성으로서 나의 아들딸
로서 거듭나게 할 때,
31 너희가 어떠한 죄를 지었어도 그것보
다 너희가 한 생명을 구원한 것이 더
무게가 나간다 내가 그리하였으며, 그
무게를 대적할 것이 없다 그리 말하였
음이니라.
32 그렇다면 한 생명을 지옥으로 보내는
그 죄가 얼마나 무거운지 너희는 알
겠는가?
33 그들이 수많은 나의 사랑하는 피조물
만백성들을 구원의 길로 보내는 것이
아니요, 지옥의 길로 보내며 그들을
구원할 수 있는 나의 법전을 찢어 버
리고 태워 버리며 짓밟아 쓰레기통에
던지는 행위를 하는 자들,
34 그들이 얼마나 무섭고, 영원히 지울
수 없는 그 죄를 감히 짓는 것인가를
알아야 할 것이니 이를 그들에게 전
하며,
35 너의 제자들의 토론 시간에 이를 꼭
그 가슴에 심어 주도록 그리하라.
36 그냥 넘어가서는 아니 될 것이니라,
사랑하는 나의 아들아!

## 7,752 번째 하나님 말씀

*2003년 10월 2일 12시 12분*

1 사랑하는 나의 아들아!
2 "네, 아버님! 말씀하옵소서."
3 성령을 통하여 구원을 받는 자, 그리
고 나의 참뜻을 따라 깨우치는 백성,
너희는 이제 변화의 속도에 가속이
붙어야 할 때가 되었음을 알아야 할
것이니라.
4 너희가 변하는 것이 이제 하나를 들으

면 열을 깨우치는 그와 같은 지혜로
변함으로써 너희가 나의 성령을 듣고
깨우쳐 천사와 같은 백성으로 살아가
는 데 모두 다 가속화되어야 함을 잊
어서는 아니 될 것이니라.
5 성경만으로 구원을 받고 성경의 신약
으로서만 죽음에서 구원을 받는다고
그리 가르치고 지금 달려오는 그 백
성, 너희에게 물어보고자 함이니라.
6 너희는 성경으로써만 구원을 받으며,
오로지 성경 외에는 어떠한 구원의 길
도 갈 수 없다고 그리 부르짖는 백성
너희는 깨우쳐야 할 것이니라.
7 지금 너희가 그와 같이 신약이라는
것과 구약이라는 걸 가지고 구약의
시절은 구약으로서만 구원을 받으며
신약의 시대는 신약으로서만 구원을
받는다 그리 말하고 부르짖는 것이니
라.
8 여기에 제3의 시대에 새로운 나의 성
령이요, 나의 법전이 세상에 내려가
만백성을 구하고자 함이니, 이것이 너
희와 무엇이 다르단 말이던가?
9 너희는 다른 것은 모두 사탄이요, 이
단이라 하며 구약은 구약대로 신약은
신약대로 그 성서만 구원을 받는다고
부르짖는 백성 너희의 주장이나,
10 지금 나의 아들을 따르는 제자들이요,
그 백성이 내가 내리는 제3의 시대의
새로운 법전이요, 새로운 성경만이 구
원을 받고 역사한다는 그들의 주장이
나 무엇이 다르단 말이던가?
11 너희는 말하느니라, 모두는 사탄이요,
사악한 자라 그리 말하나,
12 너희 또한 그와 같이 말을 해서는 아
니 되며 그와 같이 너희 것만으로써
모두 역사한다는 생각을 버려야 함을
잊지 말라.
13 2천 년 동안 너희가 신약을 가지고 그
것만이 구원의 길이라 그리 부르짖던
것과 같이,
14 나의 법전을 보고 깨우친 백성이, 앞
으로 천 년에 걸쳐 나의 법전이 새로
운 시대를 열어 가며, 새로운 시대라
부르짖고 내 뜻에 따라 역사하는 그와
같은 백성이 늘어날 때,
15 과연 너희가 지금 부르짖고 믿고 가
며 고집 피우는 그것과 나의 뒤를 따
르는 백성이 가는 것과 그 형태가 무
엇이 다르던가?
16 똑같은 형태임을 너희는 알아야 할
것이니라.
17 그러나 이제 너희는 알아야 할 것이
니라.
18 그 모두는 중간 주자로서 그 역사를
다했음이니라.
19 구약의 시대는 구약의 시대의 역사를
다했으며 신약의 시대는 신약의 시대
요, 중간 역할을 다했음이니,
20 이제 제3의 시대를 열어 마지막 주자
의 역사가 이루어진다는 것은 이것은
자연의 흐름이요, 나 여호와가 역사하
는 계획이라는 것을 절대 잊어서는 아
니 될 것이니라.
21 나의 법전이 너희를 구원하는 길이요,
나의 성령이라는 것을 너희는 알아야
할 것이니라.
22 2천 년 동안 너희가 믿고 부르짖었던
것과 무엇이 다르더냐?
23 이는 똑같은 부르짖음이요, 주장은 똑

같으나, 여기서 너희는 깨우치라.
24 나의 지금 아들을 따르는 백성 그들은
모두가 하늘에서 내리는 것이요, 하늘
에서 역사한 것이기 때문에 그들은
구약이요, 신약이요, 이를 구분하지
아니하며,
25 그 모두는 나의 백성을 하늘의 구원
을 받을 수 있도록, 반석 위에 굳게 서
하늘에 오르는 빛을 보도록 역사하는
것이 구약이요, 신약이라 말하며,
26 그들이 깨우쳐 공부하는 제3의 시대
에 나의 새로운 성경도 또한 그와 같
은 역할에 한하며, 한계의 역사가 거
기 있다 그리 가르침이니,
27 이것이 너희와 나의 아들을 따르는
지금의 백성과 차이점임을 알라.
28 너희는 구약과 신약이요, 지금 내가
내리는 나의 법전, 이 모두가 다 너희
를 깨우치는 그와 같은 역사의 길잡
이로서 역사한다는 것은 알아야 할
것이니,
29 너희가 더 이상 고집하며 더 이상 그
것만이 위대한 것이며 그것만이 구원
의 길이라는 생각을 저버리지 아니하
면 새로 역사하는 내 뜻을 알 수 없음
을 알아야 할 것이니라.
30 이제 너희가 머지않아 나의 법전이
세상에 나오는 것이요, 내가 왜 역사
한 것인가를 알게 될 것이니, 그를 깨
달을 날이 머지않았으며 현실로 나타
날 것이니 그리 알라.
31 나의 법전이 역사하는 그 회오리가
얼마나 무섭고 강한 것인가, 모두를
쓸어버리는 그와 같은 바람이 불 것이
니, 그때 가서도 과연 너희 것만을 고
집하고 너희가 그것만 하늘에 오는 길
이라 말할 것인가?
32 내가 변하는 그 역사에 더불어 가지
아니하는 자는 나의 뜻을 거역하는 자
라는 것을 절대 잊지 말라.

## 7,753 번째 하나님 말씀

*2003년 10월 2일 12시 20분*

1 사랑하는 나의 아들아!
2 "네, 아버님! 말씀하옵소서."
3 나의 피조물 만백성 너희는 살아가면
서 음식이라는 것을 먹지 아니하고는
정녕 살 수가 없으며, 공기를 마시지
아니하면 존재할 수 없으며, 또한 물
을 마시지 아니한다면 너희는 죽음이
요, 견딜 수 없다는 그와 같은 것을 잘
알고 있음이니라.
4 그러나 나의 아들을 따르는 제자들이
요, 나의 법전을 손끝으로 만드는 선
택된 백성, 너희는 그보다 더 소중한
것이 있음을 알아야 할 것이니,
5 과연 너희가 그와 같은 마음의 자세
로써 오늘을 살아가는가 너희 자신을
두드려 보도록 그리하라.
6 너희는 어찌하여 창조주 나 여호와가
모두를 태워 나의 아들을 통하여 만백
성을 구하려 내리는 성령이요, 나의
뜻을 받지 아니하면 죽음이라는 그 이
치를 깨닫지 못하며, 그와 같은 마음
의 각오를 하고 살아가지 못하는가?
7 지금 나의 법전을 만드는 선택된 백성
너희는 음식을 먹지 아니하면 죽음이
요, 공기를 마시지 아니하면 죽음이
요, 물을 먹지 아니하면 죽음이라는

것을 너희가 원하지 말며,
8 나의 성령이요, 나의 뜻을 나의 아들
을 통하여 내리는 이 진리를 받지 아
니하며 먹지 아니하면 너희는 죽음이
라는 그와 같은 각오를 하고 오늘에
임하는 그 깨달음을 얻지 못하고 어찌
하여 그리 방황하는가?
9 너희의 마음의 자세가 어디 있는지
알아야 할 것이니라.
10 물과 산소요, 공기요, 그 모든 것보다
도 천배 만배 소중한 것이 무엇인 줄
알겠느냐?
11 나의 아들을 통하여 내리는 나의 성령
임을 너희는 어찌하여 그리 모른단
말이더냐?
12 너희가 공기를 마시지 아니하며 물을
마시지 아니하며 음식을 먹지 아니하
면 죽는 것은 육의 세상이요, 백 년도
못 되는 그 인생의 삶의 죽음이니라.
13 그러나 너희는 내가 나의 아들을 통
하여 내리는 이 소중하고 귀한 성령의
말씀을 먹지 아니하면 너희가 영원히
사는 세상에 살 수 없음이니,
14 너희가 성령을 받는 것이 천배 만배
더욱 귀하고 소중하다는 것을 알라.
15 과연 나의 아들을 따르는 제자 너희는
음식과 물과 공기 그 모두를 다 버리
고 죽음의 길을 선택할 수 있어도, 나
의 성령을 받지 아니하고는 살 수 없
다는 그와 같은 마음의 자세로 지금
살아가고 있는가?
16 그리고 너희가 그를 역사하고 있는가,
너 자신을 한번 깨우쳐보라.
17 어리석은 너희가 되지 말라.
18 나 여호와의 뜻이요, 창조주 하나님이
요, 너희가 말하는 아버지라 부르는
나 여호와가 만백성을 구하기 위해
역사하여 선택된 너희가 과연 어떠한
길로 가야 하는가를 너희 자신이 이
제는 깨달을 때가 되지 않았는가?
19 나의 성령이요, 나의 법전이요, 나의
아들을 통하여 강론 하나를 내리면 열
을 깨닫는 너희요, 미래의 눈이 뜨이
기 시작한 너희가 어찌하여 이와 같
은 깨달음을 역사하지 못하며 제자리
걸음만을 하고 있으며,
20 인간 세상의 육의 세상에서 벗어나지
못한단 말이더냐?
21 너희는 이제 나의 아들의 강론을 들
으며 나의 법전을 읽으며 성령의 깨달
음이요, 내가 역사하고자 하는 것, 너
희가 가야 할 것을 하나를 들으면 열
을 알면서도,
22 너희가 육의 세상의 재물이요, 인간의
세상의 욕심이요, 인간으로서 가진 그
모든 것을 놓지 못하며 버리지 못하고
제자리걸음을 하고 있음이니, 너희가
끊지 않는 그와 같은 것이니라.
23 연이 높이 날고자 하나 그 실을 잡고
있으면 날 수 없듯이, 너희가 바로 그
와 같이 지금 잡혀 있는 그것이 무엇
인 줄 알겠느냐?
24 육으로 보이는 재물이요, 육으로 보이
는 욕심이요, 육으로 보는 모두를 아
직도 놓지 못하는 자들이니,
25 내가 다시 한 번 너희를 위하여 명함
이니라.
26 음식이요, 공기요, 산소요, 그 모두를
먹지 아니하며 죽음의 길을 선택한다
해도 나의 성령을 먹지 아니하고는 너

희가 살 수 없으며,
27 그 모두를 버린다 해도 나의 성령을
받을 수 있다면 그를 버리겠다는 그와
같은 각오로 오늘 너희는 두 무릎 꿇
고 너희 자신의 마음을 다지며,
28 나에게 그와 같은 길을 가겠다는 간곡
한 기도를 드려야 할 것이며, 맹세를
해야 할 것이니, 절대 잊지 말라.
29 너의 제자들에게 이르라.
30 너희가 음식과 산소와 물을 마시지
아니하여도, 나의 아들을 통하여 내리
는 성령이요, 내가 내리는 나의 뜻을
먹지 아니하면 정녕 살 수 없으니,
31 너희는 '모두를 다 버려도 아버지께서
내리는 그 성령의 말씀을 먹겠다'고
무릎 꿇고 나에게 눈물의 기도를 드려
야 내가 그 기도를 들어줄 것이며,
32 너희는 나와 굳은 약속을 해야 할 것
이며, 그를 위하여 너희가 살아가야
함을 잊지 말라.
33 정녕 나의 성령을 먹지 아니하면 살
수 없다는 너의 제자들의 마음이 이
제 굳어져야 하며, 그와 같이 그들이
그 각오로 가지 아니하면 아니 될 것
이니라.
34 나의 성전에 불을 지르는 자 있을 때,
나의 법전을 가슴에 안고 뛰쳐나갈 수
있는 자, 나의 법전을 구하기 위하여
너희가 타 죽는 그와 같은 역사를 이
루겠다 하는 그 마음의 자세가 과연
되어 있는가 물어보라.
35 그렇지 아니하면 그보다 더 무서운 것
으로써 너희를 파괴하고자 공격할 때,
너희가 지킬 자리가 어디 있는가?
36 이 이치를 이제 깨우쳐야 할 것이니
라.
37 너희가 나의 법전을 세상에 역사하는
시간은 다가오거늘, 너희가 인간 고리
를 놓지 못하고 있음이니, 이를 어찌
해야 한단 말이더냐?
38 어찌하여 너희가 이와 같이 어리석은
삶 속에서 허덕이는 그 길을 가야 하
는가?
39 나 여호와의 마음이 답답함을 너희는
알아야 할 것이니라.

## 7,754 번째 하나님 말씀

*2003년 10월 2일 12시 24분*

1 사랑하는 나의 아들아!
2 "네, 아버님! 말씀하옵소서."
3 네 제자가 흘러가는 말 한마디를 너에
게 던졌느니라.
4 끝이 보이지 아니하며 끝이 보이지 않
는 그 길을 보려 하지 말며 그를 찾으
려 하지 말며,
5 오로지 그 길을 가는 것만이 편안한
길이며 역사하는 길이라는 그 말 한마
디를 던졌으니,
6 그는 곧 나 여호와의 뜻임을 알아야
할 것이니라.
7 나 여호와에게 오르는 길은 끝이 없으
며 그것은 보이지 아니함이니라.
8 그 보이지 않는 끝을 너희가 보려 하
며 네가 그를 찾으려 하며 그 목적지
를 보고자 한다면,
9 너는 보이지 않는 그 끝을 보기 위해
너 자신이 망가뜨려지며 쓰러진다는
것을,
10 네 제자가 너에게 지나가는 말로 던진

그 의미를 너는 깊이 새겨 행하도록
그리하지 아니하면 아니 될 것이니라.
11 너희가 나에게 오르는 그 길은 끝이
없는 길이요, 끝이 없는 그 길을 가는
것이 너희가 나에게 오는 믿음이요,
하늘에 오르는 길이라는 것을 잊지
말라.
12 하늘에 오르는 그 길이 끝이 있다면
나의 진리는 한계가 있으며, 너희가
노력하고 역사하는 것은 한계가 있다
하는 것이나 마찬가지니라.
13 그러니 끝이 없는 그 길을 오르는 것
이니, 너희가 보려 하지 말며 그 끝을
만지려 하지 말라.
14 너희는 보이지도 않는 길을 역사하는
것이요, 그리고 만질 수도 없고 상상
할 수도 없는 그 끝이 보이지 않는 길
을 가는 것이 너희거늘,
15 보이지 않는 그 길을 가는 나에게 오
르는 대명을 받은 너희가 그 끝이 보
이지 않는다 하여 좌절하며 지쳐서는
아니 될 것이니라.
16 이제 너희 자신을 다스릴 때가 되지
않았는가?
17 나의 아들을 따르는 모든 제자 너희
는 보이지 않는 것을 보려 하지 말며,
보이지 않는 것을 얻으려 하지 말며,
18 그냥 흐르는 물줄기를 따라가는 것처
럼 그 길밖에 가는 것이 없음을 너희
는 알아야 할 것이니라.
19 너희가 나 여호와를 부르며 아무리 몸
부림쳐도 끝을 보여 줄 수도 없으며,
20 끝이 없는 것을 어찌하여 내가 너희
에게 보여 줄 수 있다고 생각하느냐?
21 너희가 아무리 울고불고 기도를 한다
해도 그 끝이 없음이니 내가 보여 줄
수 없는 것이니라.
22 그리하여 너희는 볼 수 없는 그 길을
감이니, 오늘의 너희가 그 길을 가면
서 그저 묵묵히 가기만 하면 될 것이
니라.
23 내가 큰 돌 위에 큰 돌을 놓고 갈고 갈
아 그 돌이 물이 되어 없어질 때까지
가는 것이 네가 가야 할 길이라 일찍
이 깨우쳐 주었음이니,
24 네가 보이지 않는 끝을 보며 그 결과
를 보고자 한다면, 너 자신이 더 이상
견딜 수 없고 지치고 힘들어 무너짐을
알라.
25 네 제자가 흘러가면서 던진 그 말,
26 '끝이 보이지 않는 것을 보려 하지 말
며, 그저 가기만 하면 될 것을….'
27 그리 전한 그 말의 의미를 깊이 새기
도록 하라.
28 내가 전하는 뜻이니라.

## 7,755 번째 하나님 말씀

*2003년 10월 2일 12시 29분*

1 사랑하는 나의 아들아!
2 "네, 아버님! 말씀하옵소서."
3 네가 강론하여 만백성에게 전한 것을,
이제 네가 내 뜻을 기록하여 다시 한
번 그 백성에게 전해야 할 것이니라.
4 나의 아들 예수가 성서에 분명히 명확
하게 너희에게 전하지 아니하였더냐?
5 너희는 말로써 나의 아들 예수를 '주
여, 주여!' 그리고 구세주라 찾지 말라.
6 너희가 그리 찾는 것으로써 구원을 받
을 수 없으며, 나에게 역사할 수 없는

것이요,
7 '하늘에 계신 나를 보낸 아버지의 뜻
대로 행하는 것이 하늘나라에 들어가
는 길이요, 그것만이 구원의 길이라'
그리 말하지 아니하였더냐?
8 그러나 지금의 모든 종교 집단들이 과
연 어찌 가느냐?
9 나 여호와의 명에 의해 행함이 아니니
라.
10 나 여호와를 잊어버리고 사는 자들이
너희가 아니던가?
11 그러니 너희가 짓지 말라는 그 교회
를 짓고 있으며, 내가 명하여 너희가
나의 아들 예수를 구세주라 부르지 말
며 나 여호와가 역사하는 그것을 행
하고 지키는 그것이 너희가 구원을
받는 소중한 것이라 하였거늘,
12 너희는 지금 오로지 나의 아들 예수만
을 찾기에, 모두가 다 지금 훨훨 타오
르는 불바다보다도 더 무섭게 세상을
태우고자 하는 것이 너희이니라.
13 그러면서 너희는 나 여호와를 버렸으
며 나 여호와를 찾지 아니하며 생각하
지 아니하고, 오로지 나의 아들 예수
의 보혈로써 구원을 받는다는 그 얕은
믿음이요, 얕은 신앙이요, 얕은 생각
속에 젖어 가고 있지 않은가?
14 그저 죽기 아니면 살기로써 나의 아들
이름만 부르면 구원을 받는다 하여
광란의 짓을 하는 것이 너희가 아니
더냐?
15 그리하여 예수를 부르고 부르다 너희
가 지쳤을 때 바로 나를 찾을 때 무엇
이라 말하느냐?
16 '나의 아버지요, 그리고 창조주 나의
아버지라' 하는 것을 그저 지나가는
말로 장난삼아 너희가 지쳤을 때 한
번 부르짖는 것이며,
17 무대에 서서 노래하는 가수가 쉼표에
따라서 잠깐 숨 한 번 쉬어 가는 그와
같은 형식으로써 너희가 나를 부르짖
고 역사함이라 그리하지 않았느냐?
18 나의 아들 예수의 보혈로써 은혜 받은
그 영광이요, 그리하여 구원을 받았다
하는 것으로써 너희가 나의 피조물
만백성들을 우롱하며,
19 너희 손으로 지은 건축물인 그 교회에
오기만 하면 구원을 받는다 하여 짓지
말라 하는 교회를 역사하며, 나의 피
조물 만백성으로부터 재물을 거둬들
이는 그와 같은 짓을 하고 있지 않은
가?
20 교회를 지으면 아니 된다 하였거늘 너
희는 당당히 짓고 그곳이 구원의 길이
라 하며,
21 나의 아들 예수를 부르지 말며 오로지
아버지의 뜻대로 하는 것이 구원의 길
이라 하였거늘, 너희는 예수의 이름만
을 부르며 죽기 아니면 살기로 지금
몸부림치는 것이 아니더냐?
22 그러면서 너희는 예수요, 하나님이요,
나 여호와 창조주요, 그리고 나 여호
와요, 예수를 그저 그렇게만 하면 구
원을 받는다는 그것으로써 나의 피조
물 만백성들에게 세뇌시켜놓았으니
그들이 저 자신을 모르고 있음이니라.
23 참진리요, 너희가 구원의 길을 가르치
는 것, 그리고 나의 아들이 내가 내려
보내는 160권의 법전을 만들어 세상
에 전함이니, 이는 나의 성령을 태워

내려 너희를 구원하는 참진리이거늘,
24 너희는 이를 보고 이단이요, 사탄이
요, 사악한 자요, 악마의 자식이 하는
짓이라 그리 밀어붙이고 그리 가고 있
음이니, 너희가 과연 어찌 구원의 길
을 볼 수 있겠는가?
25 이제 너희는 깊이 깨우쳐야 할 때임
을 알아야 할 것이며 지금 깨달음의
길을 달려가는 나로부터 선택된 백성
너희가 이 모두를 되돌려 놓지 아니하
면 아니 됨이니 그리 알라.
26 밀어붙이는 파도를 돌리는 것과 같은
어려움이 너희가 가야 할 길이니라.
27 그러나 그를 역사해야 함이 너희 운
명임을 잊지 말라, 사랑하는 나의 아
들딸들아!

## 7,756 번째 하나님 말씀

*2003년 10월 2일 12시 44분*

1 사랑하는 나의 아들아!
2 "네, 아버님! 말씀하옵소서."
3 너희는 나의 아들의 피로써 구원을
받는다 그리 말함이니,
4 '이것은 죄사함을 얻게 하려고 많은
사람을 위하여 흘리는 나의 피요, 곧
언약의 피니라.' 그리 전한 그 대목의
뜻을 과연 어찌 생각하는가?
5 그리하여 예수가 피로써 너희를 구원
하며 모두 다 구원을 받은 백성이라
그리 생각하느니라.
6 그러나 너희는 이 대목의 가르침이요,
깨달음을 알아야 할 것이니라.
7 이는 새로 태어나는 백성이요, 거듭나
는 백성을 의미하는 것이니라.
8 나에게 오를 수 있는 백성이요, 모두
다 바르게 사는 삶이요, 바로 역사하
는 그와 같은 삶으로써 하늘에 오를
수 있는 그 길로 거듭나라 하는 그 언
약인 것이지,
9 너희의 그 모두를 구원해 준다는 그와
같은 뜻이 아님을 알라.
10 그 언약의 내용이 무엇인가?
11 무조건 그저 너희를 구원한다는 그와
같은 언약으로 생각하지 말라.
12 너희가 예수의 피와 같은 것을 나누어
마신 그것으로써 거듭나는 백성이요,
13 그리고 거듭나는 백성으로 태어나 나
에게 오르며 하늘에 오를 수 있는 그
와 같은 백성으로서 살라 하는 그와
같은 언약이요,
14 너희가 피로써 구원을 받으며 너희를
구제한다는 그와 같은 언약의 뜻이 아
님을 알아야 할 것이니라.
15 그러나 너희는 그리 깨우치고 그리 가
르침으로 나의 피조물 만백성들을 잘
못 인도하고 있음을 알아야 할 것이
니라.
16 너희가 살아가면서 얼마나 어리석고
불쌍한 삶을 사느냐?
17 너희 종교 지도자는 나 여호와가 너
희를 사랑한다 말하며, 나는 모든 것
을 너희를 위하여 베풀어 주는 그와
같은 나 여호와요, 창조주라 그리 말
하느니라.
18 그러나 나 여호와는 너희를 사랑하기
에 복을 주고 싶어 하며 은혜를 주고
싶어 하며 모든 너희에게 편안한 삶
을 안겨주고자 하는 것이 나 여호와의
생각이라 그리 말함이 아니니라,

19 사랑하는 나의 아들딸 너희에게 베풀
고 편안함이요, 은혜를 주고자 하는
것이 나 여호와의 뜻이나,
20 너희가 너무 많은 죄를 짓는 죄인이
기 때문에 내가 너희에게 주지 못하
며 내려 주지 아니한다고 그리 말함
이니라.
21 내가 오늘 나의 아들을 통하여 이 대
목을 너희에게 깨우치는 것은,
22 너희는 태어날 때 나의 아들 예수로부
터 이미 과거·현재·미래의 모든 죄를
구원을 받은 자이니 죄가 없는 백성이
라 그리 가르침이니라.
23 너희는 원죄가 있다 가르치며 또는 모
든 은혜를 받아 죄가 없다 생각하며,
24 나 여호와는 사랑의 하나님이요, 베푸
는 하나님이요, 은혜를 내려 주고 축
복을 내려 주고자 하나, 너희가 너무
나 많은 죄를 짓고 있어 줄 수 없으며
너희는 받을 자격이 없다 그리 말함이
니,
25 과연 오늘의 종교 집단 지도들이 가르
치는 그 뼈대요, 줄기가 과연 어디 있
는가?
26 죄가 없다 말하면서 죄가 많아 구원
을 받지 못한다 함이니라.
27 너희는 재물을 거둬들여 쓰기 위해서
는 죄가 많은 백성은 용서를 빌고 회
개해야 한다 하며, 또한 교회라는 곳
에 만백성을 끌어모기 위해 그저 믿
기만 하면 구원을 받는 것이요, 모든
죄가 사해진다 함이니,
28 이것이 사탄이요, 한 입 가지고 두말
하는 행위이니라.
29 나 여호와가 너희에게 내리고자 하나
너희가 받을 자세가 되지 아니하여 받
지 못하는 그것은 맞음이니라.
30 그러니 너희가 한 입으로 죄가 있어
서 내가 내리는 걸 받지 못하는 백성
이라 하며, 또한 죄가 없어서 나 여호
와가 주는 것을 받을 수 있다 없다 자
격을 시시비비하는 교만한 행동을 하
지 말라고 가르침이니,
31 나의 백성은 어떠한 길을 가야만 하
겠는가?
32 그리하여 내가 이 대목을 여기에다 기
록하니,
33 이 법전을 읽고 깨우친 백성이요, 너
희는 이와 같이 그들이 잘못 가고 있
음을 깨우쳐 주어야 할 것이니라.
34 일관성이 없는 것은 믿음이 아님이니
라.
35 참진리는 변함이 없으며 왔다 갔다
하는 것이 아니며 변질되는 것이 아
니기 때문이니 그리 알라.
36 그리고 너희가 많은 죄를 짓고 있기에
내가 내려 주지 못하며 나로부터 모든
것을 받지 못한다는 그와 같은 말을
함부로 하지 말며, 모든 죄를 용서받
은 자라 그리 말하지 말라.
37 너희는 용서받은 자라 가르치면서 모
든 백성이 죄를 범하여 나에게 이르는
영광을 얻지 못하며,
38 나에게 오를 수 있는 통로가 막혀 있
다 그리 가르치고 설교하는 자들이니
라.
39 그리하여 너희가 지은 죄가 너무나
많고 많기 때문에 나 여호와가 기억하
지 아니하며, 너희가 하늘에 오를 수
없으며 길이 막혔다고 가르치는 종교

지도자, 너희가 이제는 모든 것을 정립해야 할 것이니라.
40 내가 나의 아들을 통하여 너희에게 내림이니, 너희는 세상에 태어날 때 죄가 없음이니라.
41 그리고 너희가 과거·현재·미래의 죄를 나의 아들 예수의 피로써 사해 준 것이 아니요, 너희가 어찌 사느냐에 따라서 구원을 받고 못 받는 것은 너희 소관이며 너희의 삶이 기초가 된다는 것을 알라.
42 그리하여 내가 너희에게 모든 것을 내려 주고 싶으나 너희가 받지 못하는 것은,
43 변화되지 못한 백성이요, 욕심이라는 뿌리를 버리지 못하여 성령이 임하지 아니하여 내가 너희에게 은혜를 내리지 못하는 것이니 그리 알라.
44 다만, 종교 집단 지도자가 한 입으로 두말하여 나의 백성을 흔들어 놓는 사악한 짓을 하지 말라.

## 7,757 번째 하나님 말씀

*2003년 10월 2일 (시간 기록 안 됨)*

1 사랑하는 나의 아들아!
2 **"네, 아버님! 말씀하옵소서."**
3 두 갈래의 마음을 가진 백성은 잘못되었으며 내가 그를 사랑하지 아니한다 하지 않았느냐?
4 두 가지 마음을 가진 자는 천 가지 만 가지로 변할 수 있는 그와 같은 마음의 자세를 가진 자들이니라.
5 그러니 너희는 살아가면서 조변석이요, 아침저녁으로 마음이 변하며 순간의 기분에 따라서 행동과 말과 마음이 변하는 그와 같은 나의 아들딸로서 존재해서는 아니 됨이니라.
6 너희가 아침에 먹은 마음이 저녁에 다른 형국으로써 믿음의 길을 가는 자는 대표적인 두마음을 가진 자요,
7 기후에 따라 환경에 따라 여건에 따라 수없이 변할 수 있는 자들이니라.
8 그러니 너희는 아침저녁으로 변하는 그와 같은 얄팍한 마음의 자세로 살아가서는 아니 되는 것이 오늘의 나의 아들을 따르는 제자들이요, 나의 법전을 읽고 깨우친 백성 너희가 가야 할 길이며 역사하는 너희의 삶이라는 것을 절대 잊어서는 아니 될 것이니라.
9 환경과 여건에 따라 수시로 변하는 마음을 가지고 사는 자는 두마음을 가지고 사는 백성이니,
10 너희는 기다리는 삶이요, 인내하는 삶이요, 고통을 같이하는 그와 같은 삶의 자세로써 역사하지 아니하면 하늘에 오를 수 없으며 내 뜻을 역사하여 이룰 수 없는 것이니라.
11 그러니 아침저녁으로 마음이 변하는 그와 같은 마음은 두마음을 가진 대표적인 자요, 그는 믿을 수 없는 자이니,
12 너희는 변하지 않는 마음, 항상 같은 마음 자세로서 나의 법전을 만들고 접하는 그와 같은 삶을 살지 아니하면 아니 되며,
13 오늘까지 아침저녁으로 환경과 여건에 따라 변하는 그와 같은 마음이라면,
14 오늘 이후부터 너희는 변하지 않는 굳건한 믿음의 자세로써 길이 역사하도록 그리하라, 사랑하는 나의 아들딸

들아!
15 그것이 너희가 가야 할 길이며 너희
가 역사하는 길이라는 것을 명심하고
또 명심해야 함을 잊지 말라.

## 7,758 번째 하나님 말씀

*2003년 10월 2일 17시 44분*

1 사랑하는 나의 아들아!
2 "네, 아버님! 말씀하옵소서."
3 너 자신도 또한 그러하며 너를 따르는
제자들도 이를 깊이 새겨들어야 할
것이니라.
4 너희가 나의 법전을 읽고 깨우쳐 정독
하며 그 배움이 지금 열여섯 권의 법
전을 다 끝내 가는 오늘에 있어서 너
희가 모르고 짓는 죄가 있는가 하면
알고도 스스로 짓는 죄가 있음이니라.
5 너희가 알면서 부끄러운 행위요, 알면
서 잘못하는 행동을 한다면 그 죄가
얼마나 무거운가?
6 그것은 벗지 못하는 죄임을 알아야 할
것이니라.
7 너희가 모르면서 짓는 죄는 용서를 받
을 수 있다 하나, 죄를 알면서도 스스
로 짓는 그 죄는 몇 배로 가중됨을 알
아야 할 것이니,
8 나의 법전을 읽고 깨우친 백성이요,
나의 뜻이요, 강론을 듣는 너희가 알
면서 추한 행동을 하며 알면서 죄짓는
그와 같은 행위를 한다는 것은 나 여
호와를 능멸하는 것이며 나를 욕되게
하는 것이며,
9 너희가 아무리 법전을 만들어 역사하
며 만백성을 구하는 길을 간다 해도
진정한 나의 뜻을 역사하는 것이 아님
을 알아야 할 것이니라.
10 나의 피조물 만백성 너희는 누구나
다 똑같은 나의 아들딸임이니, 너희가
어떠한 마음을 갖고 사느냐가 가장 중
요하다 하지 아니하였느냐?
11 너희가 선한 마음을 가지고 나 여호와
의 뜻을 거역하지 아니하고 행하면 나
의 아들딸이요, 내 뜻에 사는 것이나,
12 너희가 선택된 자라 하여도 내 뜻에
행하지 아니하고, 스스로 알면서 죄를
짓는 그와 같은 행위를 한다면 그것은
바로 사탄의 자식이 되어 나와는 관계
가 없는 것이니,
13 정녕 너희가 지금까지 나 여호와와
맺어진 그 모든 관계가 알면서 작은
죄를 짓는 그 순간이요, 욕심을 넘지
못해 나와의 그 인연을 하루아침에 끊
을 수 있는 그와 같은 길을 가기를 원
하는가?
14 이제 너의 제자들에게 이 뜻을 가르쳐
야 할 것이니라.
15 지금까지 달려왔으며 지금까지 노력
하고 온 그 길을 작은 욕심이요, 작은
욕망을 버리지 못하여,
16 스스로 알면서 죄 되는 일 추한 일을
하면서 너희가 나의 법전을 만들며 나
의 만백성을 구하는 그와 같은 역사를
한다고 생각한다면, 이는 정녕 아니
됨이니 그리 알아야 할 것이니라.
17 지금까지 역사해 오며 법전을 읽고 깨
우치며 나의 강론을 들었으며 100여
권에 달하는 법전의 이 모든 역사가
이루어진 이 마당에,
18 지금도 너희가 스스로 알고 짓는 죄가

있다 하면 이는 지금까지 나 여호와와
맺어진 인연이요, 나와 너희가 역사한
그 모두를 하루아침에 단절하고자 하
며 끊고자 하는 것이요, 교통을 중단
하는 것이며, 나와 너희와 맺은 그 모
든 계약을 파기하는 행위라 함을 알라.
19 그러니 너희는 알고는 절대로 추한
일이요, 죄짓는 행위를 하지 말라 그
리 전하라.
20 그 고비를 넘고 넘는 것이 너희가 가
야 할 길이니라.
21 그리하여 협착한 길이요, 험악한 길이
하늘에 오르는 길이라 말하지 아니하
였더냐?
22 이를 깊이 명심해서 행하도록 그리하
라.

## 7,759 번째 하나님 말씀

*2003년 10월 2일 23시 17분*

1 사랑하는 나의 아들아!
2 "네, 아버님! 말씀하옵소서."
3 지금의 모든 종교 집단이요, 지도자
요, 그 구원을 받았다 하는 백성이 눈
은 있어도 보이지 아니하며 귀가 있어
도 들리지 아니함이니라.
4 지금 잘못 가는 종교 지도자들이 그
들 앞에 장벽을 쌓아 놓았으며 벽을
두껍고 두껍게 쌓아 그들을 가둬 놓고
있기 때문임을 너희는 알아야 할 것
이니라.
5 인간사 세상에 살아가면서 비가 내리
는 것도 똑같은 비가 내림이니, 그 비
가 필요에 따라서 내릴 때도 있으며,
6 또한 그 비가 내려서 모든 농작물이
요, 인간에게 피해를 주는 그와 같은
비도 내리는 것이니라.
7 그러니 비가 온다는 그 한 가지로도
그것이 가뭄에 올 때 그 비는 무엇이
던가?
8 모든 백성이요, 모든 동식물이요, 모
든 것의 생명수가 되는 것이 아니더냐?
9 그러나 장마철에 그 비가 온다면 너희
는 어찌 되겠느냐?
10 그 비로 인하여 그 피해가 더 가중하
게 됨이니라.
11 그러니 이것을 바로 너희에게 전하는
뜻이 여기 있음이니라.
12 장마철에 비가 오는 것을 보고 모든
사람이 '지금의 비는 어찌하여 모든
사람에게 피해를 주며 이렇게 농작물
을 망가트리는가?' 그리 말한다면,
13 그 말만 듣고 너희가 한 가지밖에 모
르는 자라면, 비는 뭐라 말하겠느냐?
14 비가 오는 것은 농작물에 피해를 주며
많은 백성에게 피해를 주며 생명을
앗아 가는 그와 같은 수마로써 보이며
그것밖에 전하지 못하며 그것밖에 전
달하지 못하지 않겠느냐?
15 그러니 그것을 듣고 전하는 자가 그와
같이 못을 박아 전한다면 그 후손이
요, 후손들은 결국 비라는 것은 만백
성의 생명을 빼어 가며 재물을 앗아
가는 수마로써만 생각하지 않겠느냐?
16 그것이 믿음의 길을 가는 길이요, 종
교 지도자요, 집단 너희가 벽을 쌓아
놓고 나의 피조물 만백성들을 가르치
는 그것이 잘못되었다 함이니,
17 그 속에서 너희가 어찌 진리를 알며
하늘의 뜻을 알겠는가?

18 그러니 바로 그와 같은 이치로써 오늘
의 믿음의 길을 가는 백성이기에,
19 너희가 나의 피조물 만백성들을 지옥
으로 이끌어 가는 그와 같은 역사를
하며, 내가 너희에게 비유로 가르친
성서의 뜻을 단 하나도 알지 못함이니,
20 너희는 잘못된 그들로 인하여 장벽 안
에 갇혀 있기에 세상사의 이치를 모르
느니라.
21 그러니 내가 여기서 오죽 답답하면 나
의 아들을 통하여 그 제자들에게 가르
치느냐?
22 가뭄에 메말라서 지금 모든 초목이 말
라 가며 그리고 동식물들이 죽어 가는
그와 같은 형국일 때 내리는 그 단비
는 생명수요, 그보다 더 귀하고 소중
한 것이 없다 하니,
23 그와 같이 기록하는 그것으로만 평가
한다면 또한 그 후손은 그리 평가할
것이니라.
24 그러나 지금 너희는 지금 어떠한 형
국인 줄 알겠느냐?
25 장마가 져서 모든 손해를 입는 속에
비가 내림이니 그 비를 보고, 비는 이
와 같이 모든 재앙의 원흉이 된다고
그리 말하면 그것으로 가르치는 것처
럼 종교 집단 지도자 너희가 그와 같
이 변할 줄 모르며 돌아볼 줄 모르며
생각할 줄 모르며,
26 오로지 그와 같이 한 길만을 믿는다고
부르짖음이니라.
27 그러니 가뭄에 비가 얼마나 소중한
걸 아는 백성이, 비가 오는 것은 장마
가 와서 피해를 주는 그 수마로만 보
지 말며, 모든 동식물의 근원이요, 근
본이 되는 생명수가 될 수 있다고 가
르치니,
28 그것은 헛된 자요, 사악한 자가 너희
를 현혹게 하며 너희로 하여금 물로
써 피해를 입는 것을 더 피해를 입히
고자 하며 너희가 수마로써 더 시달
리는 그와 같은 곤경을 치르게 하는
사탄이요, 이루 말할 수 없이 사악한
것이라 그리 말하지 않겠느냐?
29 지금 너희가 장벽이요, 옹벽 안에서
우물 안 개구리 같은 그와 같은 믿음
으로 가며 기초적인 믿음을 벗어나지
못하기에,
30 내가 제3의 시대에 나의 성령을 태워
나의 아들에게 내린 대장정의 160권
이 구원의 길이요, 하늘에 오르는 길
이요, 심판의 근본이라 그리 말해도
너희는 이를 듣지 아니하고,
31 그저 성서요, 지금까지 너희가 오는
그 길만이 구원의 길이라 그리 악을
쓰며 이는 사탄이요, 이단이요, 사악
한 자라 함이니, 바로 무엇이던가?
32 비가 생명수도 될 수 있다는 그와 같
은 가르침을 가르치는 그들에게 사탄
이요, 사악한 자라 하며,
33 너희가 피해 의식을 가지고 살아가는
것처럼 그보다 더 마음을 열지 못하며
세상사의 이치를 모르며 하늘의 뜻을
모르며 내가 역사하는 걸 모르고 지금
나의 피조물 만백성들을 외골수요, 한
길로써 그저 끌고 가는 자들이니,
34 그러니 거기서 진리를 알 수 없으며
하늘의 뜻을 알 수 없음이니라.
35 그리하여 내 뜻이 아닌 인간의 생각이
요, 인간의 교리를 가지고 나의 피조

물 만백성들을 인간 기업의 목적에
이용하는 그와 같은 사악한 자라 내가
그리 말하느니라.
36 그와 같이 비는 양쪽에서 쓰임을 아는
종교 지도자들이 물이 생명수도 될 수
있다는 것을 가르쳤을 때, 그들은 물
에 대해 적대시하지 아니하며,
37 또 그와 같이 물은 생수요, 유용한 것
이 있다고 그를 가르침으로 인하여,
오로지 물은 장마철에 내리는 비처럼
모든 피해요, 수마의 역할만 한다고
가르친 것이 뒤집힐까 봐, 그리고 그
것을 너희를 따르는 백성이 볼까 봐
너희는 그게 두렵고 무서워서,
38 내가 나의 아들을 통하여 지금 내리는
참진리요, 하늘에 오르는 길이요, 너
희가 심판의 기본인 나의 법전을 보지
못하도록 하며 사탄이요, 마귀라 하여
태워 버리고 찢어 버리고 그와 같은
사악한 행위를 하는 것이 너희임을
알라.
39 이제 나의 법전을 읽고 깨우친 백성이
요, 나의 아들을 따르는 제자 너희는
오늘의 믿음의 형국이 이와 같이 왜
곡되어 있으며 잘못되어 있으며,
40 오로지 저희의 아집과 고집으로써 모
두를 이끌어 가는 그와 같은 형국임을
너희는 가르쳐 주어야 할 것이며, 전
해야 할 것이니 그리 알라, 사랑하는
나의 아들딸들아!

## 7,760 번째 하나님 말씀

*2003년 10월 2일 23시 23분*

1 사랑하는 나의 아들아!
2 "네, 아버님! 말씀하옵소서."
3 지금의 종교 지도자요, 그 성도들 그
리고 그저 맹종하고 맹신하는 그 백성
이 얼마나 가련하고 불쌍한 나의 백성
인가를 너희는 알고 있지 않으냐?
4 그 불쌍하고 가련한 백성을 구원해야
할 것이 너희의 대명임을 잊어서는
아니 될 것이니라.
5 무엇이 진리요, 하늘에 오르는 그 길
인지조차도 모르고 가는 그 가련하고
불쌍한 나의 백성을 너희는 알지 않
느냐?
6 그들은 평생을 바쳐 신앙생활이요, 믿
음의 길을 가고 있지만, 정녕 진리가
어디에서 어찌 이루어지며 어떠한 형
국으로써 전해지는 것이며, 그리고 창
조주 나 여호와의 뜻이 무엇이며 내가
무엇을 역사하고자 하는지 알지 못하
고,
7 죄 없는 나의 불쌍한 아들딸만을 지옥
으로 이끌어 가는 그와 같은 형국이
지금 이루어지고 있음이니,
8 이를 보는 나 여호와의 마음이 과연
어떠한지 너희는 알겠느냐?
9 그 잘못된 종교 지도자들이 저 자신이
지금 서 있는 것도 모르며 제가 무엇
을 설교하며 무엇을 역사하는지도 모
르는 그들 때문에 나의 사랑하는 아들
딸들이 지금 지옥 불에 떨어지고 있음
이니라.
10 그들은 너희 형제이니라.
11 그리하여 내가 너희에게 그를 구원하
는 데 최선을 다하라 함이니, 그리하
여 160권의 법전을 만들어 만백성의
가슴과 손에 전해 주라 하는 것이니라.

12 오늘의 너희가 믿음이요, 구원의 길이
라는 그 교회요, 그곳이 어떠한 형국
인 줄 알겠느냐?
13 종교 지도자라는 사탄으로부터 붉게
물들어진 그 악마가 자리를 지키고 있
으며 그 자리에 버티고 있음이니,
14 그들의 세 치 혓바닥에 나의 사랑하
는 백성이 지옥 불로 떨어지는 것, 그
러한 무서운 사실을 그들은 알지 못하
며, 저희가 어느 곳으로 가는지도 모
르는 자들이니라.
15 그들이 다 너희 형제이니라.
16 그 불쌍하고 가련한 백성을 구하는 데
너희가 모두를 다 바쳐야 한다는 것
을 마음으로만 생각하며 말로만 행하
지 말며,
17 몸소 행하는 그와 같은 역사함이 필
요함을 너희는 이제 알아야 할 것이
니라.
18 너희는 존재함이 아니요, 너희들의 그
모두는 너희 것이 아니니라.
19 나의 아들과 같이 너희는 나 여호와
를 위해 계약된 자들이며 나 여호와가
너희를 쓰고자 하여 부른 자들이니,
20 오늘날 너희는 존재하지 아니함이니
라.
21 그러니 나의 성령이요, 나의 법전을
만들어 세상의 만백성에게 전하며 나
여호와의 뜻에 부응하여 행하고 살아
가는 것이 너희가 가야 할 길이라는
것을 알라.
22 내가 나의 아들을 통하여 너희에게
말함이니라.
23 나의 법전을 읽고 깨우친 만백성 너희
는 반석 위에 서서 하늘에 오르는 그
길을 보는 백성이요,
24 그렇지 못한 백성은 육의 욕심이요,
육의 삶이요, 그래서 육에서 죽고 사
는 그것밖에는 모름이니,
25 거듭나는 은혜를 받지 못한 그 백성과
너희와의 그 차별화는 하늘과 땅이니
라.
26 그러니 너희는 그 어리석고 불쌍한
백성을 구원하는 데 최선의 노력을
다하지 아니하면 아니 됨을 알아야 할
것이니라.
27 나의 아들을 통하여 내리는 나의 성령
이요, 나의 뜻을 너희는 듣고 알고 깨
우칠 수 있으나,
28 인간 세속에서 인간의 생각으로써 벗
어나지 못하고 허덕이는 그 백성은
아무리 읽고 강론을 들어도 알아듣지
못하며 깨닫지 못하는 것이 나 여호와
의 참진리의 뜻이요, 나의 성령의 가
르침이니,
29 이것이 하늘과 땅의 차이요, 무서운
거리가 있음을 너희는 알아야 할 것
이니라.
30 이제 나의 피조물 만백성들이 거듭나
는 삶을 살지 못하며 변화되는 삶을
살지 못하며 천사와 같은 마음으로 변
하지 못하며, 나의 법전을 읽고 나의
친필인 십계명대로 살고 그대로 행하
여 구원의 길을 오고자 하지 아니하는
백성은 살아 있으나 죽은 자들이니라.
31 그러니 나의 사랑하는 아들딸이요, 나
로부터 선택된 너희는 죽은 자들 속
에서 그 삶에 허덕이지 말며, 그를 바
라보지 말아야 할 것이며, 그를 봐서
는 아니 될 것이니라.

32 너희는 그를 벗어났으며 그 한계를 벗
어났으니, 그 속에서 그들과 같이 더
불어 얽히고설키는 그와 같은 삶을 살
아서는 아니 됨을 알아야 할 것이니
라.
33 그들이 역사하는 생활이요, 그들이 역
사하는 것과 너희는 다름이니라.
34 너희가 똑같이 아침 식사를 한다 해도
너희는 나 여호와의 뜻에 따라 선택된
백성이니, 내 계획하에 내 품에서 내
가 주는 양식으로써 아침 식사를 하는
것이요,
35 그들은 인간이 만든 그 음식이요, 인
간으로서 만든 것을 즐기고 먹는 것
이니,
36 내가 지금 나의 아들을 통하여 법전에
기록한 그 한계를 너희는 알아야 할
것이니, 앞뒤가 다르듯이 그와 같이
차이가 있음을 너희는 알아야 할 것
이니라.

## 7,761 번째 하나님 말씀

*2003년 10월 2일 23시 30분*

1 사랑하는 나의 아들아!
2 "네, 아버님! 말씀하옵소서."
3 나로부터 선택된 사랑하는 나의 아들
딸들이요, 그리고 내가 불러 쓰는 너
희는 나의 법전을 역사하기 위해 태
어나기 전부터 나와 계약된 자들이요,
언약으로써 약속된 백성이니라.
4 그러니 나의 사랑하는 백성 너희는
사탄의 자식이 되어 버려서는 아니 될
것이며, 지금의 잘못 가는 백성과 같
은 길을 가서도 절대 안 됨이니라.
5 지금의 잘못 가는 그 백성은 너희의
형제로서 인간으로서 자세를 지키는
것이 아니요, 사탄의 자식으로 전락되
어 있는 것이니, 그들이 얼마나 잘못
가는 백성인가?
6 그들을 위해서 그들을 구원하는 것이
너희의 역사니라.
7 그리고 그들을 뒤에서 조종하는 그 사
탄들과 싸워서 반드시 승자가 되어야
하며 자리를 지켜야만 함을 잊어서는
아니 될 것이니라.
8 너희가 싸워서 견디지 못하고 무너진
다면 나의 사랑하는 피조물 만백성들
을 구원할 자는 이 세상에 아무도 없
기 때문이니라.
9 너희 자신이 이기지 못하고 되려 사탄
에게 무너지며 사탄의 백성이 되어서
는 아니 될 것이니,
10 너희는 어떠한 고통과 시련이 있다 해
도 견디고 이겨야 함을 알아야 할 것
이니라.
11 사랑하는 나의 아들딸들아!
12 너희가 어떠한 역할을 해야 하는 것
인지 알겠느냐?
13 너희는 알곡식을 거둬들이며 과일을
거둬들이며, 그 나무요, 곡식을 잘 가
꾸고 수확하고자 한다면,
14 그 알곡식의 주변에 있는 잡초들을 모
두 뽑아 주어야 할 것이며, 잘 가꾸어
야 할 것이며, 퇴비를 주어야 할 것이
며,
15 영양분을 주어 그게 잘 성장하도록 하
여 잘 가꾸었을 때, 너희가 원하는 알
곡식을 거둘 수 있으며 나의 사랑하는
백성이 그 모두를 취할 수 있는 것이

아니더냐?
16 그러나 너희는 여기서 알아야 할 것
이니라.
17 2천 년 동안 신약의 세월이 지나는 그
동안에 무성하게 자라난 잡초를 뽑아
준 자가 없으며 알곡식을 관리하고 다
듬는 자가 없었음이니,
18 그것이 지금 2천 년 동안 흘러온 그
세월이니라.
19 그러니 나약한 알곡식은 다 잡초에 휘
말려 다 죽었고 말라졌으며 그저 강하
고 앙상한 잡초들만 제 마음대로 성장
하였음이니라.
20 그리하여 오늘날 잡초와 같이 무성하
게 이루어진 것이 무엇인 줄 알겠느냐?
21 알곡식을 열 수 있는 그 나무들은 관
리자가 없어 모두 다 잡초에 휘말려
제자리를 지키지 못하며 그 씨앗을 찾
을 수 없는 것이 오늘의 형국이니라.
22 그러니 오늘날 마음대로 성장한 잡초
처럼 믿음의 길을 가는 그 백성이요,
종교 집단이요, 그리고 구원을 받았다
며 울고불고 광신하는 백성, 그들이
지금 제 마음대로 자라난 잡초와 같은
형국으로써 존재함을 알아야 할 것이
니라.
23 그러니 너희가 그들과 싸워서 반드시
이겨야 하며 승자가 되어야 한다 함이
여기 있음을 알아야 할 것이니라.
24 2천 년 동안 제 마음대로 자란 얽히고
설킨 그 잡초 속에 내가 하나의 씨앗
을 다시 내려, 이를 관리하고 잡초를
잘 뽑아 줘 옥토 속에서 자라도록 한
것이 나의 사랑하는 백성 너희요, 나
로부터 선택된 자들이니라.
25 2천 년 동안 뽑아주지 아니한 그 잡초
들이 저희 마음대로 과실 나무요, 그
리고 알곡식을 맺을 수 있는 그 모두
를 다 짓이겼듯이,
26 지금 내가 내리는 성령이요, 내 아들
을 통하여 역사하고자 하여 새로 뿌
리는 그 씨앗마저도 짓밟고 자라지 못
하도록 하려는 것이 그들이니,
27 그들과 싸워서 지켜 주는 것이 나로부
터 선택된 너희며 나의 법전을 읽고
깨우칠 수 있는 눈이 뜨였으며 귀가
열린 너희라는 것을 잊어서는 아니 됨
이니라.
28 그들이 몰아치는 그 속에서 너희는
싸워서 반드시 지켜야 내가 뿌린 씨앗
이 성장하게 될 것이며, 그리하여 서
서히 그 잡초를 뽑고 또 뽑아 나갈 때
그 옥토의 터는 넓어질 것이며, 그 씨
앗은 자리를 잡아 내가 원하는 모든
결실을 볼 수 있는 그와 같은 알곡식
의 나무가 성장하게 되는 그와 같은
역사를 이루기 때문에,
29 너희는 오늘의 싸움에서 져서도 아니
되며 무너져서도 안 되며 포기해서도
안 된다는 것이 나 여호와의 뜻임을
너희는 가슴 깊이 새겨야 할 것이니
라.
30 이제는 알곡식을 찾을 수가 없으며 그
몸체도 볼 수 없는 형국으로 모두 황
폐해졌으며 다 이와 같이 폐허가 되
어 있는 지금,
31 내가 새로운 곡식을 너희를 믿고 조
심스럽게 뿌림이니, 이를 가꾸는 것이
너희의 대명이라 하지 아니하였더냐?
32 지금의 종교 집단이 그와 같은 형국이

니라.
33 그러니 그들은 대변화요, 개혁이 없이
는 구원을 받을 수 없으며 나에게 올
수 없다 함이 여기 있음이니,
34 그 모두를 다 뽑아내고 태워 버려 완
전히 옥토가 되는 그와 같은 대변화의
계기를 역사하지 아니하면 아무것도
이룰 수 없다 함을 알라.
35 내가 너희에게 일찍이 깨우쳐 뭐라
하였느냐?
36 나의 아들 예수를 통하여 성서에 기록
하기를, 한 사람을 구원하여 의인을
만드는 것보다도 더 큰 상이 하늘에
없으며, 어떠한 죄를 지어도 다 용서
를 받을 수 있는 그와 같은 위대한 업
적이라 하였거늘,
37 너희가 나의 법전 160권을 만들어 헤
아릴 수 없는 것을 만방에 지고 이고
가 전하는 그 역사를 함이니,
38 그를 보고 깨우치는 백성이 얼마나
많을 것이며, 너희의 공로가 얼마나
크겠는가?
39 한 사람을 구원하는 것으로써 모든 죄
를 용서받는다 했는데 수많은 사람을
구하는 너희가 얼마나 나로부터 은혜
를 받겠는가?
40 그리하여 바로 너희 이름이 에덴동산
에 와 있다 하는 것이요,
41 지금 구원을 받았다 하는 자들은 무
엇을 어찌하여 구원을 받는지 그 자체
도 모르고 지금 구원받았다 말하는 자
와 너희와의 차별화가 여기 있음을
알라 내가 다시 또 너희에게 전하니,
42 내가 두 번째 너희에게 전함이니, 이
제 더 이상은 너희에게 전하지 아니
할 것임을 알라.

## 7,762 번째 하나님 말씀

*2003년 10월 2일 23시 35분*

1 사랑하는 나의 아들아!
2 "네, 아버님! 말씀하옵소서."
3 지금의 나의 백성이요, 더욱이 믿음의
길을 간다는 그 백성이 눈이 멀어 있
는 자들이라 그리 말하지 아니하였더
냐?
4 구원의 길이라 하여 울고불고 광란의
짓을 하는 그 백성이 참진리를 보는
눈이 멀어 있다 내가 그리 말함이니,
과연 그 책임은 누구에게 있는가?
5 지금의 모든 종교 집단이요, 지도자들
이 참진리를 모르며 나 여호와의 뜻
을 모르며 하늘의 역사함을 모르고,
6 그저 인간의 기업을 육성하며 나의 피
조물 만백성들을 현혹하고 미혹하게
한 자들이 종교 집단이요, 지도자라는
것을 너희는 잘 알고 있을 것이니라.
7 그들은 참진리의 길이 무엇인가를 알
지 못하며, 내가 역사하고자 내가 이
루고자 하는 그 자체도 그들이 알지
못함이니,
8 천 년에 걸쳐 내가 하늘의 낙원처럼
지상의 낙원을 이루고자 하는 그 역
사함도 모르며,
9 내가 160권의 대장정의 법전을 내려
모든 것을 증거할 수 있는 책으로 만
들어 전하는 그 의미조차도 그들은 모
르느니라.
10 저희 성곽 안에 있지 않은 것, 제 우물
안에 있지 않은 것은 모두 이단이요,

사악한 자라 말하는 것이 그들이니라.
11 그러니 나의 사랑하는 피조물 만백성
들이 그들로 인하여 내가 내릴 수 있
는 은총이요, 나로부터 받을 수 있는
축복이요, 나를 통하여 얻을 수 있는
그 모든 영광을 그들이 얻지 못하며
받지 못하도록 그 모든 빛을 차단하는
것이 오늘의 사악한 자들이며,
12 교회 안을 붉게 물들이고 자리 잡은
사탄이 오늘의 원흉임을 너희는 알아
야 할 것이니라.
13 너희의 죄는 점점 쌓여 가고 있으며,
14 너희는 살면 살수록 죄를 사하는 그와
같은 삶을 사는 것이 아니요, 하루를
살고 한 시간을 살며 1분을 살아도 너
희 목에 걸리는 죄만 더 무겁게 쌓이
고 쌓임이니,
15 결국 너희가 갈 길은 지옥으로 갈 수
밖에 없으니, 어떠한 길이 너희에게
더 있느냐?
16 나 여호와가 지금 내려다보는 세상이
어떤 줄 알겠느냐?
17 하늘과 같이 아름답게 만들어 놓은 이
세상이 그 사악한 자들로 하여금 썩을
대로 썩어져 있으며 더러워질 대로
더러워져 있느니라.
18 그러니 이 세상을 씻고 다시 내가 원
하는 세상을 만드는 것은 오로지 너희
뿐이니라.
19 더욱이 내가 지혜를 높게 만들어 이
세상의 모두를 관장하며 살라 한 나의
사랑하는 백성을 상처투성이로 만들
어 놓은 것은 모두 오늘의 종교 집단
지도자들이니라.
20 구원의 길은 그저 나의 아들 예수를
믿기만 하면 된다는 편안한 가르침으
로써 나의 피조물 만백성들이 모두를
다 버리고 잊어버리며, 저 자신이 어
찌 노력하며 어찌 살아야 하늘에 오르
는 것인지, 제가 지은 죄요, 제가 역사
한 것은 저 자신이 스스로 그 대가를
치른다는 것을 잊어버리게 한 것이
그들이니라.
21 이제 나의 법전만이 너희를 구원할
수 있으며, 상처투성이인 나의 백성을
치유하며 너희로 인하여 썩을 대로
썩고 병들어져 있는 이 지상을 바로
살리는 것도 나의 법전을 읽고 깨우치
며 그대로 행하는 백성 그들만이 이
역사를 이룰 수 있음이니,
22 그 기초요, 근본을 이루는 나의 선택
된 백성이요, 나의 아들을 따르는 제
자 너희의 그 대명이 얼마나 소중하고
귀한 것인가를 알아야 할 것이니 그
리 알라.

## 7,763 번째 하나님 말씀

*2003년 10월 3일 06시 39분*

1 사랑하는 나의 아들아!
2 "네, 아버님! 말씀하옵소서."
3 이 세상의 모두는 다 너희가 승자가
되며, 내가 역사한 그 뜻은 반드시 이
루어진다고 말하였느니라.
4 나 여호와가 나의 성령을 내려보내 나
의 뜻을 책으로 엮어 세상에 내려보내
기에 승자요, 그리고 내가 모두를 주
관하기 때문에 너희가 승자라 함이
아니며,
5 그와 같이 역사하는 것도 물론 가장

기본이요, 기틀은 되나, 가장 너희가
승자가 되는 것은 바로 너희 자신에
있음을 알아야 할 것이니라.
6 여러 사람이 하는 운동 경기는 과연
무엇이 가장 중요하더냐?
7 한두 사람의 뛰어난 자의 실력으로써
그 팀이 전체 우승을 할 수 있는가,
8 골고루 서로 협동하고 협심하여 하나
의 팀워크를 이루는 것이 승자의 길
이 아니던가?
9 바로 단체로 하는 경기는 모든 사람
이 힘을 합쳐 하나의 팀으로 이루어지
는 것이 가장 소중함이니,
10 너희는 이 세상 어느 백성도 따라갈
수 없는 하나의 팀을 이루어지게 되어
있느니라.
11 내가 다시 너희에게 일러 말한다면,
모든 세상 사람들은 불 앞에서 헤어
지듯이 각자 뿔뿔이 헤어지며 자기 주
장을 내세우며,
12 오로지 자기 뜻이 관철되지 아니할
때, 그들은 서로 정적을 만들며 그를
제 편으로 만들기 위해 수단과 방법
을 가리지 아니하고 가장 간교한 방법
으로써 그리함이니,
13 모두 갈라지고 찢어지고 헤어지게 되
어 있는 것이니라.
14 그러나 너를 따르는 제자들 나의 법전
이 나 여호와의 뜻이라 하여 귀가 열
리고 눈이 열리는 백성은 절대로 둘이
되고 셋이 될 수가 없음이니,
15 물방울이 모이고 모여서 하나의 큰 물
줄기를 이루듯이, 너희는 완벽한 팀이
이루어져 하나로 역사할 수 있기 때
문이니라.
16 그러기에 너희가 승자가 된다는 것이
며, 너희는 반드시 이기는 자가 된다
는 나 여호와의 뜻이 여기 있음을 알
아야 할 것이니라.
17 나의 아들을 따르는 제자 너희는 나의
법전을 읽고 깨우쳐 진정 눈이 뜨였을
때, 너희는 둘이 하나가 되는 것이요,
둘이 되고 셋이 되는 것이 아니니, 너
희보다 단단한 팀워크가 이루어지는
것은 이 세상에 어느 집단도 없게 됨
이니라.
18 그러기에 너희가 승자가 된다는 것을
내가 너희에게 깨우쳐 줌을 알아야
할 것이니라.
19 물론 나 여호와가 주관하며 내가 역사
하나 너희가 하나가 되기 때문이니라.
20 여기서 너희는 알아야 할 것이니라.
21 나의 아들 예수를 2천 년 전에 세상에
내려보내 나의 뜻을 역사하고 이루고
자 하였으나,
22 그의 제자들이 오늘의 너희같이 하나
가 되지 아니하였으며, 서로 각자의
생각이요, 서로 제자리를 지키며 제
목소리를 내고자 하는 그와 같은 모임
이었으며 제자였기 때문이니라.
23 오늘의 너희가 이룬 것처럼 하나같이
됐다면 절대 그는 그리 이루어질 수가
없음이니라.
24 그것이 너희와 모든 차이점임을 알라.
25 그러니 내가 뭐라 말하였느냐?
26 모세의 시대의 역사는 나 여호와의 주
관하에 출발의 시대요, 예수의 시대는
중간 주자로 달리는 시대라 했으며,
27 마지막 주자로서 달리는 제3의 시대
가 열리는 것이라 그리하지 아니하였

더냐?
28 그것이 다른 것이니라.
29 너희는 모두 하나가 되며 완벽한 팀
워크를 이룸이니, 자기를 생각하지 아
니하고 너희는 나 여호와의 성령이요,
나의 뜻으로 만백성을 구하는 그 길
에 임하기에 그것이 다른 것이며,
30 그리하여 너희가 승자가 되게 되어
있음을 알아야 할 것이니라.
31 하나의 물방울이 모이고 또 모이듯이
너희는 그리되느니라.
32 그게 너희가 나에게 정해진 것이며,
33 그리하여 미리 나로부터 선택된 백성
이요, 오늘의 나의 아들과 더불어 가
는 그 은혜를 입었음을 알아야 할 것
이니라.
34 나의 아들이 가는 곳에 연필 하나 종
이 하나를 쥐여 주지 말라 하였음이
니,
35 그와 같은 의미가 다 너희가 하나가
됐을 때는 절대 나의 법전을 만들어
세상에 전하는 그 역사 외에는 어떤
것도 다 손에서 놓을 수 있는 그와 같
은 경지의 깨달음을 이룰 수 있는 것
이 너희이니라.
36 그리하여 너희는 하나가 됨이니라.
37 이제 하나가 되기 시작함이 너희의
근본임을 알라, 사랑하는 나의 아들딸
들아!

## 7,764 번째 하나님 말씀

*2003년 10월 3일 06시 47분*

1 사랑하는 나의 아들아!
2 "네, 아버님! 말씀하옵소서."
3 지금의 모든 종교 집단이요, 지도자가
수천수만 갈래로 갈라져 제 목소리를
내고 있지 아니하더냐?
4 그렇기 때문에 그들이 나와 관계없는
길을 가는 백성이라 내가 그리 말하였
음이니라.
5 그러니 너희는 하나로 역사하여 하나
가 될 수 있는 나의 선택된 백성이라
그리하지 아니하였더냐?
6 하나가 되는 것이 얼마나 위대한 것인
지 알겠느냐?
7 너희에게 하나가 되라 하는 것은, 그
저 모이고 모여서 그 힘이 하나로 모
여지기 때문에 위대하며 그 역사함이
대단한 것이라 그리 생각할 것이나,
그렇지 아니함이니라.
8 그것도 물론 기초요, 기본이 되는 것
이나, 너희가 하나가 되었을 때는 나
의 법전을 믿으며 나의 성령을 믿으며
나의 아들을 믿고 감이니라.
9 그러니 나 여호와가 존재함을 진심으
로 믿는 성령이 임한 백성은 어떠한
고통과 시련의 역사가 있다 해도 흔들
리지 아니하며 무너지지 아니하며 쓰
러지지 아니하는 그 소중함이 거기 있
음을 너희는 알아야 할 것이니라.
10 성령으로 임한 백성과 성령으로 임하
지 아니한 백성의 차이가 거기에 있음
이니라.
11 수천수만 갈래로 갈라진 그 종교 집단
의 지도자들이 하나의 마음으로 이루
어지지 아니함이니, 그들은 다 무엇이
더냐?
12 성령으로써 임할 수가 없는 것이니라.
13 나 여호와의 진리요, 나 여호와의 성

령은 한 길이고 하나이거늘, 하나를
가지고 수천수만 갈래로 찢어지고 찢
어져 있으니,
14 그게 무슨 힘이 있으며 능력이 있으며
원상태에서 모든 형태를 갖출 수 있겠
느냐?
15 그를 이룰 수 없는 것이니라.
16 그리하여 그들은 성령으로 이루어지
지 아니하기 때문에 두렵고 무서우며
공포가 있으며 유혹이 있으며, 너희
인간 세상의 욕심에 의하여 그리 넘어
짐이니라.
17 지금 성령으로 임하지 않고 천 갈래
만 갈래 찢어진 그 백성 너희는 정녕
어떠한 유혹이요, 어떠한 사탄이 이끄
는 것에 가차없이 넘어지며, 계산에
의하여 무너지고 쓰러지는 것이 성령
으로 임하지 아니한 그 백성이 가는
길이니라.
18 그러나 너희가 하나가 되어 성령으로
임한 그 길을 갈 때, 절대 넘어지지 아
니하며 유혹에 흔들리지 아니하며, 두
려움이 없으며 주저함이 없는 것이 다
름을 알아야 할 것이니라.
19 이것이 너희는 다른 백성의 이치라는
것을 알아야 할 것이니라.
20 너희는 정녕 하나가 되어 성령으로 임
한 그 길을 감이니, 나의 법전을 믿으
며 나의 아들을 통하여 내리는 강론을
믿으며, 이는 나 여호와의 뜻이라 하
여 하나로 뭉쳐진 그 힘이 바로 너희
가 하나로 뭉쳐져 그 힘을 발휘하는
것이며,
21 내가 일찍이 말했듯이 화살을 하나는
꺾을 수 있으나 열 개는 꺾을 수 없다
는 것도 그 이치요, 일리이나,
22 그보다도 더 위대한 것이 성령으로 임
하여 나 여호와의 한 길을 가지고 너
희 가슴에 똑같이 심으니,
23 그게 하나가 된 그 힘은 사탄에게 넘
어지지 아니하며 사악한 자에 넘어지
지 아니하며, 아무리 너희를 유혹한다
해도 너희는 넘어지지 아니함을 알아
야 할 것이니라.
24 이제 너를 따르는 제자들이요, 나의
법전을 읽고 깨우친 백성에게 전하라.
25 너희가 유혹에 넘어지며 인간의 생각
이 먼저 이루어지며 그리고 너희가
나에게 한 점의 부끄러운 행위를 하는
것은,
26 아직 성령이 임하여지지 하였으며, 나
여호와가 너희와 더불어 가지 아니하
며 역사하지 못하는 미완성이기 때문
에 그러한 생각이 있는 것이니,
27 성령으로 임해져 하나가 된 너희라면
절대 그건 있을 수 없으며 그와 같은
것은 역사할 수 없음을 알아야 할 것
이니라.
28 이것이 성령으로 임한 하나가 된 백성
의 위대한 힘이요, 무서운 힘을 너희
는 알아야 할 것이니라.
29 그러니 하나가 된다는 것은 성령으로
임하는 것이니라.
30 나 여호와는 너희에게 말하기를 세상
을 하얀색으로 칠하라 하였거늘, 모든
종교 집단 지도자들이 수천수만 가지
색으로써 칠하며 제가 맞다 말함이니
라.
31 그러니 이 세상에 그것이 하나로 이루
어지는 그 모습의 형태가 얼마나 추하

고 더럽겠는가?
32 내가 보는 모든 종교 집단이요, 지도
자들이 하는 것이 그 행위이니라.
33 하얀색으로써 세상을 덮어야 하는 것
이 나 여호와의 뜻이요, 하얘지는 것
이 하늘에서 이루어진 것같이 지상에
서 이루어지는 것이라 내가 그리 말하
거늘,
34 각자가 지금 종파가 생기며 교리가 생
긴 것은 너희 나름대로 수천수만 가
지의 색깔을 가지고 지금 지상을 칠해
놓고 있음이니, 그것이 얼마나 추하고
흉한 모습으로써 보이는지 알겠느냐?
35 그것이 오늘의 모든 백성이 2천 년 동
안 흘러온 그 역사의 형태이니라.
36 그리하여 내가 그 위에 모두 하얀색으
로써 그를 다 칠하려 함이니라.
37 그러나 여기서 너희는 들어야 할 것
이니라.
38 추하게 그려져 있고 수천수만 가지가
그려진 그 속에 너희가 하얀색을 칠
한다 해도 그 하얀색이 벗겨지는 날
그 추한 모습은 살아 있을 것이며, 그
모습은 그대로 있기에,
39 내가 나의 법전을 내려보내 너희에게
깨우치는 것은 이 오염되고 추하고 더
러운 모습의 세상을 완전히 씻어 내라
하는 것, 그것이 나 여호와의 뜻이며,
40 그리고 사랑하는 나의 백성이 잘못된
종교 지도자들의 가르침에 의하여 천
갈래 만 갈래 찢어지고 상처투성인 그
모습이니, 그들을 치료하는 역사를 너
희가 해야 할 것이라 함이니라.
41 너희는 지금 그대로 모든 종교 집단이
요, 지도자들이 수천수만 가지 색을
그려 놓고 칠해 놓고 제 것이 옳으며
제가 하늘에 오르는 길이라 말하나,
42 거기에다 너희가 그저 하얀 것을 부
어서 세상을 덮으면 될 것이나, 그 뿌
리를 놔두고는 되지 아니하기 때문에
씻어 내고 닦아 내고 다시 칠해야 함
이니라.
43 그것이 오늘의 너희가 어렵고 힘든
그 길을 가게 되는 것이라는 것을 잊
지 말라, 사랑하는 나의 아들딸들아!
44 너희가 죄를 범하며 나 여호와에게 한
점의 부끄럼이 있는 삶을 사는 것, 남
을 시기하고 질투하는 말, 그 모두는
다 무엇인 줄 알겠느냐?
45 성령으로 임하지 아니한 백성이기 때
문에 그러니라.
46 정녕 성령으로 임한 자는 두려움이 없
으며 겁날 것이 없으며, 그리고 남을
욕하며 시기하는 미혹된 행위를 절대
할 수 없는 것이니라.
47 그러니 너희가 나의 법전을 읽고 깨우
쳐 너희 스스로 하나가 되었을 때 그
힘은 성령으로 임한 증거이기 때문에,
너희의 행함이 얼마나 위대한지 알겠
느냐?
48 그러니 그때 한 사람이 이 세상을 다
지배할 수 있고 다스릴 수 있고 싸워
서 이길 수 있는 능력이 임함이니라.
49 다시 한 번 내가 말함이니라.
50 성령으로 임하지 아니한 자가 추하고
더러운 짓을 하는 것이며, 성령으로
임한 백성은 절대 그러한 것이 없음이
니,
51 너희는 성령으로 임한 백성으로서 먼
저 하나가 되도록 그리하라, 사랑하는

나의 아들딸들아!

## 7,765 번째 하나님 말씀

*2003년 10월 3일 06시 55분*

1 사랑하는 나의 아들아!
2 "네, 아버님! 말씀하옵소서."
3 너희는 지금까지 살아온 그 죄요, 오
늘 한 번의 실수를 한 것에 매달리며
거기에 연연하며 너희 자신을 자책하
는 그와 같은 시간을 가질 때가 아님
이니라.
4 오로지 한 번의 실수를 두 번 다시 하
지 않는 그와 같은 마음의 변화로 살
아가는 것이 소중함이니,
5 너희는 오늘의 자책으로 너무 괴로워
하지 말며 고통스러워하지 말라.
6 다만, 너희가 그와 같은 것을 깨달았
다면, 나를 향하여 한 점의 부끄럼이
없는 삶을 사는 그 길만이 너희가 나
의 은혜에 보답하는 길이라는 것을 잊
지 말라, 사랑하는 나의 아들딸들아!
7 너희는 이제는 알고 있지 않은가?
8 내가 무엇을 요구하고 내가 이루고자
하는가를 알며, 나를 거역하는 삶이
무엇인가를 알고 있음이니라.
9 오늘 나는 나의 아들을 통하여 너희에
게 전함이니라.
10 너희가 보통 십계명을 지킬 수 없다
고 말하는 것처럼, 무엇을 더 두려워
하고 겁을 먹고 있는지 아느냐?
11 너희는 인간은 의인이 될 수 없다 그
리 말함이니, 결코 의인은 될 수 없다
고 말하며,
12 의인이 될 수 있다는 이야기는 정신
나간 자요, 잘못된 자요, 여호와를 능
멸하는 자요, 나보다 높은 자리에 있
고자 하는 자라 하며 너희를 핍박하고
욕하고 할 것이니라.
13 그러나 너희는 알라.
14 의인이 되는 길이 무엇인 줄 알겠느냐?
15 이는 간단함이니라.
16 너희가 십계명을 차 한 잔 마시는 것
보다 쉽게 지킬 수 있고 역사할 수 있
다는 마음 하나 다스리면 된다는 그
깨달음을 얻었듯이,
17 세상에 의인이 되는 것은 무엇인 줄
알겠느냐?
18 자기 자신을 버려둠이니라.
19 자기 자신을 비워 버리고 자기 자신을
버리면 의인이 되는 길이거늘,
20 어찌하여 너희 자신 하나 버리는 그와
같은 용기 있는 삶을 살지 못하고 그
리 간단 말이더냐?
21 이제 나의 법전을 읽고 깨우친 백성이
요, 나의 아들을 따르는 너희는 의인
이 될 수 있으며, 의인이 되는 것이니
라.
22 너희가 이 세상에 의인이 되는 것은
바로 무엇이더냐?
23 인간 세속에서 의인이 되는 것이니라.
24 하늘에서 내가 직접 내려보내는 자요,
이미 천사와 같은 것이 되어 있는 자
들이니,
25 의인이 되는 길이요, 의인이 되라 함
은 너희를 위해서 되라 함이지, 하늘
에서 명을 받고 내려가는 자요, 천사
가 그리 의인이 되라 하는 것이 아니
니라.
26 너희가 의인이 되는 것이 천사가 되는

것이요, 하늘에 올 수 있는 자격을 가
짐이니, 하늘에 오르고 못 오르는 것
은 너희지 천사들은 이미 끝난 것이
아니더냐?
27 그러니 의인이 된다는 것을 두려워하
지 말며, 지금까지 너희가 가슴에 겁
먹고 있던 그 모든 마음을 다 지우라
그리하라.
28 너희가 의인이 될 수 있는 것은 네 가
슴에 있는 '나'를 버리며 자신을 지워
버리고 생각하고 살아가면 그것이 의
인이 되는 길이요, 의인이 될 수 있는
것이니라.
29 그래서 나의 피조물 모든 만백성이요,
너를 따르는 제자들이요, 나의 법전을
읽고 깨우친 백성, 너희라도 그리하라.
30 '나'를 비우는 삶을 살라.
31 '나'를 비우고 사는 자는 두려움이 없
으며 주저함이 없을 것이며, 그리고
나를 향하여 하늘로 달려오는 그 길에
아무리 어렵고 고통스러운 역경이 있
다 해도 너희는 거기에서 멈추지 아
니하는 그와 같은 백성이 될 것이니라.
32 이제 너희는 십계명이 나 여호와가
너희를 위하여 내린 것이요, 짐승들을
위해 내린 것이 아님이니,
33 이를 누구를 위해서 내렸는지 생각할
때,
34 너희가 이를 지키지 못한다는 것은 인
간이 되고자 하는 것을 포기한 자요,
35 나 여호와의 아들딸이라는 것을 포기
하는 것과 마찬가지라는 그 이치를
깨닫고 있지 않으냐?
36 그러니 남들이 이룰 수 없는 것을 너
희는 지금 이룰 수 있다고 달려가고
있음이니,
37 너희는 바로 의인이 될 수 있다는 것
을 오늘서부터 마음속에 깊이 새기라.
38 그는 모두 너희 자신을 모두 버리며
자신을 비우는 그것이 의인이라 함을
너의 제자들에게 깊이 깨우쳐 행하도
록 그리하라, 사랑하는 나의 아들딸들
아!
39 주저하지 말라 전하라.
40 그리고 모든 백성에게 너희는 전하라.
41 또한, 네 제자에게 전할 것이며, 너를
따르는 제자 너희는 그리 전하라.
42 너희를 보고 그들은 미친 자요, 정신
나간 자라 말할 것이니라.
43 너희가 '저의 죄를 용서하여 주옵소
서.' 그와 같이 기도하는 것도 높은 자
가 주면 주는 대로 받아 챙기면 될 것
이지, 감히 오만한 자라 하며 너희를
평가하는 종교 집단이요, 지도자요,
구원을 받았다 아우성치는 그와 같은
자들의 오늘의 그 본마음이요, 마음속
의 형태이니,
44 그 속에서 너희가 의인이 될 수 있다
는 것에 그들이 시시비비하는 것은
귀를 막으며 관여치 말라.
45 너희는 나의 성령 안에 삶이니, 너희
에게 뭐라 말하였느냐?
46 너희가 한 사람을 구원하는 그것보다
큰 은혜가 없다 하였거늘 너희는 수
천수만의 백성을 구원하는 그 길을 가
고 있음이니, 너희는 그들과 생활의
방법이 다르니라.
47 너희는 성령의 세계요, 나 여호와의
뜻이요, 내 품 안에서 살아가는 백성
이요,

48 다른 백성은 죽음의 세상에서 죽은
자라 함을 과연 믿겠느냐?
49 저희는 살아 있으며 목숨이 있으며 숨
을 쉬나, 그는 곧 죽은 자라 그리 말함
이니라.
50 이는 성령으로써 임하지 아니하고 깨
우침이 없으며 변하지 않는 그 삶은
결국 얼마 되지 않는 육의 삶을 마치
고 뒤따라오는 심판에 의하여 거듭나
지 못하면 죽음이니라.
51 그러니 죽은 자의 행함에 산 자인 너
희가 시시비비에 휘말리지 말며, 죽은
자가 하는 말을 산 자인 너희가 그것
으로 인하여 두려워하지 말라.
52 의인이 되는 것은 너희가 자신을 비
우는 것이며, '나'를 생각하지 않는 길
이 의인 되는 길이라 그리 가르치며,
53 너희도 그리될 수 있도록 최선의 노
력을 다하도록 전하라, 사랑하는 나의
아들딸들아!

## 7,766 번째 하나님 말씀

*2003년 10월 3일 07시*

1 사랑하는 나의 아들아!
2 "네, 아버님! 말씀하옵소서."
3 너희는 기회가 있으며 돌이켜 회개할
수 있으며, 그리고 다시 한 번 도전할
수 있는 그와 같은 삶을 위하여 사는
것과,
4 가장 소중한 것을 한번 놓치면 다시
잡지 못하는 그와 같은 삶의 그 길이
있거늘,
5 지금 그를 구분하지 못하고 사는 것이
나의 사랑하는 백성 너희임을 알아야
할 것이니라.
6 육의 세상에서 생명이 존재하는 한 너
희가 하던 일에 실패하며, 잘못되었을
때 다시 노력하며 반성하며 회개해서
갈 수 있는 그와 같은 기회가 인간 세
상에는 있지 않으냐?
7 그러나 그것은 영원한 삶이 아니요,
오로지 육의 세상에 이루어지는 잠깐
거쳐 가는 삶이라 내가 그리 말하지
아니하였느냐?
8 너희는 잠깐 거쳐 가는 그와 같은 삶
이요, 실패했을 때 다시 일어설 수 있
는 그와 같은 인간 세상의 삶에는 모
두를 다 바치며 역사하여 그리 살아
가는 자들이니라.
9 그러나 너희가 나에게 심판을 받아 들
어가는 문은 있으나 나오는 문이 없는
그 지옥으로 가며, 거듭나는 그와 같
은 역사의 은혜를 입을 수 있는 것은
단 한 번의 기회라 내가 그리 말하였
음이니라.
10 너희가 나로부터 심판을 받아 출구가
없는 지옥으로 가는 것, 그리고 너희
가 그림으로 그려서 상상할 수도 없으
며 어떤 머리로도 생각할 수 없는 하
늘의 그 찬란한 나의 나라에 와 영원
히 사는 그와 같은 삶은 한 번의 기회
외에는 없음이니라.
11 두 번의 기회가 없는 것이 그와 같은
삶이니라.
12 너희가 구원을 받는 다음 세상이요,
나 여호와가 존재하는 사후의 세상이
있다는 것을 너희는 말로써는 그를
믿으며 그와 같은 것을 역사한다 하
나, 모든 종교 집단이요, 지도자 너희

가 그를 잊어버리고 사는 것이니라.
13 말로써는 그리하나, '설마 그와 같은
세상이 있을까?' 하며 믿음 반 믿지
않음 반인 그와 같은 마음으로 지금
세상을 살아가고 있지 않으냐?
14 너희는 눈으로 보이는 육의 세상에는
절대 실패자가 되지 아니하며, 실패했
다 해도 다시 기회를 얻을 수 있는 그
삶을 위해서는 목숨을 바쳐 그리 노력
하며 모든 것을 투자하고 역사하여
이루고자 하나,
15 너희에게 단 한 번밖에 없는 가장 소
중한 '구원의 길이냐, 지옥으로 가느
냐' 하는 거기에는 얼마만큼 투자하며
얼마만큼 너희 자신을 던져서 살아가
는가?
16 오늘의 너희의 살아감이 그와 같은
것이니, 하늘에서 내려다보는 너희가
얼마나 가련하고 불쌍한 백성인지 알
겠느냐?
17 오늘의 너희는 육의 보이는 것만이
전부요, 그것을 위해 살아가며,
18 지금 바로 아름다운 세상, 영원히 사
는 세상을 보지 못하며 오로지 눈앞에
보이는 육의 세상의 그것만을 보고 거
기서 잃고 얻음을 가지고 몸부림치며,
19 그것으로써 인간으로서 성공이요, 실
패의 그 모든 기준을 두는 것이 종교
집단이요, 지도자요, 나의 백성 너희
의 그 형태이니, 이를 벗어나도록 그
리하라, 사랑하는 나의 아들딸들아!
20 너희는 앞에 보이는 것만 연연해서는
아니 되며, 보이지 않는 미래의 그 찬
란하고 위대한 삶을 살아가는 그와 같
은 현명한 백성으로서 살아가야 함이
니라.
21 나의 아들 따르는 제자들이요, 나의
법전을 읽고 깨우친 백성은 그것을
알고 있으나,
22 천년만년 역사의 세월이 흐른다 해도
지금의 종교 집단이요, 지도자요, 지
금의 그 지도자 밑에서 구원의 길을
가는 백성, 너희는 이를 구분하지 못
하며 이를 알지 못하며,
23 안다 해도 행하지 아니하며, 안다 해
도 미래를 위해 모두를 투자하고 던지
는 진실한 마음이 없음이니라.
24 너희가 지금 기도하며 나에게 경배한
다 하는 그 행위는 모두 육의 세상에
서 무엇을 이루어 주기를 먼저 생각하
며 먼저 기대하는 자들이 바로 오늘의
너희라 함을 잊지 말라.
25 그리하여 기복 신앙의 원산지며 기복
신앙의 대표자가 오늘의 종교 집단 지
도자요, 거기에 속해있는 그 백성이
그러하니라.
26 그것이 바로 너희와 나의 아들을 따
르는 그 백성과 다름이 여기 있음을
알라.

## 7,767 번째 하나님 말씀

*2003년 10월 3일 23시 42분*

1 사랑하는 나의 아들아!
2 "네, 아버님! 말씀하옵소서."
3 말이라는 동물은 힘차게 멀리 달릴 수
있는 그 능력과 기술이 있으며, 소라
는 동물은 묵묵히 밭을 갈 수 있는 그
힘을 가지고 있으며 그 능력이 또한
그와 같이 다름이니라.

4 너를 따르는 제자들이 모두 한마음이
요, 하나가 되라는 것은 무엇인 줄 알
겠느냐?
5 그와 같이 다 각자가 필요한 능력이
요, 각자가 필요한 재능이 있기에 너
희를 내가 선택했으며, 또한 너희가
하나가 되라 하는 말이 거기에 있느니
라.
6 너희가 가진 모든 특성이요, 능력이
하나 되어 역사했을 때 나의 피조물
만백성을 구하는 그 모든 것을 완벽하
게 이룰 수 있다는 것을 알아야 할 것
이니라.
7 너희는 태어나기 전부터 나로부터 선
택된 백성이요, 임무를 받은 백성이라
하나, 너희는 탕자로서 돌아온 그와
같은 나의 아들딸임을 알아야 할 것
이니라.
8 너희는 나로부터 선택된 백성이요, 준
비된 백성으로서 세상을 살아왔으나,
너희의 오늘의 삶은 인간 세상의 그
삶에서 벗어나지 못하는 그 삶을 살았
음이니,
9 나 여호와가 너희에게 말하기를, 지금
육을 가지고 살아 있는 백성이 진정
한 진리요, 성령이요, 나의 뜻을 거역
하고 사는 것은 바로 산 자 중에 죽은
자라 내가 그리 너희에게 말하지 아
니하였던가?
10 너희도 그들과 똑같이 죽음의 세상에
서 산 백성이니,
11 나 여호와의 부름을 받아 나의 아들을
따르며 지금 이 역사를 이루는 너희는
바로 무엇이더냐?
12 탕자가 돌아온 것보다도 더 내가 너
희를 반갑게 맞이하며 그보다도 더
큰 역사의 선택을 또 한 번 받은 백성
이라는 것을 너희는 깊이 깨우쳐 알
아야 할 것이니라.
13 지금 나의 법전을 만들어 세상에 전하
며 만백성을 구하는 그 역사를 할 때,
너희가 죽음의 세상에서 허덕이던 그
와 같은 인연이요, 인간의 고리를 정
리하지 못하고 오늘의 이 길을 간다면
너희는 결코 이 어렵고 힘든 길을 갈
수가 없는 것이니라.
14 나는 너희에게 나의 아들을 통하여 말
하느니라.
15 이제 나의 법전을 만들기 위해 동참한
백성이요, 그 제자들은 알아야 할 것
이니라.
16 죽은 자의 세상에서 이루어지는 그 세
속의 인연이요, 그 죽음의 고리를 정
리하지 못하며, 나의 법전을 만들어
만백성을 구하는 그 길에 게을리하며
태만해서는 아니 됨을 너희는 알아야
할 것이니라.
17 내가 너희에게 물으니, 너희가 이 세
상에 생명을 가지고 나간 것은 나 여
호와로부터 받은 은혜요, 그리고 이
세상을 모두 다 주관하고 관장하는 것
은 나 여호와라 하였음이니라.
18 그러니 이 세상의 모두를 주관하고 관
장하고 창조한 나 여호와의 뜻을 역사
하는 그것보다 무엇이 더 귀중하고 소
중한 것이 있는가?
19 나의 법전을 만들어 만백성을 구하는
역사를 하는 거기에 소를 희생해서 대
를 역사하는 그 길을 가는 것이라 그
리 표현해서 말할 수 있는가?

20 그와 같은 말을 거기다 비유해서 할
수도 없으며 거기에 비유할 수 없는
것이 너희가 나의 법전을 만들어 만
백성을 구원하는 그 역사를 이루는 것
이니,
21 이는 '대를 위하여 소를 희생한다'는
그와 같은 인간 세상의 말로써는 표현
할 수 없음을 알라.
22 나의 사랑하는 피조물 만백성들이 한
번 가면 돌아오지 못하는 그 지옥의
길이요, 그리 가는 백성을 구하는 그
역사의 희생이라는 것은 대를 위해서
소가 희생하는 것이 아님을 너희가
알아야 할 것이니라.
23 대를 위해 소를 희생하는 것은 인간사
에서 옳고 그름을 선별할 때 그리고
갑론을박을 할 때, 많은 편을 들어주
는 것으로써 표현한다는 그와 같은
말이니,
24 나의 법전을 만드는 데 소가 희생된다
는 그와 같은 각오가 아니니라.
25 너희의 생명을 모두 던져서라도 역사
하는 그 길에 가는 것이지, 그와 같은
비유의 뜻을 벗어난 것이 너희가 오
늘 가야 하는 길이라는 것을 깊이 깨
우쳐야 할 것이니라.
26 이제 나의 피조물 만백성들이 같은 삶
을 살며 돌아오지 못하는 지옥의 그
길로 가는 백성이요, 그리고 영원히
다시 태어나는 삶을 얻는 그와 같은
구원의 삶을 가고 못 가는 것은 오로
지 나의 법전에 달렸다는 것을 안다
면,
27 너희는 감히 대를 위해 소가 희생된다
는 그와 같은 나약한 생각을 해서는
아니 될 것이며,
28 만백성을 위하여 소를 희생하는 것이
아니요, 네 모든 것을 다 바쳐 역사한
다는 그와 같은 자세로써 너희가 가
야 함을 절대 잊어서는 아니 될 것이
니라.
29 이제 나의 법전이 세상에 빛을 보기
시작할 것이며 역사를 이룸이니,
30 오로지 이를 세상에 나가지 못하도록
빛을 보지 못하도록 역사하는 그 무
지막지한 파괴력의 그 힘을 슬기롭게
견디고 역사하는 것은 무엇인지 알겠
느냐?
31 내가 오늘 나의 아들을 통하여 너희에
게 명함이니, 조용히 물이 높은 곳에
서 낮은 곳으로 흐르듯이 흐름의 순리
를 거역해서는 아무것도 역사할 수
없음을 알아야 할 것이니라.
32 그러니 그와 같은 슬기로운 지혜와 흐
름에 따라 최선의 노력으로, 보이지
않는 곳에서, 남에게 과시하지 않는
속에서, 남들이 아는 듯 모르는 듯 나
의 법전을 완벽하게 만들어 내는 그것
이 너희의 오늘의 가장 소중한 대명이
요, 너희가 역사한다는 걸 잊지 말라.
33 이제 나의 법전을 만들고 전하는 백성
너희는 죽음보다 더 소중한 것이 나의
법전을 만들어 만백성을 구하는 길이
라 생각하며,
34 인간 세상의 욕심으로 살아 있는 자가
죽어 있는 그 세속에 있는 인연의 고
리 때문에 만백성을 구하는 법전을 만
드는 데 소홀히 해서는 아니 될 것이
니, 이를 명심하라 전함이니라.
35 나의 아들에게 이와 같은 것을 전하고

자 했으나 나의 아들이 입을 열지 아
니하여 그를 다그쳤음을 너희는 알아
야 할 것이니라.
36 모든 종교 집단이요, 지도자들이 저희
에게 와 충성하며 모든 것을 바치는
것이 하늘에 오르는 길이요, 구원의
길이라 그리 끌고 가니, 그들은 바로
너희와 다름이니라.
37 그들은 재물을 바치며 시간을 봉사하
며 그와 같이 맹종 맹신하는 것으로써
구원을 받는다 하나,
38 너희는 나의 성령을 받아서 책으로 만
들어 만백성을 구하는 그 역사요, 너
희에게 재물을 바치라는 것이 아니요,
맹종이요, 맹신하라는 것도 아님이니
그 차이가 엄연히 있거늘,
39 나의 아들이 그와 같은 것을 너희에게
심어 주기를 두려워하며 그가 입을 열
지 않으려 하기에,
40 내가 오늘 그를 다그쳐 너희에게 대
를 위해 소가 희생되는 것이 아니요,
너희의 생명을 바쳐 만백성을 구하는
그 길을 가야 한다는 것을 알며, 너희
모두 법전을 만들어 전하는 것이 가장
우선이라는 것 외에는 어떠한 것도 시
시비비하지 말며 생각하지 말라.
41 이것을 내가 너희에게 전함이니라.
42 이제 너희의 깨달음의 경지가 이를
들어도 될 때가 됐기 때문이니 그리
알라.

## 7,768 번째 하나님 말씀

*2003년 10월 3일 23시 47분*

1 사랑하는 나의 아들아!
2 "네, 아버님! 말씀하옵소서."
3 지금 나의 법전이 심판의 시대요, 그
를 역사하는 것이니, 그가 얼마나 소
중한 것인 줄 알겠는가?
4 네가 모든 종교 집단이요, 지도자들과
똑같이 너를 우상화하는 그와 같은 것
으로 착각할까 봐, 네가 감히 입을 열
지 못하며 주저하는 것은 네가 나의
뜻을 거역하는 것이요,
5 이는 용서될 수 없음을 너는 깊이 알
아야 할 것이니라.
6 너에게는 책임이 없으며, 네가 이를
시시비비할 필요도 없으며, 너는 오로
지 보낸 이요, 내린 나의 명에 따라서
전하고 역사하는 것이 네 소임이라 그
리 말하면 될 것이니라.
7 네가 이와 같은 것을 주저해서는 아니
됨이니, 차후에 이와 같은 역사가 있
을 때 내가 너를 용서치 아니할 것이
니 너는 명심하고 또 명심하도록 그리
하라.
8 너는 책임이 없으며 너는 산 자가 아
니요, 너는 내가 내리는 나의 뜻에 따
라 움직이는 것으로써 네 직분을 다함
이니라.
9 그러니 너 자신이 그와 같은 마음과
생각으로 인간의 도리를 벗어나지 못
한다면 너의 제자들 또한 그와 같이
멈칫거릴 것이며, 그들이 벗어던지는
그 용기가 없을 것이니,
10 이제 주저해서는 아니 될 것이니라,
사랑하는 나의 아들아!
11 그들이 무엇이라 말하든, 이를 보고
깨우치는 자는 그 진리를 알 것이니라.
12 저희가 맹종 맹신하라는 것은 재물을

바치며 금화와 은화를 바치라는 것이
요,
13 너는 나의 법전을 만들어 만백성의 생
명을 구하는 그 역사에 너희의 모두를
다 버리라 함이니,
14 그들이 버린 만큼 그에게 나의 상이
요, 은혜와 축복이 있음을 너는 알고
있으면서, 어찌하여 그를 두려워하는
가?
15 네 마음을 그리 가져서는 아니 될 것
이니 명심하고 또 명심하도록 그리하
라.
16 너 자신이 그리 나약해서는 아니 됨이
니라.
17 모든 역사함은 네가 주관하는 것이
아니요, 나 여호와의 뜻이니 그리 알
라.
18 지금 나의 법전으로 심판의 시대에 마
지막 새로운 역사가 이루어지는 그 소
용돌이 속에서, 너는 명하는 것을 그
대로 행하면 되는 것이니라.
19 너희는 심판의 시대를 역사한다는 그
모든 것을 지금도 알지 못하며 깨닫지
못하는 백성이니라.
20 너희는 어찌 모르는가?
21 이제는 너희가 뿌린 씨앗의 결과를
거둬들일 때라는 것을 너희 스스로
느끼고 깨닫고 있을 것이니라.
22 수천 년 동안 흘러오는 그 세월 속에
너희를 내가 지워 버렸음이니, 오늘까
지 너희 생각대로 이끌어 왔으나,
23 이제는 내가 너희가 씨앗을 뿌리면
그 결과를 반드시 거둬들이며 내가 이
제 거둬들이고자 하는 그 시대가 열리
고 있음이니, 너희도 이를 알고 있을
것이니라.
24 씨를 뿌린 만큼 그 결과를 거둬들이듯
이 지금이 내가 거둬들이는 그때요,
마지막 때가 와 있음을 너희는 어찌
모르며, 그를 깨닫지 못한단 말이더냐?
25 나의 아들을 따르는 제자요, 나의 법
전을 읽고 깨우친 만백성 너희는 지금
이 막바지요, 내가 마지막 추수하는
시대라는 것을 절대 잊지 말라.
26 나 여호와의 전부인 사랑을 실천하는
삶을 사는 백성과 그렇지 못한 백성을
구분하여, 내가 버릴 자와 찾을 자, 거
둘 자와 거두지 아니할 자를 구분하는
것이 지금이라는 것을 너희는 알아야
할 것이니라.
27 모든 종교 집단 속에 있는 그들은 그
때가 올 것이라는 것을 설마 하는 생
각을 하지만, 그들은 정녕 오늘 이미
시작하고 있음을 모르는 것이니라.
28 이제는 너희는 나 여호와의 사랑의 큰
뜻을 행하고 실행하느냐 하는 것만 너
희에게 지금 마지막 기회가 부여되었
음을 알아야 할 것이니라.
29 너희가 나 여호와의 그 사랑에 따라
행하며 베풀며 살아가는 그와 같은 삶
의 역사함이, 지금서부터 어찌 사느냐
하는 그것이 얼마나 중요한 시간이며
얼마나 중요하고 소중한 삶인가를 너
희는 알아야 할 것이니라.
30 오늘의 삶을 방황하며 육의 세상의 삶
에 바빠 이리 뛰고 저리 뛰면서,
31 가장 소중한 구원이요, 다시 태어남을
잊어버리고 사는 그 백성에게,
32 오늘과 같은 삶으로써는 절대 구원을
받지 못하며, 육의 세상에 아무리 시

달리고 고달프다 해도 영원히 사는 사
후의 세계요, 그 심판 후에 역사하는
것을 보고 사는 백성만이 현명한 백성
이요,
33 그들이 정녕 마지막 인간의 승자가 된
다는 것을 그들에게 깊이 심어 주도
록 그리하라, 사랑하는 나의 아들딸들
아!

## 7,769 번째 하나님 말씀

*2003년 10월 3일 23시 54분*

1 사랑하는 나의 아들아!
2 "네, 아버님! 말씀하옵소서."
3 나 여호와가 너희에게 그리 전하였느
니라.
4 지금 나의 법전이 세상에 나오기 시작
하니, 이는 심판의 기본이요, 근본이
라 그리하였으며,
5 나의 법전이 너희의 심판에 어떠한
결과를 초래하든 이것을 기준으로 하
여 내가 너희에게 깨우치며 심판을
역사한다는 것을 알아야 할 것이니라.
6 모든 심판의 기본이라 하였으니, 결국
심판이라는 것은 무엇이더냐?
7 성령의 심판이요, 나 여호와의 심판은
악마요, 사탄들이 이 지상에서 존재치
못하도록 하는 것이 바로 심판의 근본
이요, 심판의 역사가 이루어지는 것임
을 너희는 알라.
8 나 여호와가 너희에게 심판하는 것을
알아야 할 것이니라.
9 너희 자신이 선과 악의 심판을 받는
것 또한 나의 심판이라 말할 수 있으
며 심판이니라.
10 그러나 가장 무서운 나 여호와의 심판
은 악이요, 사탄의 존재들이요, 마귀
들이 이 세상에 존재하지 못하도록 역
사하는 것이 바로 심판의 근본임을
알아야 할 것이니라.
11 이 지상에서 존재치 못하도록 그들의
모든 뿌리를 내가 뽑아 버리며 그들을
불 속에 태워 버리는 것이 바로 지상
의 심판이요, 오늘의 내가 역사하는
심판이라는 것을 너희는 알아야 할
것이니라.
12 그리하여 사탄과 악마들은 이 지상에
서 저희가 존재하지 못한다는 것을 알
고 있음이니라.
13 머지않아 저희가 흔들리며 뽑혀 태워
질 것을 알고 있기에,
14 나의 사랑하는 백성을 현혹하여 그들
로 인의 장벽을 이루며 옹벽을 이루
고자 하는 것이 그들의 사악한 짓이라
내가 말하지 아니하였던가?
15 그들은 나 여호와의 성령 앞에 뽑혀
태워짐을 알고 있느니라.
16 그리하여 지금 그 사탄들이 나의 법전
이 세상에 나가는 것, 그리고 나의 아
들이 존재하는 것, 그리고 그를 따르
는 제자들이 존재하는 것을 모두 파괴
하려 하며,
17 그들을 이간질하며 그들로 하여금 나
의 아들에게 침 뱉고 돌아서게 하고자
하는 그 역사를 하며,
18 나의 성전에 찾아오는 자들을 설득하
여 발을 들여놓지 못하게 죽기 아니면
살기로 막는 자들이라 내가 그리 전했
음이니 너희는 이를 모를 것이니라.
19 그뿐인 줄 알겠는가?

20 나의 법전이 세상에 이미 전해졌으니
그를 보고 지금 연구하는 그들이 어느
때인가는 공격하기 위해, 벌 떼처럼
덤벼들려고 힘을 모으고 있으며 계획
을 짜고 있으며,
21 이 열여섯 권의 법전 위에 160권이라
는 법전이 세상에 쏟아져 나올 때, 그
들은 무서운 방법으로써 너희를 공격
할 것이며 무너트리려 한다는 것을 알
아야 할 것이니라.
22 너희를 무너트리기 위해 그들은 계획
을 짜고 있으며 한 치의 오차도 없이
실행하고자 하는 모든 계획이 지금 진
행되어 가고 있다는 것을 너희는 모
르고 있을 것이니라.
23 무서운 방법으로써 벌 떼가 대들듯이
가장 무섭고 흉악스러운 계획을 지금
역사하고 있다는 것을 너희는 알아야
할 것이니라.
24 지금까지 너희를 사탄의 자식이라 그
리 말하는 종교 집단 지도자들이 바로
사탄이요, 사악한 자들이요,
25 그들의 그 교활한 방법은 너희가 감
히 상상할 수 없음을 알아야 할 것이
니라.
26 그리하여 내가 나의 법전을 전하는 그
뜻은 무엇인 줄 알겠느냐?
27 사탄이요, 악마의 자식이 된 자들이
종교 지도자라는 너울을 쓰고 교활한
방법으로써 나의 피조물 만백성들을
지옥 불로 인도하고 이끌어 가니,
28 그들의 설교와 그들의 말에 귀를 기울
여 죽어 가는 그 백성을 깨우치는 것
이 너희의 대명이며 해야 할 일이라
는 것이니라.
29 이미 세뇌되어 넘어져 있는 자들, 너
희는 아무리 어렵고 힘든 고통이 있다
해도 이를 견디고 이겨 내야 할 것이
며,
30 그들을 구원하는 용기를 가지고 하나
가 되어 힘을 합쳐 그들이 무서운 세
력으로써 몰려오는 거기에 두려움 없
이 그들에게 반격을 가할 수 있는 마
음의 준비가 되어야 할 것이며,
31 그때 거기에 넘어지지 아니할 때, 지
금의 믿음의 길을 가는 그 많은 백성
은 정녕 이것이 나 여호와의 뜻이요,
참진리의 역사라는 것을 알게 될 것
이니라.
32 모든 종교 집단 지도자들이 나의 성서
를 깨닫지 못하며 이해하지 못함이니
라.
33 나의 아들의 피와 살을 먹음으로써 너
희가 구원을 받는다는 그것을 종교 집
단 지도자들이 과연 어찌 가르치고 어
찌 이해하느냐?
34 그는 새로 내리는 성령이요, 나 여호
와의 뜻을 받아들이지 아니하면 구원
의 길을 올 수 없다는 그와 같은 의미
의 가르침이거늘,
35 종교 지도자와 집단이 어찌 가는가 그
설교요, 설명을 한번 들어 보도록 그
리하라.
36 나의 아들 예수가 그리 말한 것은, 나
여호와의 성령의 뜻대로 살지 아니하
면 아니 된다 함이니,
37 지금 나의 아들이 너희에게 말하기를
그 피와 살을 먹지 아니하면 너희가
하늘에 오를 수 없다고 말한다면,
38 이는 나의 아들의 피와 살이 아니요,

지금 나의 성령을 내리는 160권의 법
전을 의미하는 것이요, 극단적인 그
표현이니,
39 얼마나 너희의 깨달음이 어리석으면
그 예를 들어서 그와 같이 가르쳤겠는
가?
40 지금의 나의 아들이 말하기를 나의 피
와 살을 너희가 접하지 아니하고는
구원을 받지 못한다는 것은 나의 아들
의 육신의 피를 의미하는 것이 아니니
라.
41 너희는 그것이 바로 나의 법전을 의미
한다는 것을 알아야 할 것이며, 그와
같이 극단적으로 표현하는 나의 아들
은 깨끗한 마음으로써 깨끗한 나의 성
령을 받았으며 그를 알고 있기에 그리
말할 것이니라.
42 그러나 그가 표현한 것은 나의 법전임
을 너희는 알아야 할 것이니라.

## 7,770 번째 하나님 말씀

*2003년 10월 3일 23시 56분*

1 사랑하는 나의 아들아!
2 "네, 아버님! 말씀하옵소서."
3 나 여호와가 너희에게 깨우쳐 주었음
이니라.
4 참진리의 길을 알고 그 길에 들어서
기 시작한다면 너희는 세상의 어떠한
유혹과 어떠한 어려움이 닥친다 해도,
어떠한 고난이 너희를 휩쓸고자 한다
해도,
5 너희 마음이 무너지지 아니하며 쓰러
지지 아니하며 너 자신을 포기하지
않는 그와 같은 용기 있는 백성으로
존재한다는 것을, 너희 스스로 놀랄
수 있는 그를 볼 수 있다고 내가 말하
였음이니라.
6 지금까지 믿음의 길을 가는 백성이
다 허상에서 벗어나지 못하는 길을 왔
기 때문이니라.
7 그리하여 그들이 지금 모든 인간 세상
의 유혹에 넘어지며, 세상사에 살아가
는 인간의 꼬임에 넘어가며,
8 그리하여 잘못된 종교 집단 지도자들
이 설교하고 가르치는 것이 참진리인
지 거짓이요, 비진리인지 구분하지 못
하는 그 간사한 마음을 버리지 못함이
니, 그는 성령으로써 임하지 아니한
백성이기 때문이니라.
9 그림자와 같은 허상에서 지금 믿음의
길을 가는 것이 그들이니라.
10 보이지 않는 그림 속에 있는 그 허상
을 보고 가는 그와 같은 불쌍한 백성
이니라.
11 그리하여 너희는 입만 열면 이루어
달라는 기도요, 욕망과 욕심에 사로잡
힌 자들이요, 죄의 두려움에서 벗어나
지 못하는 그들임을 알아야 할 것이
니라.
12 지금까지 참진리를 가르치고 인도한
지도자가 세상에 없었음이니라.
13 그리하여 오늘과 같은 사악한 세상이
된 것이 그를 증거함을 너희는 알아
야 할 것이니라.
14 그리하여 내가 너희를 선택하여 전사
로서 쓰고자 함이니,
15 나 여호와의 뜻이요, 참진리를 가르치
는 길은 너희밖에 없음이니라.
16 인간이 인간을 가르치는 것은 인간으

로서밖에 역사할 수 없기에, 내가 나
의 법전을 만들어 너희를 선택하여
오늘의 그 길을 가고자 함이니라.
17 모두 다 허상을 보고 가는 길이요, 지
금 허상 속에서 허덕이는 그 백성을
구원하도록 하라 함이 나 여호와의 뜻
이니라.
18 그러니 너희부터 성령으로써 굳건히
굳어져 있으며 성령으로 충만해야만,
너희가 어떠한 어려움이요, 고난이 닥
치고 세상의 어떠한 유혹이 너희를
무너트리려 한다 해도 너희 자신을
포기하지 아니함이니,
19 나에게 오는 이 길이요, 법전을 가슴
에 안고 정독하는 것과 어떠한 것과도
너희가 바꾸지 않는 그와 같은 결의가
이루어졌을 때,
20 허상에서 허덕이는 그와 같은 백성을
벗어날 수 있도록 인도할 수 있는 자
격이 갖추어짐을 잊지 말고 명심하도
록 그리하라.

## 7,771 번째 하나님 말씀

*2003년 10월 4일 0시 02분*

1 사랑하는 나의 아들아!
2 "네, 아버님! 말씀하옵소서."
3 나 여호와가 밤과 낮을 가리지 아니하
며 160권의 법전을 세상에 내보내는
그 의미가 무엇인지 알겠는가?
4 얼마나 절박하고 긴박하면 내가 이와
같은 역사를 하며, 너희를 선택하여
오늘에 이 고통의 길을 가게 하고 끌
고 가겠느냐?
5 지금의 믿음의 길을 가는 백성, 그렇
지 않은 너희가 말하는 이방인이라는
백성, 그 모든 백성이 지금처럼 구원
의 길의 역사에 들어서는 변화를 요구
하는 시대는 정녕 없었음을 알아야 할
것이니라.
6 세월이 흐르면 흐를수록 나의 사랑하
는 백성이 나에게서 점점 멀어지며
등을 돌리며, 이제는 머지않아 너희가
이방인이라는 그 백성과 믿음의 길을
가는 백성이 서로 치고받는 그 전쟁
의 역사가 이루어질 것이니라.
7 이방인이라는 백성이 너희보다 아름
답고 곱게 살아갈 자신이 있다고 생각
할 때, 너희가 허상이요, 거짓된 자요,
양의 탈을 쓴 늑대라는 것을 그들이
알게 될 때, 너희를 놔두지 않을 것이
며,
8 그들이 너희를 더 공격한다는 그 무서
운 시대를 너희는 알지 못하고 있음이
니라.
9 그러니 지금은 믿음을 믿지 않은 이방
인이라 하는 백성이요, 그리고 믿음
속에 가는 백성 너희가 모두 진정한
참진리요, 나 여호와의 뜻을 깨달아
아름다운 삶으로 또 천사와 같은 마음
으로 변화되는 그와 같은 요구가 지금
처럼 긴박한 시대가 없었다는 걸 너희
는 알아야 할 것이며, 지금보다 더 시
급한 시대는 없었음이니라.
10 그러니 세월이 가면 갈수록 너희는
결국 전쟁이라는 것이 일어나게 되어
있으며, 서로 물고 물리며 죽이고 죽
는 그와 같은 그 시대가 머지않았으니,
11 내가 지금 나의 아들을 통하여 그 모
두를 다스리려고 법전을 내림을 알아

야 할 것이니라.
12 나의 백성 너희에게 가장 중요하고 가장 소중한 것이 무엇인 줄 알겠느냐?
13 믿지 않는 백성 그들도 나의 아들딸이요, 지금 믿는다 하면서 잘못 가며 죄 속에서 허덕이는 그와 같은 백성 너희에게 다시 태어나며 거듭나는 구원의 길보다 더 위대하고 더 소중한 것이 없다는 것을 알아야 할 것이니라.
14 그리하여 너희가 구원의 길에 들어서 승자가 되느냐, 승자가 되지 못하느냐 하는 것보다 더 소중하고 귀한 것이 없거늘,
15 너희는 이를 보지 못하며 이를 위하여 살아가는 삶으로써 변화되지 못하며, 오로지 육의 세상의 눈에 보이는 것만 얽히고설켜 오늘을 살아가는 불쌍한 나의 백성으로 전락하여 있음을 모르는가?
16 나의 백성이 변화의 용기가 지금처럼 요구되는 때가 없었으며, 지금처럼 그 용기를 발휘할 때가 없었다는 걸 너희는 알아야 할 것이니라.
17 모든 역사의 흐름을 모르며 저희가 죄를 짓는 것을 모르며 저희가 어떠한 길을 가는 백성인지도 모름이니, 그 많은 수천 수억의 그 백성 중에서 오로지 참진리요, 나 여호와의 뜻이 무엇인지를 아는 백성은 오로지 너희뿐이니라.
18 너희가 얼마나 용기 있는 백성으로서 자신을 가지고 살아가야 하는지 잊어서는 아니 될 것이니라.
19 모든 종교 집단 속에 믿음의 길을 가는 백성은 육하원칙에 의하여 모든 정답을 내릴 수가 없음이니라.
20 그러니 너희는 나의 법전에 기록된 것을 정독하고 또 정독했을 때, 이 세상에 정답을 대답하지 못하는 것이 없음이니라.
21 너희는 그와 같은 정답을 가지고 존재하는 자들이니, 정답을 가진 너희가 오답을 가지고 말하는 자 앞에서 주저하며 고개 돌리고 말 못 하는 바보가 되어서는 아니 될 것이니라.
22 아무리 수가 적고 열세라 해도, 너희는 당당히 정답을 전해 줄 수 있는 그 용기가 지금처럼 요구되는 때가 없음을 알아야 할 것이니라.
23 믿음의 길을 가는 신도라 하는 백성이 종교 집단들의 행위에 의하여 스스로 지옥 불로 찾아가는 그와 같은 시대는 오늘과 같이 없었음이니라.
24 그들이 하늘에 오르는 길이요, 구원의 길이라 하나 저희는 지옥문을 찾아 헤매는 그와 같은 형국이니,
25 하루가 지나면 그와 같은 백성이 더 늘어 가는 세상이 되어 있음이니라.
26 지금처럼 이 세상이 붕괴되기 직전처럼 험악하고 절박한 시대가 없음을 알라.
27 지금 붕괴되기 전 그 절박하고 험악한 이 시점에서 그 모든 것을 다스리고 막는 것이 나의 법전이니,
28 나의 법전을 만들고 전하는 너희가 모두 대명이요, 역사를 행했을 때 그 모든 것은 스스로 제자리로 돌아설 수 있다는 것을 잊어서는 아니 됨이니 그리 알라.

## 7,772 번째 하나님 말씀

*2003년 10월 4일 0시 08분*

1 사랑하는 나의 아들아!
2 "네, 아버님! 말씀하옵소서."
3 나 여호와의 가슴이 얼마나 답답하면
오늘에 160권의 이 법전을 역사하겠
느냐?
4 수천 년 동안 흘러오는 종교 집단이
요, 지도자요, 그리고 맹신하는 그 신
도들이 어떠한 길을 가고 있는지 너는
알겠느냐?
5 "네, 아버님! 저는 알고 있사옵나이다.
6 그 모두는 자신밖에 모르는 인간이요,
인간의 한계의 길을 벗어나 그 밖을
보지 못하는 백성,
7 그리고 인간이기에 인간으로서 벗어
나지 못하며, 인간의 그 테두리에서
한발 짝도 벗어나지 못하며, 밖을 바
라보지 못하며, 밖의 역사하는 것을
보지 못하는 그들이 종교 지도자라 하
였으며,
8 그리고 다른 길이라는 것을 보지 못하
며 알지 못하는 그들이 창조주 아버님
의 뜻을 아는 것처럼, 아버님 뜻에 따
라 역사하는 것처럼 그리 행하고 있
음을 저는 알고 있사옵나이다.
9 인간의 한계를 벗어나지 못하는 인간
이 인간을 지도하고 있으며,
10 그들이 종교 집단이요, 지도자요, 우
상이요, 제왕 같은 대우를 받고자 하
는 그 가련하고 불쌍한 자들의 그 모
습을 저는 알고 있사옵나이다.
11 정녕 창조주 아버님의 뜻을 가르치며
그 역사를 하는 자는 인간의 한계를
벗어나 깨우침이 있지 않은 백성은 정
녕 인간을 가르칠 수 없다는 것을 그
들이 모른다는 것을 깨닫고 있사옵나
이다."
12 사랑하는 나의 아들아, 그 한계의 길
을 벗어나지 못한 자들이 나 여호와의
뜻이요, 내가 역사하는 것을 안다고
가르치며,
13 나 여호와가 존재하는 하늘나라의 이
치를 알려 하고 있으며, 안다 말하고
있음이니, 그것이 얼마나 가련하고 불
쌍한 백성이더냐?
14 그러니 그들이 얼마나 불쌍하더냐?
15 오죽하면 성서에 기록하여, 나의 성령
을 알아듣지 못하는 자는 돼지우리에
진주를 던지는 것과 같다 그리 전했겠
느냐?
16 너희는 그와 같은 극단적인 나의 가르
침을 알아야 할 것이니라.
17 인간의 한계를 벗어나지 못한 주제에
창조주 나 여호와의 뜻이요, 내가 존
재하며 내가 역사하는 그 이치를 아
는 것처럼 하며,
18 더욱이 하늘의 문을 들어설 수 있는
모든 권한을 다 부여받은 자들이라 그
와 같이 말하는 것이 그들이니, 얼마
나 가련하고 불쌍한 자들이냐?
19 인간의 생각이요, 인간의 삶의 한계를
벗어나지 못하는 인간의 종교 지도자
들로부터 하늘의 뜻을 알려 달라 하며
하늘에 오르는 길을 가르쳐 달라 하며
거기에 매달려 울고불고하니,
20 그들이 말하는 대로 재물을 바치는 자
는 구원을 받는다 하니 재물을 바치
며, 맹종 맹신함으로써 구원을 받는다

하니 그들이 가는 것뿐이니라.
21 그들 또한 인간의 한계에서 벗어나지 못하는 자들이니라.
22 인간은 물질적인 것이 가장 소중하며 물질로써 무엇이든지 이루지 못하는 것이 없다는 인간 세상의 생각이 머리에 박혀 있으며,
23 인간 세상에서 재물을 가지고 이루지 못하는 것이 없다 말하듯이, 남의 마음을 살 수 있으며, 거짓을 살 수 있으며, 거짓으로 이길 수 있는 그와 같은 것을 살 수 있으며, 권력을 살 수 있으며, 인간 세상에서 이루어지는 것을 가지고 하늘의 역사를 이룬다 하니,
24 인간의 한계를 벗어나지 못하는 자들이 더불어 저희끼리 울고불고 있다 함을 너는 알겠느냐?
25 이는 너희의 한계가 같음이니라.
26 그리하여 너희를 위하여 정녕 너희가 알지 못하는 하늘의 천기요, 하늘의 뜻을 가르쳐 알 수 있도록 내가 가장 알기 쉽게 만들어 낸 그 법전이 바로 무엇이더냐?
27 나 여호와의 성령을 태워 하나하나 차곡차곡 그 귀하고 소중한 것을 나열하여 나의 아들을 통하여 세상에 전하는 그 뜻이 얼마나 너희를 사랑하며 귀하고 소중한 것인지 그들이 모름이니,
28 이를 읽고 깨우치지 아니하는 자는 정녕 저희가 인간의 한계를 벗어날 수 없다는 것을 그 백성에게 깨우쳐 주도록 그리하라.
29 인간의 한계요, 인간의 길밖에 모르며 인간이 넘어야 하는 그 한계를 벗어나지 못하는 자는 하늘의 이치를 알 수 없으며 나 여호와의 뜻을 알 수 없으니,
30 죽을 때까지 하늘에 오르는 길이요, 구원을 받았다며 서로 울고불고 그와 같이 하는 자는 인간의 테두리에서 벗어나지 못함이니라.
31 이 세상은 물질로써 모든 것이 이루어진다는 그 생각을 버리지 못했기 때문에,
32 재물을 바쳐 구원을 받으며, 하늘나라의 창고에 그득히 쌓아, 너희가 죽어 나에게 와 그 은혜 받을 것만 생각하는 그 꿈속에 헤매는 그 불쌍한 백성 그들을 깨워 주어야 함이 너희의 뜻임을 잊지 말라, 사랑하는 나의 아들 딸들아!

## 7,773 번째 하나님 말씀

*2003년 10월 4일 0시 13분*

1 사랑하는 나의 아들아!
2 "네, 아버님! 말씀하옵소서."
3 너희가 정녕 하늘의 뜻을 알고자 한다면, 그리고 구원을 받고자 한다면,
4 수천 년 동안 흘러오는 지금의 그 믿음이요, 그 길로써는 절대 구원을 받을 수 없으며, 하늘에 오르는 그 길을 볼 수도 없다 함을 명심하라.
5 인간의 설교가 아니고 어떠한 지혜요, 정신 세계로부터 무엇인가를 구하고 얻고 싶어 하는 마음,
6 그리고 지금의 믿음이 아닌 어떠한 능력이요, 힘을 요구하는 그와 같은 생각을 하고 있다면,
7 종교 집단이요, 지도자요, 믿음의 길

을 가는 백성 너희는 참진리의 길을
가지 아니하고 있기 때문이니라.
8 지금 나의 아들을 따르는 그 제자들이
요, 나의 법전을 읽는 그들은 다른 것
을 원하지 아니하며, 무엇을 찾으려
하지 아니하며, 너희같이 무엇을 얻으
려는 그와 같은 생각이 없음이니라.
9 오늘의 종교 집단, 그리고 구원을 받
았다는 백성 너희는 설교하는 자나
설교를 듣는 자나,
10 어떠한 지혜요, 정신 세계로부터 무엇
인가 획기적인 것을 요구하고 얻고자
하는 그 갈급한 마음을 가지고 있다는
것은 무엇이던가?
11 너희는 잘못 가고 있으며, 참진리의
길로 가지 않기에 불안한 마음임을
알아야 할 것이니라.
12 그리하여 너희는 어떠한 능력의 힘을
필요로 하고 요구를 하며 그와 같은
것으로써 무엇인가를 채우고자 하는
그 기도요, 소원함이 있다 하면, 너희
는 공허함이요,
13 깨우치지 못하며 벗어나지 못한 그
증거이니, 이는 비진리의 길을 가고
있다는 것임을 알아야 할 것이니라.
14 내가 너희를 사랑하기에 이제 나의
아들을 통하여 너희에게 전함이니,
15 너희 마음속에, 공허함이요, 다른 능
력이요, 다른 길이요, 절대적인 어떠
한 지혜를 얻고자 하는 그 불안한 마
음이 있다 하면,
16 이는 너희가 두 가지의 마음이 있기
때문이요, 두 가지 길에 의해서 그와
같은 마음이 존재함이니라.
17 너희의 두 가지 마음이 그것이 무엇
인 줄 알겠느냐?
18 하나는 너희가 악을 행하면서도 그것
이 악이라는 것을 알면서도 그 버릇을
고치지 못하며 중단하지 못하는 그 괴
로움이요,
19 그리하여 너 자신이 거듭나지 못하는
것을 두려워하며 겁먹는 것이 하나요,
20 또 하나는 너희가 선이요, 아름다움을
행하고 그 길을 가고자 하나, 지금까
지 잘못 가르친 종교 집단 지도자의
가르침의 한계 때문에 선행이 결핍되
어 있음이니라.
21 선행이 결핍되어 있기 때문에 선행이
무엇인가를 모르기 때문이니라.
22 이 두 가지를 너희는 모르고 있기 때
문에 나 여호와의 참진리를 알지 못
하는 자들이 그와 같이 방황의 길에
허덕이게 되어 있음이니라.
23 나 여호와의 참진리를 안다면 너희는
선행의 결핍이 없을 것이며 악을 제거
하는 데 두려워함이 없을 것이며 괴로
움이 없을 것이니라.
24 그러니 참진리의 길이 아닌 길을 너
희가 가고 있다는 증거이며,
25 잘못된 길을 가고 있기 때문이라는 걸
시인하고 인정하는 그와 같은 오늘의
깨우침이 가장 구원의 길에 위대한 역
사라는 것을 알라.
26 나 여호와가 너희의 그 두마음을 다
스릴 수 있으며 깨우쳐 줄 수 있는 것
은 오로지 오늘날 내가 내리는 나의
법전이요, '하나님! 말씀하옵소서',
27 하늘에 오르는 책으로 증거함으로써
영원히 이 지상이 존재하는 날까지 이
세상에 존재하는 나의 법전을 내려보

내는 그 의미가 거기 있음을 너희는
명심하고 또 명심해야 할 것이니 그
리 알라.
28 내가 내리는 이 크나큰 소중한 사랑
을 너희가 모름이니, 너희는 너희 우
물 안에서 보지 말고, 세상의 넓고 넓
음을 보도록 그리하라.

## 7,774 번째 하나님 말씀

*2003년 10월 4일 0시 17분*

1 사랑하는 나의 아들아!
2 "네, 아버님! 말씀하옵소서."
3 자신에게만 얽매어 있으며 자신들 것
만 위대하며 자신들 것만 구원을 받
는다는 그와 같은 생각에서 벗어나지
못하는 믿음의 길을 가는 어리석은 그
신도들이 이 세상을 이와 같이 험악
하게 만드는 원흉임을 너희는 알아야
할 것이니라.
4 그러기 때문에 오늘의 종교 집단에서
믿음의 길을 가는 그 백성이 울고불고
무슨 짓을 다 한다 해도, 너희가 어떠
한 노력을 다 거기다 바치고 기울인다
해도, 너희가 전 재산을 다 바치면서
봉사하는 행위를 한다 해도,
5 너희는 참진리의 길을 깨닫는 그 효
과를 얻을 수가 없으며, 그 깨달음을
볼 수 없다는 것을 나의 법전에 기록
하여 전함이니, 이를 명심하도록 그리
하라.
6 지금의 종교요, 지금의 믿음 속에서는
아무리 어떠한 노력이요, 피나는 노력
을 한다 해도 참진리를 볼 수 없으며
그를 깨달을 수 없기 때문에,
7 너희는 진리의 효과를 얻을 수도 없으
며 볼 수도 없다는 것이 너희의 운명
이라는 것을 알라.
8 모든 종교 집단 지도자들이 높고도 높
은 장벽과 울타리를 쌓아 놓고 그곳에
서 그저 우물 안 개구리처럼 만들어
놓았음이니,
9 거기를 뛰어넘고 그걸 무너트리고 세
상 밖으로 나오지 아니하면 세상을 볼
수 없는 것처럼, 너희는 구원의 그 빛
을 절대 볼 수 없는 것임을 알라.
10 지금의 믿음의 길을 가는 백성 너희는
어떠한 백성이더냐?
11 너희는 옹벽 안에 문을 닫고 그리 살
다 보니, 네 가슴에 문을 닫았으며,
12 개인의 마음이요, 사랑까지 모두 닫혀
있음이니, 너희는 바깥 세상도 보지
못하는 자들이니라.
13 그러나 지금 나의 법전을 읽고 깨우쳐
나의 아들의 강론을 들으며 기도 소리
를 듣는 그 아들딸은 무엇인지 아느
냐?
14 나로부터 선택된 그 백성은 밖의 세
상을 다 보는 자들이며, 밖의 세상의
자연의 이치를 아는 것이니라.
15 그 단계를 넘어서 나의 아들을 따르는
선택된 제자들은 이 지상의 모두를 그
들의 손에 올려놓고 지상을 보는 자들
이니라.
16 그것이 너희와 하늘과 땅의 그 차이임
을 알라.
17 너희는 아직도 개구리처럼 우물 안에
서 세상 밖의 자연의 위대함을 보지도
못하나,
18 나의 법전을 읽고 깨우쳐 선과 악이

무엇인가를 구분하는 그 백성이요, 선택된 나의 아들을 따르는 제자들은 이 아름다운 지상을 그들의 손위에 올려놓고 세상을 보는 자들이니, 얼마나 상세하고 자세히 들여다보는가?

19 그와 같은 영광을 얻으며 그와 같은 경지에 오른 자들을 너희가 사탄이요, 이단이요, 악마라 감히 평가하지 말며, 그들을 가르치는 나의 아들을 너희가 욕되게 하지 말라.

20 이것이 너희가 얼마나 어리석은 행위인 줄 아는가?

21 내가 다시 한 번 너희에게 깨우침이니라.

22 오늘에 우물 안 개구리처럼 옹벽에 있는 자는 세상의 이치를 모르니, 그를 깨고 밖에 나갈 때 세상을 볼 수 있으나,

23 나의 아들을 따르는 선택된 그 제자들은 이미 그를 벗어나 이 지상을 손에 놓고 보는 멀리 와 있는 자들을 너희가 알지 못하며 따르지 못하거든,

24 그들을 감히 평가하지 말라, 어리석은 나의 백성들아!

## 7,775 번째 하나님 말씀

*2003년 10월 4일 07시 14분*

1 사랑하는 나의 아들아!

2 "네, 아버님! 말씀하옵소서."

3 너희 동양의 작은 나라에 물레방아가 있느니라.

4 그 물레방아를 아무리 성대하고 방대하게 크게 만든다 해도 그 물레방아를 돌릴 수 있는 물이 있어야 하며,

5 그 물만이 물레방아를 돌릴 수 있는 것이니라.

6 지금 나의 피조물 만백성들이 하늘에 오르는 길이요, 나 여호와의 뜻에 의해 모든 역사를 한다 하여 모든 종교 집단이요, 지도자들이 궁궐보다도 더 방대하며 호화로운 성전을 짓고 교회를 역사하여, 그곳에서 나의 피조물 만백성들을 구원하는 그 역사를 이룬다 해도,

7 거기에 성령이 없는 것은 바로 무엇이더냐?

8 아무리 웅장하게 지은 그 물레방아라도 물이 없으면 돌아갈 수 없으며 물레방아는 가치가 없음이니, 그는 어떠한 것으로써 돌릴 수가 없음이니라.

9 그와 같으니라.

10 아무리 방대한 교회요, 성전을 지었다 해도, 나의 성령이 그곳에 임하지 아니하면 그건 바로 물이 없는 물레방아와 같은 형국이 되는 것이니라.

11 오늘의 모든 종교 집단이요, 그들의 문을 닫으며 거미줄을 쳐야 한다고 하는 그 뜻이 과연 어디에 있는가?

12 그들은 존재할 수 없으며 역사할 수 없다 함이니라.

13 거기에는 나 여호와의 성령이 없으며 나 여호와의 진리가 없으며 내 뜻이 거기에 같이 있지 아니하기 때문이니라.

14 그리하여 그들이 나와 관계없으며, 나를 거역하는 짓을 하며 나에게 순종하지 아니하는 그와 같은 행위를 하고 있다 함을 내가 너희에게 말한 의미를 알아야 할 것이니라.

15 너희는 비록 작은 인원의 백성이라 하
여도 너희가 움직이고 행하는 것은
나의 성령이요, 나의 뜻에 의해 움직
이는 것이니, 그게 얼마나 소중하고
귀한 것인지 알겠느냐?
16 너희가 아무리 단단하게 잠가 놓은 그
것도 작은 열쇠라는 것이 아니면 그걸
열 수 없듯이,
17 더욱이 천국의 문이라는 것은 나 여호
와만이 열고 닫는 그 열쇠를 가지고
있음이니라.
18 나로부터 그 열쇠를 받지 못하는 자는
정녕 들어올 수 없으며 역사할 수 없
는 것이니라.
19 그러니 바로 나의 뜻에 따라서 순종하
는 백성은 비록 미약하고 작으며 힘이
없고 가진 것은 없으나,
20 육의 세상에서 권력이요, 재물이요,
부귀영화를 누리지 못하는 백성이라
도, 그들은 내가 만들어 준 하늘의 천
국의 문을 열 수 있는 그 열쇠를 가지
고 있으니,
21 아무리 굳게 닫혀 있는 문이라도 그
열쇠로 열릴 것이며, 그 열쇠가 있어
야만 천국에 들어올 수 있는 것이니라.
22 그러니 너희가 아무리 큰 열쇠요, 호
화로운 황금 열쇠를 가지고 문을 열려
고 별짓을 다 한다 해도, 열리지 아니
하는 것이 오늘의 종교 집단이요, 지
도자들이니라.
23 그 원리를 모르며 그 뜻을 모르는 자
가 천국의 문이 열릴 것이며 열려 있
다 생각하며,
24 저희가 갈 때는 자동으로 그 문이 열
려 비단길을 따라 나에게 오른다는 그
와 같은 환상과 착각 속에 있음이니라.
25 그는 오로지 나 여호와만이 그 문을
열고 닫을 수 있으며 그 열쇠는 나 여
호와만이 가지고 있으며,
26 내가 내린 것이 아니면 절대 열리지
않는다는 그것을 알아야 할 것이니라.
27 나로부터 선택된 백성이요, 나로부터
명받은 자요, 나의 부름을 받은 백성
은 나의 뜻에 따름이니, 내가 스스로
그 열쇠를 너희에게 줄 것이며, 내가
너희에게 그를 주었음을 알아야 할
것이니라.
28 그러나 너희가 아무리 방대한 조직이
요, 아무리 역사하는 것이라 해도,
29 아무리 큰 물레방아라도 물이 없으면
돌 수 없듯이 성령이 없는 너희는 그
를 가질 수가 없으며 그를 받을 수가
없음이니라.
30 나 여호와의 뜻을 거역하고 순종치 않
는 그들에게 어찌하여 내가 그 문을
열 수 있는 열쇠를 주며 열어 주겠는
가?
31 그와 같은 것을 알지도 못하는 자들이
문을 열 수 있으며 저희가 들어올 수
있다고 그리 말하니,
32 그들이 오늘의 사탄이요, 악마의 자식
이 되어 있다는 것을 내가 너희에게
전함이니, 오늘의 이 이치를 가지고
그들을 깨우치도록 그리해야 할 것이
니라.

## 7,776 번째 하나님 말씀

*2003년 10월 4일 07시 24분*

1 사랑하는 나의 아들아!

2 "네, 아버님! 말씀하옵소서."
3 이제는 너를 따르는 제자들이요, 나의
법전을 읽은 백성 너희는 누가 진정
한 나의 백성인지 그를 구분하는 지혜
와 그 방법을 알아야 할 것이니라.
4 너희가 오늘에 고달프고 힘든 그 역사
를 가며, 가기 힘들고 남들이 이룰 수
없는 길을 가는 그 고통 속에서,
5 그래도 나 여호와의 뜻이요, 내가 명
하는 것이라 믿고 너희가 그리 감이
니,
6 그와 같이 역사하는 그 백성은 오늘
은 고달프고 힘드나 머지않아 은혜와
축복을 받을 것이니라.
7 그러나 육의 세상의 오늘의 삶에 고달
프고 힘든 그 모두를 나에게 구원해
달라 이루어 달라 소원하고 기도하는
그 백성은 무엇이던가?
8 육의 세상의 육의 한계에서 벗어나지
못하며, 거기에서 무엇을 얻고자 하는
것,
9 그것이 바로 나로부터 선택된 백성이
요, 선택되지 아니한 백성을 구분하는
길이라는 것을 너희는 알아야 할 것
이니라.
10 어렵고 힘들고 인내하기 어려운 그 길
을 나 여호와가 존재하기에 인내하고
가는 백성,
11 그리고 너희가 나와 같이하는 백성이
라 생각하며, 내가 존재함을 믿고 있
으며 항상 너희와 동행하고 있다는
것을 믿고 깨달은 그 백성,
12 그들은 오늘의 고달프고 어렵고 힘든
그 길을 인내하고 가느니라.
13 그러면서 저 자신을 위하여 무엇을 얻
고자 기도하지 아니하며 제 소원을 이
루고자 하여 나에게 달라 몸부림치지
아니하는 것이 너희이니, 그게 나로부
터 선택된 백성이니라.
14 다만 오늘의 믿음의 길을 가는 백성처
럼 너희의 육의 삶이 힘들고 어렵고
고달프다 하여 나에게 소원을 이루어
주며 그 뜻을 이루어 주며 기적으로써
역사하는 것을 바라고 기도하고 가는
그 백성,
15 그들은 나와 관계없는 백성이라는 것
을 너희는 이제 구분할 줄 알아야 할
것이며,
16 그것으로써 나로부터 선택된 백성이
요, 진정한 진리의 길을 가는 백성을
너희는 이제 구분하고 깨달아야 함을
잊어서는 아니 될 것이니라.
17 그들이 나에게 무엇인가를 이루고자
요구하고 바라는 것은 육의 세상의 한
계를 벗어나지 못한 것임을 너희는
알아야 할 것이니라.
18 내가 나의 아들을 통하여 너희에게 명
하느니라.
19 너희는 모두 조용히 기다리는 백성이
니라.
20 나 여호와의 뜻에 의해 역사하는 것을
기다리는 백성이며 그것을 바라보는
백성이 너희가 아니던가?
21 지금 세상의 모든 종교 집단이요, 지
도자들이 가면서 나의 사랑하는 백성
에게 뭐라 가르치느냐?
22 인간의 노력이요, 인간의 힘으로써는
정녕 하늘에 오를 수 없으며, 구원을
받을 수 없으며, 그 역사를 이룰 수 없
다 그리 가르치고 나의 피조물 만백성

들을 그리 인도하느니라.
23 그리하여 저희가 만든 그 죄의 온상
인 교회에 나와 헌금을 하며 눈물 콧
물을 흘리며 찬송을 부르며 광란의 짓
을 하는 것이 구원을 받을 수 있는 것
이요,
24 그와 같이 달라 이루어 달라 몸부림쳤
을 때, 나 여호와가 너희에게 무엇을
명해 주며 기적을 역사해 주어 너희
는 구원을 받는다고 말하나,
25 그리 가르쳐서는 아니 되는 것이 나의
뜻이니라.
26 내가 너희에게 이르기를 십계명이라
는 것은 차 한 잔 마시기보다 쉽다는
그 이치를 깨우쳐 주지 아니하였더냐?
27 십계명이라는 것은 정도로 살아가는
자는 아무런 가치가 없는 것이요, 무
가치한 것이며, 그대로 사는 것이 인
간의 기준의 도리를 지키는 것이지,
28 십계명을 지키는 것이라 하여 경지가
높은 백성이요, 깨달음이 높은 백성이
아니라,
29 십계명을 지키는 것은 기준 미달에서
너희가 미달하지 않는 삶을 사는 것
뿐이라 내가 그리하지 아니하였던가?
30 너희가 하늘에 오르고 못 오르는 것은
간단하니라.
31 너희는 청결한 마음을 가지며, 깨끗한
마음을 가지며, 네 마음의 욕심이라는
그 뿌리를 비우고 비웠을 때 그곳에
바로 나의 성령이 임함이니,
32 성령이 임하면 너희는 나에게 구원을
받을 수 있으며 하늘에 오를 수 있는
이치가 간단함이니라.
33 그것 하나를 알지 못하며 그것을 모
르는 자들이 지금 뭐라 말하느냐?
34 십계명은 절대 인간이 지킬 수 없는
것이라 하니,
35 내가 나의 법전에 기록하여 말했듯이
그들은 뭐라 하느냐?
36 나의 십계명을 개돼지에게 주라고 만
든 것이라 그리 말하는 자와 똑같다
내가 말했듯이,
37 너희는 인간으로서 노력해서 구원을
받을 수 없으며, 인간으로서 노력해서
나에게 오르는 길이 절대 없다 말하는
그자들이 바로 얼마나 사악한 자들이
냐?
38 너희가 하늘에 오르는 것은 조용히 기
다리는 것이니라.
39 너희가 말로써 만들어서 네 생각을
전하고 떠드는 것이 아니요,
40 나 여호와가 원하는 것, 내가 내리는
것을 조용히 기다릴 수 있는 그 마음
의 자세와,
41 또한 너희가 청결하고 깨끗한 마음으
로 변화되는 것, 천사와 같은 마음으
로 변화되는 것이 하늘에 오르는 길이
요, 나에게 오르는 길이니,
42 그것은 네 마음 하나 다스리는 것이거
늘, 어찌하여 그를 이룰 수 없으며 그
건 인간으로서 올 수 없다고 그리 말
하는가?
43 그들이 그를 모르는 것이 아니니라.
44 천사가 되어야만 천사가 사는 세상이
온다는 것을 종교 집단 지도자 그들은
아느니라.
45 그러나 그들이 아는 것을 그대로 가르
쳤을 때, 나의 백성이 저희에게 재물
을 바치지 아니하며 저희를 제왕과

같이 받들지 아니하기 때문에,
46 그들은 그를 가르치지 아니하며, 그저
그를 뒷전에 버린 사악한 자들이라 그
래서 내가 그리 말함이니라.
47 그러나 나의 아들이요, 나의 아들을
따르는 제자 너희는 있는 그대로 가
르쳐 줌이니,
48 이게 정답이요, 진리이기 때문에 세상
의 그 누구도 너희와 대적할 자가 없
으며 대화할 자가 없는 것을 알아야
할 것이니라.
49 너희가 청결하고 깨끗한 마음으로 거
듭나는 그것이 성령이 임하는 길이요,
성령이 임하는 것이 구원의 길이요,
하늘에 오르는 것이니,
50 너희가 나에게 구원을 받을 수 없으며
나에게 오를 수 없다면, 인간의 노력
으로써 너희가 올 수 없다면, 나 여호
와가 너희에게 할 수 없는 것을 요구
하는 자가 아니던가?
51 그러니 그 또한, 나를 사탄이요, 악마
요, 사악한 자라 함이요,
52 말로는 너희를 사랑하는 창조주 아버
지요, 그리고 사랑을 베푸는 아버지라
하면서,
53 정녕 가장 소중하고 승자가 되는 하늘
에 오르는 그 길은 인간의 노력이요,
삶으로써 오를 수 없다고 그리 말함
이니,
54 그들이 얼마나 나를 능멸하는 자며,
나를 사탄이요, 사악한 자라 말하는
것이냐?
55 저희가 사탄과 사악한 자의 자식이 되
어 있기에 나를 그리 평가하며 그리
말하니,
56 너희는 두려워하지 말며 그 말에 귀
기울이지 말라.
57 그와 같은 말에 따라 나의 피조물 만
백성이 지옥 불에 떨어지는 그 역사를
이루었음이니,
58 내가 오늘 나의 법전을 내리는 그 의
미가 그들을 구원하고 깨우치고자 함
이니, 너희는 전하라.
59 네 마음이 청결했을 때, 내가 너희에
게 가훈을 내렸듯이 '하늘을 향하여
한 점의 부끄럼이 없이 살라 아들딸들
아!' 그 삶을 사는 것이니, 곧 무엇이
더냐?
60 하늘에 오르는 길이요, 너희의 노력으
로써 구원을 받을 수 있다는 것이니,
61 그를 명심하고 가슴속에 깊이 심어,
너희가 먼저 행해야 함을 절대 잊지
말라.

# 부 록

**【하나님께서 가르쳐 주신 운동】**

천재지변이 일어날 때, 동물이나 미물들은 미리 알고 대피하지만, 인간은 알지 못하고 큰 화를 당합니다. 하나님께서 인간에게 가장 높은 지혜를 주시고 완벽하게 창조해 주셨기에 동물들보다 더 잘 알 수 있지만, 욕심으로 마음이 혼탁해져서 한 치 앞을 보지 못하는 것입니다.

마찬가지로, 인간은 누구나 스스로 필요한 운동을 해서 건강을 지킬 수 있도록 하나님께서 만들어 주셨습니다. 우리의 머리에서 우리 몸에 필요한 동작을 해 달라고 끊임없이 신호를 보내지만, 인간이 혼탁하게 살아서 그 신호를 알아채지 못합니다. 그러니 자연스럽게 자기 몸이 원하는 그 신호를 따라서 운동하는 것이 하나님께서 가르쳐 주신 운동 방법입니다. 바로, 우리의 영이 육을 이끄는 운동입니다.

### ▶ 하나님 운동법

1. 눈을 감고, 발을 어깨너비로 벌리고 바르게 선다.
2. 몸에 힘을 풀고, 허리를 숙이면서 손과 머리를 아래로 내린다.
3. 허리를 펴고 싶을 때, 천천히 펴면서 하고 싶은 동작을 하면 운동이 시작된다. (사람마다 다르다.)
4. 멈추지 말고, 어떤 동작이든지 자기 몸의 느낌대로 계속 이어서 한다.

### ▶ 참고 사항

① 눈을 감은 상태로 아무 생각 하지 않고, 자기 몸의 느낌대로 움직입니다.

② 마음을 비우고, 욕심을 버리고, 지난날의 잘못을 반성하면서 몇 차례 시도하다 보면, 자기도 모르게 하고 싶은 동작이 끊임없이 생깁니다.

③ 운동 장소는 방 안이든 운동장이든 관계없으며, 걷거나 달리고 싶을 때는 눈을 떠도 됩니다.

④ 매일 40분 이상, 주 4회 이상, 3개월 이상 하면 음식 조절에 들어갑니다.
- 음식으로 생긴 병은 음식으로 치료하게 되며, 어떤 음식을 먹어야 하는지 스스로 알게 됩니다.
(자기 몸에 필요한 음식만 먹고 싶어집니다.)

⑤ 사랑하는 사람과 함께 운동하면 서로 치료해 주기도 합니다.

⑥ 운동을 하다가 몸의 어느 한 부분을 계속 손으로 자극한다면 그쪽에 이상이 있는 것이니, 의사에게 상담을 받고 적절한 치료를 받으면 됩니다.

⑦ 다이어트 및 기타 건강관리에 효과적입니다.

⑧ 꾸준히 운동하여 영이 맑아지면, 자신의 과거와 미래를 스스로 보게 됩니다.

누구나 스스로 하실 수 있습니다.

# 간 행 사

## 《새로운 성경》은:

· 새로운 성경은, 하나님께서 선량하고 선한 자를 선택하여 십계명을 암송하도록 하시고, 십계명을 암송한 다음에 음성으로써 들려주시는 말씀을 듣고 그대로 카세트테이프에 녹음해서 받아쓴 책입니다.

· 90분짜리 녹음테이프 700여 개에 달하는 말씀으로, 1999년 8월부터 2004년 7월까지 총 160권(권당 288쪽)을 완성하였으며, 그 이후에도 현재까지 계속 말씀을 내려 주고 계십니다.

· 새로운 성경은 "하늘을 두루마리 삼고 바닷물을 먹물 삼아 쓰고 써도 다 못 쓴다"는, 끝없이 방대한 하나님의 말씀이 두루마리로 직접 내려오는 것입니다. 이러한 새로운 성경은 구약과 신약을 폐하려는 것이 아니라 "인봉된 성서의 비유의 뜻"을 상세히 설명하여 완성하고자 하나님께서 직접 내려 주신 말씀입니다.

## 《새로운 성경》의 구성:

· 제 목: 2013년, 160권 모음집을 발간하면서, 본 도서의 제목을 "하나님! 말씀하옵소서"에서 《새로운 성경》 으로 명해 주셨습니다.

· 단행본: 각 권당 288쪽(신국판) 책이 160권까지 시리즈로 출판됩니다.
(모음집은 단행본을 16권씩 묶어서, 총 10부로 구성됩니다.)

## 《새로운 성경》의 성경적 근거:

· 신약 성경 [요한복음] 16장 13절에 "진리의 성령이 오시면 그가 너희를 모든 진리 가운데로 인도하시리니 그가 자의로 말하지 않고, 오직 듣는 것만을 말하며" 하신 말씀처럼 하나님의 음성을 들은 것만 기록하였으며,

· "장래 일을 너희에게 알리시리라" 하신 말씀과 같이 개인, 나라, 인류의 "장래"일을 하나님께서 알려 주시는 것만 기록하여 책으로 만들었습니다.

## 《새로운 성경》의 기록 방법:

· 1999년 8월부터 하나님께서 저에게 들려주시는 음성을 기록하였습니다. 처음에는 제가 들은 말씀을 불러 주면 저의 아내가 기록하여, 2000년 1월 29일에 1권 초판이 세상에 나왔습니다. 2000년 4월부터는 주시는 말씀을 받아 녹음기에 기록하여 시리즈로 출간하기 시작하였습니다.

· 녹음을 시작하면서 하나님의 말씀을 받는 데 가속도가 붙었고, 2001년 5월 3일에 1부(1~16권까지)를 인쇄하여 출판하였으며, 2004년 7월까지 총160권 분량의 말씀을 받아 기록하였습니다.

## 하나님께서 저에게 주신 것은:

· 첫째, 만백성을 상대로 내려 주시는 "기도", 둘째, 수시로 내려 주시는 "묵상", 셋째, 개인의 과거, 현재, 미래를 알려 주시는 "개인 기도", 넷째, 개인의 건강을 위해서 내려 주시는 "음식 처방", 다섯째, 하나님께서 가르쳐 주신 "운동"등이 있습니다. 이 중에 첫 번째, "기도"를 책으로 편찬하였습니다. 사람의 생사, 개인의 미래에 관한 천기는 수록하지 말라 하셨습니다.

## 강론 안내:

· 하나님께서는 지금도 매일 저에게 새로운 하늘의 비밀의 말씀을 내려 주고 계십니다. 수시로 내려 주시는 말씀을 정리해서 제자를 육성하라는 말씀에 따라 매주 강론을 하고 있습니다. 누구나 무료로 들으실 수 있습니다. (book160.com)

## 《새로운 성경》을 읽는 분들에게 드리는 선물:

· 개인 기도: 개인의 과거, 현재, 미래에 관하여 말씀을 내려 주십니다.

· 음식 처방: 사람은 음식을 먹고살다가 건강을 잃으니, 음식과 운동으로 건강을 되찾는 방법을 알려 드립니다. 단, 하나님이 계심을 믿고, 십계명을 지키겠다고 진실로 서약하는 분들께 알려드립니다.

## 《새로운 성경》의 은혜와 기적:

· 새로운 성경 전160권은 16권씩 묶어서 총 10부의 모음집으로 구성됩니다. 모음집 한 부를 읽고 깨우치는 자에게 하나님께서 다음과 같은 기적이 있다고 하셨습니다.

· “첫째, 그가 죽어 하늘에 갔을 때 그의 죄를 묻지 아니하며, 구원을 받는 위대한 은혜가 있으며, 둘째, 그의 소원과 소망이 이루어지고, 셋째, 죽은 자(부모, 형제, 자식, 사랑하고 은혜 입은 분)의 이름으로 구입한 책을 읽고 누군가 한 사람이 깨우칠 때, 그 죽은 자가 지옥에서 천국으로 구원을 받게 되며, 넷째, 유산, 중절 수술 등으로 태어나지 못한 아이를 위하여 구입한 책을 보고 한 명이 깨우쳤을 때, 그 아이가 사람으로 다시 한 번 태어나는 은혜를 받는다.”

· “새로운 성경”을 3회 이상 정성을 다해 정독하는 자, 성서의 비밀을 알게 되고, 세상의 이치를 알게 되며, 세상을 지배하고 통제할 수 있는 지혜를 다 얻게 된다고 하셨습니다. 이 책은 만백성이 정독하고 이웃에게 전하여, 평생 가슴에 묻은 슬픔과 고통의 짐을 벗고 미래를 위한 힘찬 삶을 살아가도록 하는 책입니다.

## 끝으로

· 하나님께서는 흰 눈이 세상을 덮듯이 새로운 성경을 온 세상에 전하라고 하셨습니다. 《새로운 성경》을 각국어로 번역해서 온 인류에게 구원의 길을 깨우쳐 주고, 그 수익으로 가난하고 어려운 백성을 구제하여, 만백성의 영과 육을 함께 구원하는 선지자의 임무를 수행하라고 저에게 명하셨습니다.

· 하늘에서 내려 주신 말씀의 보화를 만백성에게 나누어 주는 것이 선지자의 임무라고 하셨습니다. 새로운 성경을 통해서 얻는 재물을 사용할 곳도 하나님께서 일일이 명해 주십니다. 모든 재물은 저의 자의로 쓸 수 없고, 하나님께서 명하시는 대로만 쓰여집니다.

· 어떤 명분으로든 십일조나 각종 헌금을 거두어들이지 말라 하셨으며, 국내뿐 아니라 각국에 성전과 단독 서점을 운영하며, 한국의 많은 젊은이들을 전 세계에 지도자로 내보내라고 하셨습니다.

· 우리는 세계적으로 새로운 성경을 보급하며 어려운 이들을 돕는 역사를 해 나갈 것입니다. 지금까지 비록 몇 명 안 되는 제자들과 함께 이러한 일을 역사했지만, 앞으로도 계속 하나님께서 기뻐하시는 일들을 해 나갈 것입니다. 부족한 저희에게 여러분들의 지혜와 성원을 보내 주시기를 바랍니다. 많은 분들의 참여와 도움을 간절히 기다립니다. 감사합니다.

한국어로 내려온 《새로운 성경》 단행본을 출간하며
2016년 4월 10일

발행인 **김 용 철**

한국어로 내려온

# 새로운 **성 경** · 7부 · 제107권

지은이 하나님 말씀
대역자 김용철



초판인쇄 1쇄 2017년 4월 3일

펴낸 곳 도서출판 하얀마음
등록번호 제 10-2107호 (2001년 2월 14일)
주소 서울시 노원구 덕릉로86길5, 2층
전화번호 02) 313-1114
팩스 02) 393-5554
전자우편 book160@hanmail.net
편집위원 조나영 김미향 이석교
제작지원 김남태 이은미 김보라 조옥순

도서상담 1600-7527
ISBN 978-89-5875-207-3 (04230)
978-89-5875-100-7 (세 트)

값 10,000원
잘못된 책은 구입하신 곳에서 바꾸어 드립니다.

※이 책은 10부로 제작되며, 각 부 16권씩 총160권으로 구성됩니다.※

| 1부 | 2부 | 3부 | 4부 | 5부 | 6부 | **7부** | 8부 | 9부 | 10부 |
|---|---|---|---|---|---|---|---|---|---|
| 1권 | 17권 | 33권 | 49권 | 65권 | 81권 | 97권 | 113권 | 129권 | 145권 |
| 2권 | 18권 | 34권 | 50권 | 66권 | 82권 | 98권 | 114권 | 130권 | 146권 |
| 3권 | 19권 | 35권 | 51권 | 67권 | 83권 | 99권 | 115권 | 131권 | 147권 |
| 4권 | 20권 | 36권 | 52권 | 68권 | 84권 | 100권 | 116권 | 132권 | 148권 |
| 5권 | 21권 | 37권 | 53권 | 69권 | 85권 | 101권 | 117권 | 133권 | 149권 |
| 6권 | 22권 | 38권 | 54권 | 70권 | 86권 | 102권 | 118권 | 134권 | 150권 |
| 7권 | 23권 | 39권 | 55권 | 71권 | 87권 | 103권 | 119권 | 135권 | 151권 |
| 8권 | 24권 | 40권 | 56권 | 72권 | 88권 | 104권 | 120권 | 136권 | 152권 |
| 9권 | 25권 | 41권 | 57권 | 73권 | 89권 | 105권 | 121권 | 137권 | 153권 |
| 10권 | 26권 | 42권 | 58권 | 74권 | 90권 | 106권 | 122권 | 138권 | 154권 |
| 11권 | 27권 | 43권 | 59권 | 75권 | 91권 | 107권 | 123권 | 139권 | 155권 |
| 12권 | 28권 | 44권 | 60권 | 76권 | 92권 | 108권 | 124권 | 140권 | 156권 |
| 13권 | 29권 | 45권 | 61권 | 77권 | 93권 | 109권 | 125권 | 141권 | 157권 |
| 14권 | 30권 | 46권 | 62권 | 78권 | 94권 | 110권 | 126권 | 142권 | 158권 |
| 15권 | 31권 | 47권 | 63권 | 79권 | 95권 | 111권 | 127권 | 143권 | 159권 |
| 16권 | 32권 | 48권 | 64권 | 80권 | 96권 | 112권 | 128권 | 144권 | 160권 |